학교 컨설턴트 가이드북

SCHOOL CONSULTANT GUIDEBOOK

한국학교컨설팅연구회 편
홍창남 · 김경희 · 김정현 · 김효정 · 박수정 · 신철균
이기성 · 이재덕 · 정수현 · 진동섭 · 한은정 · 허은정 공저

학지사

머 / 리 / 말

지난 10여 년간 학교컨설팅은 다양한 이름과 방식으로 교육 현장에 뿌리내렸다. 컨설팅장학은 교육청의 주요 업무 가운데 하나로 자리 잡았고, 각 교육청마다 컨설팅을 수행하는 전문요원의 인력 풀이 구축되었다. 민간 차원에서도 컨설팅을 전문적으로 수행하는 집단이나 조직 역시 적지 않게 찾아볼 수 있다. 대학이나 연구 기관에 속한 전문가가 학교 또는 교육청의 요청에 따라 수업컨설팅이나 학교경영컨설팅을 수행하는 경우도 있지만, 아예 학교컨설팅을 전문으로 수행하는 기업체도 등장했다. 뿐만 아니라 교육 정책을 추진하는 중앙 정부에서도 학교컨설팅을 활용하는 사례가 늘고 있다. 이러한 활동이 학교컨설팅의 원리에 따라 충실하게 운영되고 있는지에 대해서는 여전히 논란이 있지만, 학교와 교원의 자발적 요청을 받아 전문적인 도움을 제공한다는 학교컨설팅의 핵심 이념은 학교교육 문제를 해결하기 위한 중요한 접근 방식으로 인식되기 시작했다.

교육 현장에서 학교컨설팅이 활발하게 전개됨에 따라 그에 비례하여 학교컨설팅을 다룬 서적이나 논문도 많아졌다. 학교컨설팅의 개념과 원리, 절차를 소개하는 책부터 학교컨설팅의 운영 실태를 파악하고 그 성과를 분석하는 연구에 이르기까지 그 종류는 실로 다양하다. 문헌이나 논문에 따라 차이가 있겠지만 대체로 이들 연구물에 드러난 학교컨설팅의 현실은 양면적이다. 우선, 학교컨설팅이라는 새로운 활동이 등장했지만 이름만 달라졌을 뿐 예전의 장학과 별로 다르지 않다는 반응이 있다. 학교컨설팅이 일시적인 유행을 타고 있으며 시간이 지나면 자연스럽게 사라질 것이라고 보는 입장이다. 반면에 학교컨설팅을 긍정적으로 보는 시각도 있다.

> "컨설팅이라고 해서 별 게 있겠냐 싶어 처음에는 망설였는데 막상 받아 보고 나니 정말 도움이 되었어요. 내 문제인데도 컨설턴트가 마치 자기 일처럼 관심을 보여 주셨고… 이젠 혼자서도 해 나갈 수 있을 것 같아요."

이는 컨설턴트의 열정과 전문성에 감동을 받은 의뢰인이 흔히 보이는 반응이다. 이것은 매우 중요한 시사점을 전달한다. 바로 학교컨설팅의 성패가 컨설턴트의 자세와 역량에 달려 있다는 것이다. 사실 그동안 학교컨설팅과 관련된 논란의 초점은 주로 학교와 교원의 자발성 문제에 있었다. 즉, 학교컨설팅을 활용할지 활용하지 않을지를 학교와 교원이 스스로 결정할 수 있는가 하는 것이 주요 쟁점이었다. 대체로 교육부나 교육청은 학교와 교원에게 컨설팅을 권유하는 입장이었고, 이 권유를 학교와 교원이 거부하기는 쉽지 않은 상황이었다. 이러한 방식으로 시작하는 컨설팅은 학교와 교원의 반발을 사게 되고, 자연스럽게 컨설턴트의 형식적 활동으로 이어진다.

이처럼 열악한 상황을 반전시키는 주체가 바로 컨설턴트다. 탁월한 컨설턴트는 의뢰인의 심리적 저항을 적절히 다루면서 전문적 경험과 지식을 바탕으로 그들의 문제를 함께 해결하며 전문적 성장을 돕는다. 이러한 컨설턴트를 만난 의뢰인은 다른 문제가 생겼을 때 다시 컨설팅을 활용할 가능성이 높고, 다른 사람들에게 컨설팅을 권유하기도 한다. 결국 학교컨설팅의 미래는 컨설턴트의 전문성에 달려 있는 셈이다. 따라서 유능한 컨설턴트를 확보하고 양성하는 일이 무엇보다 시급한 과제다.

우리 한국학교컨설팅연구회는 2007년부터 서울대학교 교육연수원의 지원을 받아 '학교컨설턴트 양성과정'을 운영해 왔다. 2013년도에는 그동안의 운영 경험과 현장의 요구를 바탕으로 양성과정 프로그램을 전면 개편하였다. 이 연수 과정은 크게 기본과정과 심화과정으로 구성되어 있는데, 기본과정은 학교컨설팅의 기본 개념과 원리는 물론이고 컨설턴트에게 필요한 기초 역량과 전문적 기법 그리고 모의실습 등을 포함한다. 또한 심화과정은 실제 컨설팅이 진행되는 과정에 따라 사례를 탐구하고 실습을 진행하는 방식으로 구성되어 있다.

이 책은 '학교컨설턴트 양성과정' 가운데 기본과정의 내용을 다룬다. 심화과정은 2013년에 『학교경영컨설팅』(학지사)으로 출판되었으며, 이번에 뒤늦게나마 기본과정을 책으로 내게 된 것이다. 이 책의 저자들은 모두 한국학교컨설팅연구회 회원으로서 '학교컨설턴트 양성과정'에서 직접 강의를 진행하시는 분들이다. 연수과정의 강의록을 책으로 내는 것이 적절한가에 대해 의문을 제기하는 사람도 있었지만, 학교컨설턴트의 전문성 개발을 위한 연수가 이미 전국 곳곳에서 진행되고 있는 상황에서 우리 연구회의 컨설턴트 양성 경험과 노하우가 교육 현장에 도움이 될 수도 있다는 의견에 힘입어 출판하기로 중지를 모았다. 짧은 기간에 여러 사람이 제작에 참여하였기 때문에 일관성이 부족하거나 미흡한 부분이 있을 수도 있다. 독자의 경륜과 식견으로 그 부족함을 채워 주시길 기대하며, 이 책이 컨설턴트로서의 역량 강화와 전문성 향상에 조금이나마 도움이 되었으면 한다.

끝으로 이 책을 출판하도록 도움을 주신 학지사 사장님과 임직원 여러분 그리고 학교컨설턴트 양성과정에 참여해서 다양한 피드백을 주신 여러 선생님께 감사의 뜻을 전한다.

2015년 1월
한국학교컨설팅연구회 3대 회장 홍창남

차 / 례

제4부
학교컨설팅의 미래

제11장 학교컨설팅의 의의와 전망 • 229

제12장 한국학교컨설팅연구회의 활동과 과제 • 249

제1부

학교컨설팅의 기초

학교와 교사를 실질적으로 지원할 수 있는 성공적인 학교컨설턴트가 되려면 무엇보다도 학교컨설팅의 개념과 절차를 정확히 알고 있어야 한다. 1부에서는 학교컨설팅의 도입 배경, 원리, 유사활동 등에 대한 기본적인 이해와 더불어, 학교컨설팅의 대표적인 활동인 학교경영컨설팅과 수업컨설팅의 절차 및 과업을 구체적인 사례를 들어 살펴보고자 한다.

제1장

학교컨설팅의 이해

　우리나라에서 학교컨설팅은 2000년을 전후하여 시작되었으며, 교직 사회의 주목을 받으면서 짧은 기간에 빠르게 성장해 왔다. 그런데 그 성과에 대해서는 평가가 엇갈린다. 학교컨설팅의 취지와 원리에 충실한 경우에는 괄목할 만한 성과를 거두고 있으나, 형식적으로 추진되어 학교컨설팅에 대한 부정적 인식을 초래한 경우도 적지 않기 때문이다.

　성공적인 학교컨설턴트가 되려면 무엇보다도 학교컨설팅에 대해 정확히 알고 있어야 한다. 학교컨설팅이 어떤 배경에서 등장했으며, 그 본질은 무엇인지, 학교컨설팅은 어떤 요소들로 구성되어 있으며, 어떤 원리에 따라 실행되어야 성과를 거둘 수 있는지 등에 대해 깊이 이해하고 있어야 한다. 이러한 이해를 바탕으로 할 때 비로소 컨설턴트로서의 정체성과 자신감을 갖게 된다. 나아가 학교컨설팅의 실천 방향과 방안을 수립하는 데도 도움을 얻을 수 있다.

1. 학교컨설팅의 출현 배경

학교컨설팅은 2000년 무렵 한국교육개발원과 서울대학교 진동섭 교수 등에 의해 학문적 논의가 시작된 활동이다. 한국교육개발원은 2000년부터 2002년까지 3년간 단위학교 개선 지원 활동에 초점을 두고 연구를 수행했는데, 그것이 '학교교육 개혁 지원을 위한 학교컨설팅 사업'이었다(최상근 외, 2000; 김정원, 이인효, 정수현, 2001; 김정원 외, 2002). 이 사업은 3년간의 연구가 종료되면서 중단되었다.

한편, 진동섭 교수는 1999년부터 대학원생들과 함께 우리나라 교육개혁에 관한 연구를 시작했는데, 그 과정에서 자연스럽게 도달한 것이 학교컨설팅이었다. 그 연구 과정의 결과물은 『학교 컨설팅: 교육개혁의 새로운 접근 방법』(2003)이라는 저서로 출간되었다. 이후 이들은 '한국학교컨설팅연구회'를 만들어 학교컨설팅에 관한 연구와 함께 학교컨설턴트 양성을 위한 연수를 실시하였고, 실제로 학교컨설팅 사업을 시행하고 있다. 여기서는 학교컨설팅이 탄생하게 된 배경에 대해 좀 더 자세히 살펴보겠다.

1) 사회의 변화

21세기 사회는 정보화 내지 지식기반 사회로 알려져 있다. 즉, 현 사회는 새로운 지식의 창출과 확산 그리고 그것의 창조적 활용 능력에 따라 개인은 물론 국가의 흥망이 좌우되는 사회인 것이다. 이러한 사회 변화는 학교교육의 변화를 요구한다. 오늘날의 학교는 새로운 사회에 적응할 수 있는 인간을 양성해야 하며, 더 나아가 사회 변화를 창출할 수 있는 인간을 양성해야 하는 책무를 지닌다.

　　그런데 종래와 같은 학교교육체제로는 새로운 사회에 적합한 인간을 양성하기 어렵기 때문에 학교교육체제를 재구조화하려는 노력이 이루어졌다. 이러한 노력은 두 가지 방향으로 전개되었다. 하나는 단위학교의 자율성을 신장하면서 책무성을 강화하는 것으로, 단위학교자율책임경영제가 대표적인 예다. 다른 하나는 사회 변화에 대한 학교의 적응력을 강화하는 것으로, 학습조직 혹은 전문적 학습공동체가 이것을 반영하는 예다(진동섭, 홍창남, 김도기, 2008). 학교를 재구조화하려는 노력은 대체로 자율화, 다양화, 전문화, 참여 등을 강조하면서 학교조직과 학교문화에 대한 지금까지의 기본 가정과 시각을 재검토하도록 요구한다.

　　그러나 학교는 아직 이러한 급격하고도 근본적인 변화를 감당할 준비가 덜 되어 있는 듯하다. 시대의 변화에 따라 학생의 관심과 욕구는 다양해지고 별 여과 없이 분출되고 있지만, 그것을 수용하기에 학교는 융통성이 부족하다(조용환, 2000). 공교육체제에서는 경직될 수밖에 없는 학교의 조직적 한계가 지적되기도 한다(김호권, 2000). 일부 학교에서 성공적인 변화를 이룬 사례도 있으나, 다른 학교와 지역으로 확산되지 못하거나 심지어 그 학교에서조차 일정 기간이 지나고 나면 다시 과거의 관행으로 돌아가는 경우가 많다. 이러한 현실은 학교가 사회 변화에 능동적으로 대처할 수 있도록 전문적이고 제도적인 뒷받침이 필요하다는 것을 의미한다. 따라서 학교의 변화 노력을 지원하는 방안 가운데 하나로 학교컨설팅이 제안되었다.

2) 기존 교육개혁의 한계 인식

　　우리나라 교육의 역사는 교육개혁의 역사라고도 할 정도로 개혁에 역점을 두어 왔다(최상근, 이희수, 백성준, 황인성, 1998; 조동섭, 2003). 그러나 개혁의 성과에 대해서는 대부분 부정적이다. 교육개혁에 대해 교원은 피로감에 젖어 냉소적이거나 무관심한 경향이 있다. 이러한 현상은 어찌 보면 당연한 결과다. 교육개혁이 완성되는 곳이 일선 학교이고 그것을 완성하는 사람이 교원인데, 자신들을 개혁의 대상으로 삼는 개혁에 대해 긍정적일 수 없는 것은 당연하다.

우리나라의 교육개혁은 중앙 정부가 주도한 위로부터 아래로의 개혁이었다. 중앙 정부의 엘리트 관료와 소수의 전문가 집단이 개혁의 청사진을 만드는 일을 주도하였으며, 교사와 학부모의 참여는 제한되었다. 이러한 방식은 청사진 접근 방식(blueprint approach)에 가깝다(이주호, 2001; 노종희, 송광용, 신현석, 2003; 조동섭 2003). 반면에 교육 현장의 경험을 존중하여 당사자들의 참여와 제도적 실험을 존중하는 접근 방식은 현장지식기반 접근 방식(local-knowledge approach)이라고 한다.

앞으로의 교육개혁이 성공하려면 접근 방식이 변해야 한다. 즉, 청사진 접근 방식에서 현장지식기반 접근 방식으로 바뀌어야 한다. 후자의 접근 방식은 일선 학교와 구성원들의 역할을 강조하는 '아래로부터 위로의' 교육개혁을 말한다. 즉, 교육 현장이 앞장서서 변화를 모색하고, 그 과정에서 교육행정기관이 현장의 노력을 격려 및 지원하는 방식으로의 전환이 필요하다고 보고 그 지원 방식을 탐색하는 과정에서 등장한 것이 학교컨설팅이다.

3) 학교조직 특성 변화의 필요성

2000년 무렵 학교교육에 대한 우리 사회의 불만과 우려는 매우 심각했다. '공교육 붕괴' '학교 붕괴' '교실 붕괴'와 같은 극단적 표현이 자연스럽게 사용될 정도로 교육에 대한 위기 의식이 넓게 퍼져 있었다. 학교와 교실이 정말로 붕괴되었느냐 아니냐의 논란은 중요한 것이 아니다. 사회에 그런 의식이 팽배해 있다면 그 자체만으로도 문제는 심각한 것이기 때문이다. 이러한 논란에 대해 책임이 있는 사람과 조직은 다양하겠지만, 학교 자체도 그 책임에서 자유로울 수 없다.

학교를 살리기 위해서는 여러 사람과 조직이 노력해야 하는데, 그중에서도 학교는 매우 중요한 위치에 있다. 이렇듯이 학교 붕괴 현상에서 학교는 피해자이면서 원인 제공자이고, 또한 그런 현상에서 탈피하는 데 있어서 지원의 대상자인 동시에 주도적 역할을 수행해야 할 주체이기도 하다. 학교의 입장에서 보면 학교를 살리는 일은 자신을 살리는 일이다. 따라서 누구보다도 그 일에 앞장서야 한다. 학교를 살리는 일에 학교가 소극적이면 누가 그 일을 도와주려고 하겠는가?

학교는 본질적으로 교육기관이다. 그와 동시에 교육행정체제 속에서 보면 최하급 교육행정기관이기도 하다. 따라서 상급 교육행정기관의 지시, 명령 및 통제를 받을 수밖에 없다. 학교컨설팅은 학교가 가지고 있는 최하급 교육행정기관으로서의 한계를 어떻게 극복할 것인지, 그리고 교육기관으로서의 정체성을 어떻게 강화해야 할 것인지 탐색하는 과정에서 만들어진 개념이라고 할 수 있다.

4) 기존의 교원 전문성 개발 활동에 대한 반성

교원의 전문성과 사명감은 좋은 학교를 만드는 데 꼭 필요한 요건이다. 그렇기 때문에 교원 전문성 개발 활동에 대한 관심과 투자가 점점 더 확대되고 있다. 교원 전문성을 신장시키기 위한 제도적 장치로는 교원양성교육, 교원임용제도, 현직교육(연수), 장학, 교원평가 등 매우 다양하다. 이 중에서 교직 입문 이후 교원의 전문성 개발을 위한 목적으로 이루어지는 직접적이고 구체적인 활동은 장학과 연수다.

그런데 장학과 연수는 수혜 당사자인 교원에게 긍정적 평가를 받지 못하고 있다. 장학은 상급 기관인 교육청 주도하에 일어나는 하향식 접근 방식을 취하고, 연수는 연수 기관이 짜 놓은 프로그램을 제공하기 때문에 개별 교사의 요구를 수용하기 어렵다. 따라서 장학과 연수는 교원의 전문성 개발에 크게 기여하고 있지 못한다는 평가를 받는다. 특히 이러한 문제는 최근만의 현상이 아니라 과거 20~30년 전에도 그러했다. 문제가 있는데도 그것이 개선되지 않은 채 수십 년간 잔재해 있는 것이다. 그렇다면 장학과 연수는 본질적으로 교원의 전문성 개발에 기여하기 어려운 활동이거나, 아니면 교육행정당국의 의지와 능력이 부족한 것이다. 이유가 무엇이든 문제가 수십 년간 계속된다는 것은 그것의 해결이 어렵다는 것을 의미한다. 따라서 이들을 보완하거나 대체할 수 있는 새로운 활동이 필요하다. 학교컨설팅은 이러한 장학이나 연수의 보완 또는 대체 방안을 탐색하는 과정에서 나타났다.

2. 학교컨설팅의 개념

학교컨설팅은 컨설턴트가 의뢰인의 요청에 따라 의뢰인의 문제 해결을 도와준다는 점에서 기존의 컨설팅과 기본적으로 구조가 동일하다. 그러나 학교조직의 독특한 특성을 반영하기 때문에 기존의 컨설팅과는 다른 점도 있다. 여기서는 먼저 컨설팅의 의미를 살펴보고, 이어서 학교컨설팅의 개념을 소개한다.

1) 컨설팅의 의미

컨설팅이란 일상적으로 조언을 구하거나 제공하는 행위를 가리킨다. 그러나 그 일을 전문적으로 수행하는 직업이 발달하면서 의미가 다양하게 규정되고 있다. 흔히 '컨설팅'이라고 하면 경영컨설팅을 떠올리기 쉽지만, 경영 분야뿐 아니라 의료, 회계, 건축, 금융, 설계, 엔지니어링, 법률 등 많은 영역에서도 컨설팅이 이루어지고 있다. 이들 각 분야에서 사용하는 컨설팅의 의미와 접근 방식은 다양하다. 의료 분야의 경우, 전문 영역이 다른 두 전문의가 환자의 치료를 위해 서로 돕는 과정을 가리켜 컨설팅이라고 한다. 또 경영 분야의 경우에는 기업주나 경영자의 요청에 따라 제공되는 외부 전문가의 경영 진단 내지 문제 해결 활동을 가리켜 컨설팅이라고 한다.

이와 같이 분야에 따라 컨설팅의 의미와 접근 방식이 다양하지만, 분야를 막론하고 컨설팅은 의뢰인의 자발적 요청에 따른 컨설턴트의 전문적 지원이라는 점에서 동일하다. 컨설팅의 기본 특징을 그림으로 나타내면 [그림 1-1]과 같다.

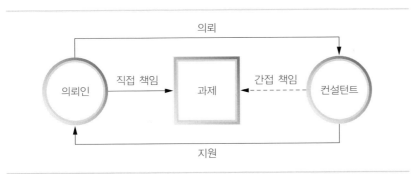

[그림 1-1] 컨설팅의 본질
출처: 진동섭(2003), p. 37.

컨설팅 관계는 의뢰인이 업무를 수행하면서 어려움을 겪게 될 경우, 이를 해결해 줄 수 있는 전문가(컨설턴트)를 찾아 도움을 요청하면서 시작된다. 컨설턴트는 전문 지식과 기술을 활용하여 의뢰인을 도와 문제를 해결하지만, 문제 해결에 대한 권한과 최종 책임은 의뢰인에게 있다. 컨설팅은 컨설턴트의 문제가 아니라 의뢰인의 문제를 해결하기 위한 것이다. 어느 분야의 컨설팅에서든지 컨설턴트는 의뢰인의 문제를 직접 해결해 주지 않고, 의뢰인이 스스로 문제를 해결하도록 돕는 것을 원칙으로 한다. 요약하면, 컨설팅은 "일정한 전문성을 갖춘 사람들이 의뢰인의 요청에 따라 의뢰인의 문제를 진단하여 그 해결 방안을 제시하고, 필요한 경우 그 방안의 시행을 지원하는 활동으로서 의뢰인으로부터 독립적으로 이루어지는 전문적인 자문 활동"(진동섭, 2003, p. 37)이라고 정의할 수 있다.

2) 학교컨설팅의 정의

앞서 언급하였듯이, 학교컨설팅은 다른 분야의 컨설팅과 기본 구조가 같지만 학교 조직을 대상으로 하기 때문에 기업이나 여타의 조직을 대상으로 하는 컨설팅과는 다른 점도 있다.

먼저, 외국에서 논의되고 있는 학교컨설팅의 개념을 살펴보면 다음과 같다. 학교컨설팅이 비교적 활발하게 전개되는 미국의 경우, 개념적 접근은 크게 세 가지로 구분된다. 첫째, 학교 구성원들에게 동료적·수평적 방식으로 제공되는 지원을 망라하여 학교컨설팅으로 규정하는 입장이다. 둘째, 주로 교육심리학자가 학교에서 교육 또는 교육지원 활동을 담당하고 있는 교사, 학교행정가, 학교상담 전문가, 학교 사회사업가 등을 대상으로 제공하는 전문적 서비스를 학교컨설팅으로 규정하는 입장이다. 이러한 입장에서 보면, 학교컨설팅은 학생(고객)의 학습과 적응을 증진시키기 위해 전문가(컨설턴트)가 교직원(의뢰인)에게 협력의 방식으로 제공하는 심리적·교육적 서비스를 의미한다(Erchul & Martens, 1997). 셋째, 민간 경영 컨설턴트나 컨설팅 회사 또는 교육전문가가 학교 교육 및 경영상의 문제 해결을 지원하는 활동을 의미하는 경우다(진동섭, 홍창남, 2006).

한편, 국내에서 논의되고 있는 학교컨설팅의 개념은 한국교육개발원과 진동섭 교수가 주도하고 있다. 한국교육개발원의 김정원 박사는 학교컨설팅을 "학교의 요청으로 특별한 훈련을 통해 전문적 자격을 갖춘 사람들이 학교 운영 책임자와의 계약에 따라 독립적·객관적 태도로 학교의 교육활동과 교육지원 활동 상황을 진단하여 강점과 문제점을 확인·분석하고, 문제에 대한 해결안을 추천해 주며, 해결안의 실행에 대한 도움이 요청될 때 도움을 제공하는 활동"(김정원, 이인효, 정수현, 2001, p. 27)으로 정의하고 있다. 이와 비슷하게, 진동섭 교수는 "학교교육을 개선하기 위해서 일정한 전문성을 갖춘 사람들이 학교와 학교구성원들의 요청에 따라 제공하는 독립적인 자문 활동으로서, 경영과 교육의 문제를 진단하고 대안을 마련하며 문제 해결 과정을 지원하고, 교육·훈련을 실시하며, 문제 해결에 필요한 인적·물적 자원들을 발굴하여 조직화하는 일"(진동섭, 2003, p. 51)로 정의하였다.

이와 같이 학교컨설팅의 정의는 그 구체성과 강조점의 면에서 차이를 보인다. 그러나 한국교육개발원과 진동섭 모두 학교컨설팅을 학교의 상황을 진단하여 분석하고, 대안을 마련하며, 문제 해결 과정에 도움을 제공하는 등 다양한 형태로 자문 혹은 지원을 제공하는 활동으로 규정한다는 점에서 공통점이 있다. 다시 말하면, 학교컨설팅은 본질적으로 학교교육의 개선을 위해 학교 또는 학교 구성원에게 제공하는 자문 활동이며, 이것은 위계적 관계가 아닌 계약에 따라 형성된 독립적·수평적 관계 속에서 이루어지는 활동이다. 지금까지의 논의를 바탕으로 학교컨설팅의 개념을 정리하면 다음과 같다.

즉, 학교컨설팅은 학교의 자생적 활력 함양과 학교교육의 질 향상을 위하여 단위학교 구성원들의 요청에 따라 전문성을 갖춘 교육체제 안팎의 전문가들이 문제와 과제의 해결을 도와주는 활동이다(진동섭, 홍창남, 김도기, 2008).

3. 학교컨설팅의 모형

학교컨설팅 모형은 학교컨설팅을 다른 지원 활동과 구분하게 해 주는 목표, 주체, 과업 등을 포함한다. [그림 1-2]는 학교컨설팅 모형을 보여 주고 있다.

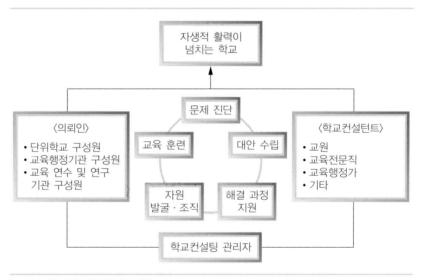

[그림 1-2] 학교컨설팅의 모형
출처: 진동섭, 홍창남, 김도기(2008), p. 32.

1) 목표

학교컨설팅의 목표는 학교의 자생적 활력을 함양하여 교육의 질을 높이는 데 있다. 이러한 목표는 모든 형태의 학교컨설팅이 지향해야 할 방향과 논리를 제공한다. 보다 구체적인 목표는 다음과 같다.

첫째, 학교와 학교 구성원의 문제 해결이다. 학교컨설팅의 우선적 목표는 학교와 학교 구성원이 겪고 있는 문제를 해결하는 것이다. 이들이 스스로의 힘으로 해결할 수 없는 문제들을 해결할 수 있게 도와줘서 학교가 보다 나은 교육 활동을 수행할 수 있도록 토대를 마련하는 것이 학교컨설팅의 일차 목표다.

둘째, 학교의 내적 교육 역량 강화다. 학교와 학교 구성원의 문제 해결을 넘어서, 학교가 스스로 제 기능을 수행할 수 있도록 내적 역량을 강화해 주는 것을 목표로 한다. 학교의 내적 역량에는 합목적적이고 합리적인 운영 체제, 학생을 제대로 가르칠 수 있는 교사, 학교 교육 활동을 지원하는 지원 체제 등이 포함된다.

셋째, 학습공동체 문화 형성이다. 학생과 교사 모두 다양하고 풍부한 학습 자원을 접하면서 학습할 수 있도록 여건을 마련하고 지원하는 것을 목표로 하며, 궁극적으로 서로 돕고 배울 수 있는 학습공동체를 구축하고자 한다.

넷째, 사회 변화에 능동적인 학교 구축이다. 사회 환경이 급속히 변화함에도 학교는 그러한 변화에 대응하지 못하여 '학교 붕괴'나 '학교 실패' 등의 심각한 결과를 낳았다. 앞으로 사회 환경이 더 빠르게 변해 갈 것이므로 학교는 이에 대한 대비가 필요하다. 학교컨설팅은 학교가 이러한 사회 변화에 적응할 수 있도록 돕고, 한 걸음 더 나아가 변화를 선도할 수 있도록 능력을 향상시켜 주는 데 목표가 있다.

여기서 유의해야 하는 것은 학교컨설팅의 구체적 목표가 학교의 구성원이 설정한 것이거나, 적어도 동의한 것이어야 한다는 점이다. 물론 학교가 목적과 목표, 비전과 사명감을 상실한 채 운영되는 경우도 없지 않다. 이런 경우 학교컨설팅의 주요 임무는 우선적으로 학교가 미래의 비전을 발견하고, 도전적이면서도 실현 가능한 목적과 목표를 설정한 후, 그것을 달성할 전략을 개발하고, 학교의 목적에 비추어 현재의 문제점과 기회 요인을 분석하는 것이 될 것이다(진동섭, 2003, p. 58).

2) 의뢰인

의뢰인은 다른 사람에게 일을 맡긴 사람을 말한다. 의료 분야 컨설팅의 주된 의뢰인은 의사이고, 경영 분야의 주된 의뢰인은 경영자라는 것에서 유추할 수 있듯이, '누가 컨설팅을 의뢰할 것인가'의 문제는 '누가 문제 해결이나 수행 성과의 향상에 실질적인 책임을 지고 있는가'와 직결된다.

학교컨설팅 의뢰인은 학교와 학교 구성원으로서, 개인, 팀 또는 학교 전체 수준에서 의뢰할 수 있다. 가장 대표적인 의뢰인은 단위 학교의 교원이다. 더 나아가, 교사 소집단, 학부모, 행정 직원, 사립학교 재단, 단위 학교 전체, 교육청 및 교육부도 학교컨설팅 의뢰인이 될 수 있다. 요즈음 학교컨설팅의 의뢰인을 지나치게 교사 중심으로 논의하는 경향이 있는데, 이는 학교컨설팅의 의뢰인이 교사에 한정되기 때문이 아니라 학교 개혁의 핵심 주도자가 교사이기 때문에 나타나는 자연스러운 모습이다(진동섭, 김효정, 2007).

3) 학교컨설턴트

학교컨설턴트가 될 수 있는 사람은 학교와 학교구성원의 문제를 해결하는 데 필요한 지식이나 기술 또는 경험을 갖춘 기존의 전문가라고 할 수 있다. 여기에는 학교 현장의 우수한 교원, 학교에 실질적인 도움을 줄 수 있는 교육 전문직과 교육행정가, 그 외 학교의 다양한 문제 해결에 도움을 줄 수 있는 교육 이외 분야의 전문가 등이 모두 포함된다(진동섭, 2003).

성공적인 학교컨설턴트가 되기 위해서는 전문성, 인간관계 능력, 사명감 등을 갖추어야 한다(진동섭, 2007). 그중 가장 중요한 것은 전문성이다.

학교컨설턴트의 전문성은 내용적 전문성과 방법적 전문성으로 구분할 수 있다. 전자는 학교와 학교 구성원이 갖고 있는 문제 자체에 관한 지식·기술·경험을 의미하고, 후자는 문제 해결 과정, 절차 및 도구에 관한 지식·기술·경험을 의미한다(진동섭, 김효정, 2007). 다음으로, 학교컨설턴트에게 필요한 또 다른 요건은 인간관계 능력이다. 학교컨설턴트는 교원이나 교육행정가 등 전문직 종사자와 함께 활동하며 서비스를 제공한다. 따라서 이들은 효과적으로 의사소통을 할 수 있고 인간적으로 신뢰할 수 있으며 편안한 관계를 유지할 수 있는 능력이 필요하다. 마지막으로, 학교컨설턴트에게는 확고한 사명감이 필요하다. 학교컨설팅은 새로운 활동이기 때문에 필요성에 대한 인식과 열의에 비해 실행 여건이 구비되지 않은 경우가 많다. 이러한 상황 속에서 학교컨설팅의 기반을 확립하려면 인내심과 사명감이 요청된다.

4) 학교컨설팅 관리자

학교컨설팅 관리자는 학교컨설팅의 전반적인 과정을 관장하고 원활한 학교컨설팅 진행을 지원하는 전문가다. 일반 컨설팅에서는 관리자가 필요하지 않다. 가령, 경영컨설팅에서는 문제에 봉착한 경영자가 전문 컨설턴트를 찾아 직접 컨설팅을 의뢰하기 때문에 양자를 연결해 주는 관리자 역할이 불필요하다. 그러나 학교조직은 공적 특성을 지니고 있기 때문에 학교구성원에게 학교컨설팅을 홍보하고 자발적 의뢰를 유도하는 동시에, 유능한 컨설턴트를 발굴하여 조직하고 의뢰인에게 소개해 주는 역할이 필요하다. 이에 따라 의뢰인은 학교컨설팅 관리자에게 학교컨설팅을 의뢰하며, 학교컨설턴트는 학교컨설팅 관리자를 통해 의뢰인을 만나게 된다.

컨설팅 관리자는 단위학교, 소지구 혹은 대지구 단위에서 구성할 수 있다. 학교컨설팅 관리자의 역할로는 학교컨설팅 환경 조성, 의뢰인과 학교컨설턴트의 연결, 의뢰인과 학교컨설턴트에 대한 지원 등이 있다. 현재는 단위학교 내 교수–학습 지원 담당교사, 교육지원청 내 교수–학습 지원 담당 부서, 수업컨설팅 추진 위원회 등이 학교컨설팅 관리자 역할을 수행하고 있는 셈이다(진동섭, 김효정, 2007). 또한 한국학교컨설팅 연구회와 같은 민간 단체도 학교컨설팅 관리자 역할을 수행하고 있다.

5) 과업과 영역

학교컨설팅에서 말하는 과업은 성공적인 컨설팅 수행을 위해 컨설턴트가 하는 일을 의미한다. 여기에는 ① 문제 진단, ② 대안 수립, ③ 해결 방안 실행 지원, ④ 교육 · 훈련, 그리고 ⑤ 자원 확보 및 지원 체제 구축 등이 포함된다. 이러한 과업들은 목표를 달성하기 위한 일련의 과정으로 볼 수 있다. 따라서 앞 단계는 다음 단계의 실행을 위한 기초 작업이 된다. 그러나 상황에 따라서 각 과업이 독립적인 컨설팅 프로젝트로 진행될 수도 있다(진동섭, 2003, p. 59).

이러한 과업을 살펴보면 다음과 같다. 우선, 문제의 진단은 학교와 학교구성원의 문제 혹은 필요 등을 진단하고 확인하는 활동이고, 대안 수립은 진단된 문제에 대한 해결 방안을 개발하고 이 중에서 최적의 것을 선택하여 컨설팅 의뢰인에게 제시하는 활동이다. 해결 방안 실행 지원은 수립된 대안을 중심으로 의뢰인이 문제를 해결할 수 있게 돕는 활동이며, 교육 · 훈련은 강의, 세미나, 워크숍 등을 통해서 학교구성원 혹은 의뢰인에게 문제 해결에 필요한 지식, 기술, 정보 등을 제공하는 활동이다. 끝으로, 자원 확보 및 지원 체제 구축은 앞에서 마련한 최적의 해결 방안을 실행하는 데 필요한 인적 · 물적 자원을 발굴 · 확보하고, 그것들을 체계적으로 조직하는 활동이다(진동섭, 2003, pp. 59-62).

학교컨설팅이 이루어지는 영역은 학교 현장에서 의뢰인이 요구하는 모든 영역을 말한다. 학교교육은 크게 교수-학습 및 생활지도를 중심으로 하는 교육활동 영역과 이를 지원하기 위한 학교경영 영역으로 나뉘는데, 이 두 영역 모두 학교컨설팅의 대상이 된다. 교육부나 교육청의 활동역시 컨설팅 대상이 될 수 있다. 이때는 교육부나 교육청의 업무 중 학교교육과 직접적으로 관련이 있는 장학이나 평가 활동 등이 학교컨설팅의대상이 된다(진동섭, 2003). 현재 학교컨설팅 관련 활동은 교수-학습 영역에서 가장 활발하게 이루어지고 있다. 이는 학교컨설팅이 교육청 차원에서 주로 기존의 장학과 접목한 형태로 수행되기 때문이기도 하고, 의뢰인인 교원들이 가장 관심을 갖고 개선을 요하는 분야가 바로 수업 영역이기 때문이기도 하다.

4. 학교컨설팅의 원리

학교컨설팅의 원리는, 이론적 측면에서는 학교컨설팅의 본질을 규정하고 실제적 측면에서는 학교컨설팅의 계획·실행·평가 과정의 준거로 활용된다. 학교컨설팅의 원리는 2003년 진동섭의 저서에서 최초로 소개된 이래로 후속 연구를 통해 더욱 정교화되었다(진동섭, 김효정, 2007; 진동섭, 홍창남, 김도기, 2008). 그 결과, 현재 학교컨설팅 원리는 자발성의 원리, 전문성의 원리, 자문성의 원리, 한시성의 원리, 독립성의 원리, 학습성의 원리 등 여섯 가지 원리로 구성되어 있다.

1) 자발성

학교컨설팅 관계를 맺기 위한 최초의 접촉은 컨설턴트와 의뢰인 어느 쪽에서도 시작될 수 있다. 대부분의 경우, 컨설팅 관계의 시작은 의뢰인이 먼저 컨설턴트에게 연락을 취함으로써 이루어진다. 이것은 의뢰인 스스로 자신이 속한 학교의 교육활동과 경영활동에 문제가 있다고 느끼고 이에 대한 객관적이고 전문적인 조언을 제공할 누군가가 필요하다고 느끼는 경우다. 그러나 학교교육의 공공재적 성격을 감안할 때 컨설턴트가 학교나 교원에게 먼저 접근해야 하는 상황도 있을 수 있다. 컨설팅에 대한 욕구나 동기 측면에서 볼 때, 교원은 다른 조직 구성원에 비해 그것이 높지 않을 수 있기 때문에 컨설팅에 대한 수요 창출을 위해 컨설턴트가 먼저 접근할 수 있다.

학교는 공공성과 책무성을 지니는 공적 조직이다. 기업과 같이 영리를 목적으로 하는 경우 컨설팅은 선택의 문제지만, 책무성을 지니는 공적 조직인 경우에는 변화와 발전을 위한 컨설팅이 어느 정도 의무의 성격을 띤다. 즉, 학교 조직의 개선은 단위학교가 선택할 과제가 아닌, 당연히 해야만 하는 의무인 것이다. 이러한 과정을 거쳐 의뢰된 학교컨설팅은 이른바 '고안된 자발성'에 따른 것이다. 그러나 고안된 자발성이 기존의 지도·감독이나 지시를 합리화하는 수단이 되어서는 안 된다. 고안된 자발성의 경우도 자율적 판단 능력을 가진 전문가로서의 교원의 정체성을 존중한다. 따라서 학교컨설턴트와 학교컨설팅 관리자는 의뢰인과의 관계에 있어서 전문가 대 전문가라는 동등한 입장에서 의뢰를 '권유'하는 것이다. 고안된 자발성에 따라 학교컨설팅이 시작되더라도 학교컨설팅의 최종 결정권은 의뢰인에게 있다.

2) 전문성

학교컨설팅의 핵심은 학교의 문제를 해결할 수 있는 전문성이다. 학교나 교원을 지원하는 기존의 여러 활동이 교원들에게 불신의 대상이 되어 온 주요 원인 중 하나는 도움을 제공하는 측의 전문성 부족이었다. 즉, 학교나 교원에게 도움을 주기 위한 활동이 있기는 했으나 실제 문제 해결에는 도움이 되지 않는 경우가 많았다. 이는 도움을 제공하는 측이 학교나 교원의 문제 해결을 위한 전문성을 갖추지 못했기 때문으로 보인다.

학교컨설팅은 학교나 학교구성원을 대상으로 하는 전문적 지도 및 조언 활동이다. 여기서의 전문성은 형식적 전문성이 아니라 실제적 전문성이다. 형식적 전문성이 컨설턴트가 갖고 있는 자격증이나 직위 또는 소속된 기관의 위상에 수반하는 것이라고 한다면, 실제적 전문성은 문제를 실제로 해결할 수 있는 능력에 기반을 둔 것이다. 학교컨설팅에서 요구하는 전문성이 실제적 전문성이라는 것은 학교와 관련된 과제를 해결할 수 있는 다양한 구성원이 학교컨설턴트로 활동할 수 있도록 기회를 열어 놓는다는 의미를 갖는다. 즉, 실제적 전문성은 학교컨설턴트 풀(pool)의 개방성(openness)과 관련된다. 따라서 과제 해결 능력만 갖추고 있다면 학력, 경력 및 학교 조직 내 위치와 무관하게, 현장 교원, 장학사 및 연구사, 대학 교수, 연구원, 다양한 직업에 종사하는 사람들 모두 학교컨설턴트가 될 수 있다.

컨설턴트는 연구와 실제 경험을 통해서 다양한 학교 교육 및 경영에 대한 지식(내용적 전문성)을 축적하고, 문제 해결에 필요한 기술 및 경험을 학교구성원과 공유하는 방법(방법적 전문성)을 구비해야 한다. 컨설턴트의 전문 지식과 기술은 다양한 상황 속에서 지속적으로 컨설팅을 하며 신장된다.

3) 자문성

자문성의 원리는 학교컨설턴트가 의뢰인을 대신하여 교육활동을 전개하거나 학교를 경영하지 않아야 하는데, 이는 결과에 대한 최종 책임이 의뢰인에게 있다는 것을 의미한다. 즉, 자문성의 원리에서는 학교컨설팅의 궁극적 책임이 의뢰인에게 있음을 강조한다. 이는 학교개혁이 일차적으로 교원들을 포함한 학교 구성원의 일이자 책임이라는 학교컨설팅의 기본 입장과 일맥상통한다. 자문성의 원리는 다음과 같은 두 가지 의미를 내포하고 있다.

첫째, 학교컨설팅에 대한 직접적인 책임은 의뢰인에게 있다. 컨설팅은 본질적으로 직접 지도의 성격이 아닌 자문의 성격을 가진다. 자문성의 원리에 비추어 보면, 학교컨설턴트는 의뢰인에게 그들의 과제를 자신이 도맡아서 해결해 줄 것이라는 인상을 주어서는 안 된다. 과제 해결을 위해 함께 노력하고 있는 컨설턴트가 있다는 것이 의뢰인에게는 정서적 위안이 될 수 있다. 그러나 컨설팅에 대한 의뢰인 자신의 결정과 그 결과에 대한 책임은 스스로에게 있다는 것을 주지시킬 필요가 있다. 학교컨설팅의 의뢰부터 해결 방안의 수용 여부까지의 주요 결정권은 의뢰인에게 있으며, 책임 역시 의뢰인에게 있다.

둘째, 자문성의 원리는 컨설팅 과정에서의 의뢰인의 주체 의식과 학습을 강조한다. 학교컨설턴트는 지시적 역할부터 비지시적 역할까지 다양한 역할을 수행한다. 지시적 역할에서 컨설턴트는 리더십을 갖고 활동을 주도하며, 비지시적 역할에서는 의뢰인에게 여러 가지 자료를 제공하는 역할을 수행한다. 어떤 경우든지 중요한 것은 학교컨설팅에 대한 의뢰인의 주체 의식이다. 의뢰인이 '내 문제'라는 의식을 가질 때만이 의뢰된 과제가 보다 잘 해결될 수 있으며, 실행 과정 자체가 학교컨설팅 과정을 체험하는 학습(learning by doing)이 될 수 있다. 성인 학습자는 자신의 업무와 관련된 문제를 해결하기 위해 자기 주도적으로 학습해야 한다.

4) 한시성

한시성의 원리는 학교컨설팅이 정해진 기간 동안 이루어지는 한시적 활동임을 규정하고, 과제가 해결되면 학교컨설팅 관계는 종료되어야 함을 강조하는 원리다. 의뢰된 과제가 해결되면 학교컨설팅은 종료되어야 하며, 궁극적으로 의뢰인이 학교컨설턴트의 도움을 필요로 하지 않게 되었을 때 학교컨설팅은 성공적으로 종료된 것이라고 볼 수 있다. 이러한 한시성의 원리는 '학교교육 주체의 역량 강화'라는 학교컨설팅의 목적과 직접적으로 관련된다.

한시성의 원리는 학교컨설팅의 효과를 극대화하는 데 기여한다. 우선 학교컨설턴트의 관점에서 보면, 현재의 의뢰인은 미래의 잠재적 고객이다. 컨설턴트는 정해진 기간에 전문성과 함께 고도의 집중력을 발휘함으로써 컨설팅의 성과를 높이고, 이러한 노력을 통해 미래의 고객을 확보한다. 의뢰인 측면에서 볼 때도, 컨설팅이 한시적으로 시행되기 때문에 의뢰인은 단순한 과제 해결만이 아니라 과제 해결을 위한 전문 능력 향상에 더 집중하게 된다. 의뢰인이 학교컨설턴트에게 전문적인 도움을 받는 목적은 궁극적으로 학교컨설턴트에 대한 의존도를 줄이기 위해서다.

5) 독립성

독립성이란 학교컨설팅에 관련된 당사자들의 관계가 위계적 관계가 아닌 전문성을 바탕으로 한 수평적 관계여야 함을 뜻한다. 학교컨설턴트는 자신의 전문성에 입각하여 객관적인 조언을 할 수 있도록, 그리고 의뢰인도 자신의 문제 해결을 위해 자유롭게 컨설팅을 의뢰할 수 있도록 부당한 영향력에서 상호 간에 자유로워야 함을 강조하는 것이다.

의뢰인의 관점에서 본 독립성의 원리는 두 가지 측면을 지닌다. 첫째,

의뢰인의 학교컨설턴트와의 관계는 '의뢰인 대 학교컨설턴트' 이외의 다른 관계에서 자유로워야 한다. 컨설턴트가 될 수 있는 구성원은 매우 다양한데, 기존에 장학 지도를 담당해 온 '선배 교사' 또는 '관리자'가 컨설턴트가 될 가능성이 크다. 이때 의뢰인은 수평적 위치에서 컨설팅을 의뢰하는 주체가 아니라 지도를 받아야 하는 '후배 교사' 또는 '하급자'로 간주될 가능성이 있다. 그러나 의뢰인은 '후배 교사' 또는 '하급자'라는 학교 조직 내 위치가 아닌, '도움을 필요로 하는 전문가'로 규정되어야 한다. 이러한 독립성이 보장되지 않으면 의뢰인과 컨설턴트의 관계가 종속 관계, 상하 관계가 될 가능성이 있기 때문에 실효성 있는 컨설팅이 되기 어렵다.

둘째, 학교컨설팅 권유가 교육행정기관이나 학교행정가와 같은 학교컨설팅 관리자에 의해 이루어지더라도 의뢰인은 권유 주체로부터 독립적이어야 한다. 앞서 살펴본 자발성의 원리나 자문성의 원리에서 알 수 있듯이 학교컨설팅의 주체는 의뢰인이며, 책임 역시 궁극적으로 의뢰인이 진다. 따라서 학교컨설팅 관리자의 역할은 학교컨설팅이 잘 이루어지도록 여건을 조성하고 지원하는 데 그쳐야 하며, 교육행정의 위계 속에서 의뢰인을 통제하려고 해서는 안 된다.

학교컨설턴트의 관점에서도 독립성의 원리는 두 가지 측면을 고려해야 한다. 하나는 학교컨설턴트가 한시적 고용 관계에서 오는 의뢰인과의 종속적 관계로부터 독립적이어야 한다는 것이며, 다른 하나는 학교컨설팅을 관리하는 위치에 있는 학교컨설팅 관리자로부터 독립적이어야 한다는 것이다.

6) 학습성

학교컨설팅의 목적은 학교구성원의 자발적이고 자조적인 전문성 개발에 있다. 학교컨설팅 과정은 의뢰인과 학교컨설턴트 모두에게 학습 과정이 되어야 한다. 학습은 일방적인 현상이 아니라 상호 교환적인 것이다. 따라서 컨설팅 과정에서 학습은 의뢰인과 학교컨설턴트 차원 모두에게서 일어난다. 먼저, 의뢰인은 학교컨설팅을 받는 과정 중에 내용 측면에서는 의뢰 과제 해결에 필요한 지식, 기술 및 경험을 습득하고, 방법 측면에서는 학교컨설팅의 진행 절차와 방법, 학교컨설턴트의 역할, 태도 및 윤리를 배운다. 진정한 학교컨설팅은 '의뢰인이 스스로 도울 수 있는 법을 배우도록 하는 것'이다. 의뢰인은 과제를 해결해 가는 과정에서 학교컨설팅 자체에 대해 학습하게 된다.

학교컨설턴트는 의뢰인을 지원해 주는 과정에서 자신의 내용적 전문성과 방법적 전문성을 심화시킨다. 과제 해결 방안을 모색하고 의뢰인과 함께 해결해 나가는 과정 자체가 학교컨설턴트에게 창의성을 요구하는 학습 과정이다. 의뢰 과제에 관한 기존 지식이 있다 할지라도, 의뢰인의 상황에 적합한 해결안을 제시하기 위해서는 새로운 내용을 학습하고 창의적인 방법으로 적용해야 한다. 즉, 학교컨설턴트는 학교컨설팅 과정 중에 끊임없이 내용적·방법적 측면에서 학습하게 되며, 기존의 경험을 심화시키게 된다.

학습성의 원리에서 강조하는 '학습'은 의도적인 '교육'이 아니라 자연스럽게 일어나는 현상이다. 즉, 학교컨설턴트가 의도적으로 가르치거나 의뢰인이 의도적으로 배우려고 하지 않아도 저절로 일어나는 것이다. 이와 같은 학교컨설팅을 통한 학습은 실제 경험을 통해 이루어지는 학습이기 때문에 그 효과가 오랫동안 유지될 수 있다. 일방적인 수혜 관계가 아니라, 의뢰인과 학교컨설턴트 모두가 서로의 학습에 도움을 주고받는 관계를 강조하는 학습성의 원리는 학교컨설팅의 목표이자 궁극적인 방향이라 할 것이다.

5. 학교컨설팅의 유형

학교컨설팅이 수행되는 모습은 의뢰 과제의 성격, 컨설팅 의뢰 상황 등에 따라 달라진다. 즉, 동일한 영역의 학교컨설팅이더라도 그것이 수행되는 유형은 다를 수 있다는 것이다. 학교컨설팅의 유형은 다양한 기준으로 분류할 수 있다. 예를 들어, 학교컨설팅이 이루어지는 범위에 따라 교내·소지구·대지구 학교컨설팅으로 나눌 수 있고, 학교컨설팅에서의 접촉 방식에 따라 온라인·오프라인 학교컨설팅으로 구분할 수 있다. 여기서는 학교컨설팅의 과업에 따라 문제 진단형, 해결 방안 구안형, 실행 과정 지원형 및 교육훈련형으로 나누어 각각의 특징을 간단히 살펴보기로 한다(진동섭, 홍창남, 김도기, 2008). 이 네 가지 유형의 학교컨설팅은 별도의 독립적인 프로젝트로 진행될 수도 있고, 하나의 프로젝트로 통합하여 활용될 수도 있다.

1) 문제 진단형 학교컨설팅

이 유형은 의뢰인이 직면하고 있는 문제나 필요를 진단하고 확인하는 컨설팅이다. 이 컨설팅의 목적은 의뢰인이 가지고 있는 문제와 추구하는 목적을 명확하게 하고, 이에 영향을 미치는 요인을 확인하는 데 있다. 이는 문제 해결 방안을 마련하기 위한 기초가 될 수 있으나, 원칙적으로 여기에는 문제 해결과 관련된 작업을 포함하지 않는다. 따라서 컨설팅 수행의 초점은 문제의 완전한 해결보다 의뢰인의 문제를 더 명확하게 정의·분석하는 것에 있다.

진단 활동에서는 ① 학교와 학교구성원이 추구하는 목표 및 당면 문제의 명확화, ② 문제에 영향을 미치는 요인 확인, ③ 문제 해결의 방향을 결정하는 데 참고할 수 있는 정보 수집 등이 이루어진다. 의뢰인이 진단 활동에 참여하는 정도는 상황에 따라 다를 수 있는데, 가능한 한 적극적으로 참여하게 하는 것이 바람직하다. 이 과정 자체가 의뢰인에게는 학습의 과정이고, 추후 의뢰인이 비슷한 문제를 만날 때 스스로 해결하는 데 도움이 될 수 있기 때문이다.

2) 해결 방안 구안형 학교컨설팅

이 유형의 컨설팅은 명확하게 정의된 문제에 대한 해결 방안을 개발하는 것으로, 그 목적은 최적의 대안을 의뢰인과 함께 구안하는 데 있다. 이 유형에서는 대안의 실행이 이루어지지 않는다. 따라서 의뢰인이 학교컨설턴트가 구안한 방안을 나중에 실행하고자 하거나 학교컨설턴트의 도움을 받지 않고 스스로 실행할 수 있는 능력을 지니면서 그러한 여건을 조성할 수 있을 때, 이와 같은 컨설팅 유형이 적합하다.

해결 방안은 컨설턴트와 의뢰인이 함께 만드는 것이 바람직하다. 가장 좋은 방식은 컨설턴트가 의뢰인 스스로 해결 방안을 만들 수 있게 도와주는 것이다. 한편, 학교컨설턴트가 방안을 만들어 의뢰인에게 전달하는 방식은 지양하는 것이 좋다. 문제 진단에서 컨설턴트에게 필요한 능력이 분석 능력이라면, 해결 방안을 구안할 때 필요한 능력은 창의력이다. 학교컨설턴트는 의뢰된 문제와 유사한 컨설팅 경험을 갖고 있다 할지라도 의뢰인이 다르기 때문에 새 의뢰인의 상황에 초점을 두어 창의적으로 접근할 필요가 있다.

3) 실행 과정 지원형 학교컨설팅

수립한 대안을 의뢰인이 잘 실행하여 과제를 해결할 수 있도록 도와주는 유형의 컨설팅이다. 학교컨설턴트는 ① 실행 과정에 필요한 인적·물적 자원의 지원, ② 해결 방안 조정, ③ 교육훈련을 통해 의뢰인의 실행을 도와준다. 해결 방안이 완벽하게 구안되었다 하더라도 실행 과정에서 예상치 못한 상황이 나타날 수 있다. 이것을 사전에 정확하게 예측한다는 것이 어렵기 때문이다. 학교컨설턴트는 구체적인 시나리오를 작성하여 의뢰인의 실행을 지원하되, 예상치 못한 상황이 발생했을 경우의 행동에 대해서도 조언해 줄 수 있어야 한다.

의뢰인의 성숙도와 의뢰 과제의 성격에 따라 학교컨설턴트의 역할과 개입 정도가 달라져야 한다. 중요한 것은 해결 방안을 실행해 나가는 과정 자체가 의뢰인에게 학습의 과정이 되도록 하고, 가능하면 의뢰인 스스로 과제를 해결할 수 있게 자문적 위치를 견지해야 한다는 점이다.

4) 교육훈련형 학교컨설팅

의뢰인을 대상으로 의뢰 과제 해결에 필요한 지식, 기술 및 정보를 제공하고 교육하는 형태의 컨설팅이다. 이는 과제를 해결하기 위해 가장 필요한 것이 의뢰인의 지식과 기술 습득이라고 판단할 경우에 시행하는 유형이다.

교육훈련형 학교컨설팅이 독립적인 프로젝트로 진행되는 경우는 기존의 연수와 유사하다. 다만, 기존 연수가 단순히 학교구성원이 원하는 주제에 대해 강의나 워크숍을 제공하는 형태라면, 학교컨설팅의 일환으로 시행되는 교육훈련은 먼저 컨설턴트가 의뢰인의 문제 상황을 진단한 다음 그것을 해결하는 데 필요한 역량을 기르는 데 초점이 있다. 학교컨설팅에서 해결 방안을 실행할 때는 교육훈련을 함께 실시하는 것이 효과적인 것으로 알려져 있다.

6. 학교컨설팅 유사 활동

학교컨설팅이 확산되면서 유사한 명칭으로 불리는 활동들도 속속 등장하고 있다. 학교경영컨설팅, 수업컨설팅, 생활지도컨설팅, 컨설팅 장학, 교육정책 컨설팅 등이 그 대표적인 예다. 이 가운데 앞의 세 가지는 학교컨설팅에 속하는 활동들로서 컨설팅 과제 영역에 따라 명칭을 달리 붙인 것이다. 그러나 컨설팅 장학과 교육정책 컨설팅은 그 성격이 독특하고 복잡하여 단순히 학교컨설팅의 하위 유형으로 보기 어려운 면이 있다. 여기서는 학교컨설팅의 유사 활동인 컨설팅 장학과 교육정책 컨설팅이 나타난 배경을 소개하고, 그 활동들이 각각 어떻게 진행되는지 간단히 살펴보도록 하겠다.

1) 컨설팅 장학

(1) 등장 배경

컨설팅 장학은 학교컨설팅의 의미와 원리, 방법 등을 장학에 적용한 활동이다(진동섭, 김도기, 2005). 따라서 논리적으로 보면, 학교컨설팅이 먼저 등장하고 그 뒤를 이어 컨설팅 장학이 등장한 것으로 이해될 수도 있다. 그러나 실제로 컨설팅 장학과 학교컨설팅은 거의 비슷한 시기에 등장했다. 차이가 있다면, 컨설팅 장학은 현장 교원을 중심으로 하여 장학의 문제점을 보완하기 위한 방편으로 시작된 반면, 학교컨설팅은 교육학자를 중심으로 하여 교육 개혁의 한계를 극복할 대안으로 모색되었다는 것이다.

컨설팅 장학이라는 용어가 처음 등장한 것은 1999년이며(이명호, 1999), 그 해에 일부 시·도 교육청에서는 컨설팅 원리를 장학에 접목하려는 시도가 있었다(진동섭, 2007). 2000년에는 이미 컨설팅 장학의 효과를 검증하는 현장 연구들이 등장하기 시작했다(장경순, 2000). 이와 같이 산발적으로 연구 및 시행해 오던 컨설팅 장학이 본격화된 것은 2010년 9월부터다. 당시 교육부는 지역교육청을 교육지원청으로 개편하면서 담임장학을 폐지하는 대신 '컨설팅 장학'을 교육지원청의 주요 업무로 규정하였다. 이후 컨설팅 장학은 교원의 전문성 계발과 학교교육 활동을 지원하기 위한 제도로 정착하였다.

(2) 컨설팅 장학의 실제

현재 17개 시도에서는 주로 시 · 도 교육청 본청과 교육지원청이 중심이 되어 컨설팅 장학을 수행하고 있다. 컨설팅 장학이 이루어지는 영역은 시 · 도마다 다소 다르지만, 대체로 수업컨설팅, 교육과정컨설팅, 생활지도컨설팅, 학교경영컨설팅 등의 영역을 포함하고 있다. 컨설팅 장학은 일정한 절차와 과정을 거치게 되는데, 시 · 도 교육청별로 그 진행 과정은 크게 다르지 않다. 여기서는 경기도 교육청의 사례를 통해 컨설팅 장학의 진행 절차를 살펴본다.

경기도 교육청은 지구별 중심 교육지원청에 컨설팅장학지원센터를 구축하고 수업, 교실, 학교, 행정 · 제도 등으로 영역을 나누어 오프라인과 온라인 등의 두 가지 방법을 통해 컨설팅 장학을 시행하고 있다. 먼저, 오프라인 컨설팅 장학은 학교 또는 교원이 홈페이지에 접속하여 컨설팅을 신청하면 해당 영역의 컨설팅 지원단 팀장이 컨설팅 신청 내용을 분석한 뒤 의뢰인과 협의 후 컨설팅 장학 요원을 배정한다. 이때 장학 요원은 컨설팅 내용과 일정, 방법 등을 의뢰인과 협의한 뒤, 컨설팅 관련 자료 수집, 분석 및 문제의 진단 등을 수행한다. 이후 의뢰인과 장학 요원은 협력을 통해 해결 방안을 개발하고 문제 해결 전략을 수립하여 대안을 실행한다. 컨설팅이 완료된 후에는 컨설팅 장학 과정 및 결과에 대한 평가가 진행된다. 마지막으로 장학 요원이 결과 보고서를 작성하여 업무관리시스템으로 교육지원청에 제출하면 컨설팅 장학이 끝나게 된다.

온라인 컨설팅 장학 역시 이와 같은 과정을 거치되, 신청자가 컨설팅 장학 요원을 직접 지정하여 요청할 수도 있다는 점과 컨설팅 장학 요원이 컨설팅 실시 결과를 등록할 때 공개 및 비공개로 설정이 가능하다는 점에서 차이가 있다.

(3) 학교컨설팅과의 관계

앞서 설명한 대로, 컨설팅 장학은 학교컨설팅의 의미와 원리, 방법 등을 장학에 적용한 활동이다. 이 개념 규정에 대해서는 특별히 논란이 있지 않지만, 컨설팅 장학과 학교컨설팅이 어떤 관계를 갖는지에 대해서는 의견이 분분하다. 크게 다음과 같은 세 가지 입장이 있다.

첫째, 학교컨설팅을 컨설팅 장학의 상위 개념으로 규정하는 경우가 있다. 서범종(2011)에 따르면, 학교컨설팅과 컨설팅 장학은 그 개념과 성격에 큰 차이가 없으며 다만 적용 대상이 다를 뿐이다. 이 입장에 따르면, 학교컨설팅은 학교 교육 및 경영과 관련된 모든 영역을 대상으로 전개되는 활동인 반면, 컨설팅 장학은 그 가운데 교원의 전문성과 관련된 영역을 대상으로 전개되는 활동이다.

둘째, 학교컨설팅과 컨설팅 장학은 적용되는 원리가 서로 다르다는 입장이 있다. 정수현(2012)에 따르면, 컨설팅 장학은 기존의 장학에서 학교컨설팅으로 넘어가는 과도기적인 형태이기 때문에 장학의 성격을 부분적으로 가질 수밖에 없다. 즉, 장학의 특성인 비자발성과 수직적 · 위계적 관계의 영향으로 컨설팅 장학에서는 학교컨설팅에 비해 자발성, 자문성, 독립성의 원리 등이 덜 강조될 수 있다는 것이다. 요약하면, 학교컨설팅은 앞 절에서 논의한 여섯 가지 원리가 모두 적용되는 반면, 컨설팅 장학은 그 가운데 일부 원리가 적용되지 않을 수도 있다는 것이다.

셋째, 학교컨설팅과 컨설팅 장학은 근본적으로 다른 활동이라는 관점이 존재한다. 홍창남(2012)에 따르면, 컨설팅은 '의뢰인에 대한 통제권이 없는 컨설턴트가 의뢰인에게 영향력을 행사하는 과정'인 반면, 장학은 '지도 감독의 권한과 책임이 있는 자가 학교교육의 질 향상을 위해 영향력을 행사하는 과정'이다. 즉, 학교컨설팅과 장학은 담당자의 통제권 보유 여부에 따라 질적으로 다른 활동이라는 것이다.

실제로 컨설팅 장학 관리자는 주로 교육지원청의 장학사들인데, 이들은 학교교육에 대한 관리 감독의 권한과 책임을 가지고 있다. 컨설팅 장학 담당자는 문제와 어려움을 겪고 있는 학교 및 교원(의뢰인)을 찾아내고 그들을 도와줄 전문가(컨설턴트)를 발굴하여 양자를 연결해 주는 컨설팅 관리자의 역할을 수행한다. 그런데 이 컨설팅 장학 담당자는 학교와 교원에 대한 관리 감독의 권한을 갖고 있기 때문에, 의뢰인(학교와 교원)의 입장에서는 원하지 않는 컨설팅 장학을 의뢰해야 하는 경우도 나타나게 된다. 이러한 현상은 컨설팅 장학에서 불가피한 것으로 보이며, 바로 이 점이 학교컨설팅과 컨설팅 장학의 근본적인 차이라고 할 수 있다.

2) 교육정책 컨설팅

(1) 등장 배경

학교컨설팅이 확산되자 이를 활용하려는 집단과 조직이 다양해졌다. 특히 교육부는 새로운 교육정책들을 단위학교 현장에 확산·정착시키기 위해 컨설팅을 적극 활용하고 있다. 예를 들어, 특색 있는 학교 만들기 사업이나 교육복지투자우선지역 지원 사업의 경우, 동 사업의 목적을 달성하기 위해 시범학교 또는 선도학교를 대상으로 컨설팅을 추진한 바 있으며, 그 밖에도 교과교실제 실행을 위한 컨설팅, '사교육 없는 학교 만들기'를 위한 컨설팅 등 다양한 형태의 컨설팅이 정부 주도로 이루어지고 있다.

교육부가 추진하는 컨설팅은 일반적인 학교컨설팅과 유사한 면도 있지만, 차이 역시 상당하다. 학교 상황을 진단하고 그 결과를 학교에 피드백한다는 점에서 보면 일반적인 학교컨설팅과 유사하지만, 컨설팅을 의뢰하는 주체(교육부)와 컨설팅을 받는 대상(단위학교)이 다르다는 점에서 기존의 학교컨설팅과는 근본적인 차이를 보인다. 기존의 학교컨설팅은 의뢰인, 컨설턴트, 학교컨설팅 관리자라는 세 주체가 등장하지만, 여기에서는 의뢰인과 컨설팅 대상 학교가 분리되기 때문에 네 주체가 등장하며, 이들 간의 관계 양상도 그만큼 복잡해진다. 홍창남 등은 이러한 형태의 컨설팅을 '교육정책 컨설팅'이라고 명명하고 그 특징을 규명한 바 있다(홍창남, 정수현, 김도기, 송경오, 2010). 여기서는 교육정책 컨설팅의 기능과 실제를 중심으로 그 내용을 살펴본다.

(2) 교육정책 컨설팅의 기능

교육정책 컨설팅은 학교구성원이 당면한 과제나 문제를 외부 전문가들의 도움을 받아 해결하게 함으로써 단위학교의 자생적 활력과 학교구성원의 전문적 역량을 키우고자 하는 일차적 목표를 지니고 있다. 이는 기존 학교컨설팅의 목표와 같지만, 정책적 측면에서 다음 세 가지 기능이 추가된다.

첫째, 정책 담당자의 정책 역량을 강화하는 것이다. 정책 담당자는 정책을 개발하고 집행하는 것과 관련된 기법이나 기능은 높을지 모르지만, 해당 정책과 관련한 다양한 관점 및 입장을 심층적으로 이해하는 것, 해당 정책을 이끄는 관점·입장·전제에 대한 반성의 자세를 함양하는 것은 필요하다. 따라서 교육정책 컨설팅을 통해 정책 집행자에게 심층적 이해와 반성적 자세의 기회를 부여함으로써 교육정책의 현실 적합성과 타당성을 높일 수 있다.

둘째, 교육정책 컨설팅을 통해 정책의 효율적 집행을 유도한다. 교육
정책 컨설팅을 통해 학교가 지닌 문제나 과제가 해결되면 그만큼 정책이
성공적으로 현장에 뿌리내릴 가능성이 높아진다.

셋째, 교육정책 컨설팅은 정책 개선을 위한 기초 자료를 확보하는 데
기여한다. 컨설팅 과정에서 대상 학교와 구성원의 정책적 제언이나 요구
를 수렴하여 교육부에 피드백 함으로써 정책의 개선을 위한 자료를 제공
하는 것도 교육정책 컨설팅의 중요한 기능이다.

(3) 교육정책 컨설팅의 실제

여기서는 교육부가 의뢰한 교육정책 컨설팅의 대표적 사례로서 2010년
에 전국적으로 시행된 자율형공립고등학교(이하 자공고) 컨설팅을 살펴
본다. 이 컨설팅은 2010년 당시 운영 중이던 자공고 21개교와 2011년부터
운영하기로 추가 지정된 23개교를 합하여 모두 44개 자공고를 대상으로
진행된 프로젝트였다.

교육부는 44개 자공고의 운영 실태를 점검하고 개별 학교가 겪고 있는
어려움을 해결해 주기 위해 컨설팅 경험이 풍부한 전문가에게 교육정책
컨설팅을 의뢰하였다. 컨설팅 대상 학교가 많은 교육정책 컨설팅의 경
우, 전체 프로젝트를 책임지고 있는 전문가는 실제 컨설팅을 진행할 다
양한 전문가를 컨설턴트로 위촉하게 된다. 이 사례에서는 전국을 4개 권
역으로 나누고, 각 권역을 담당하는 4개의 컨설팅 팀을 구성했다. 각 팀
은 4명의 컨설턴트로 구성되었는데, 여기에는 팀 리더인 교수를 포함하
여 자공고 운영 경험과 식견을 갖춘 학교장 및 부장 교사, 그리고 컨설팅
경험이 풍부한 연구원 등이 포함되었다.

총 17명으로 구성된 자공고 컨설팅 팀은 협의 과정을 거쳐 컨설팅 계
획을 수립하는 한편, 교육부와 컨설팅 대상 학교에 컨설팅이 원활하게
이루어지도록 협조를 요청하였다. 이후 컨설팅 지표 개발, 서면 자료 수

집 및 분석, 현장 방문 조사 및 설문 조사 실시, 진단 결과 종합 및 해결 방안 도출, 권역별 컨설팅 실시, 학교별 보고서 및 교육부 제출용 종합 보고서 작성 등의 순서로 컨설팅이 추진되었다.

이와 같이 교육부가 의뢰한 자공고 컨설팅은 의뢰인(교육부)과 컨설팅 대상(단위학교)이 서로 다르기 때문에 일반적인 컨설팅에서보다 주체가 하나 더 늘어나게 된다. 즉, 의뢰인, 컨설팅 대상 학교, 학교 컨설턴트, 학교컨설팅 관리자 등의 4자가 주체로 등장하게 되면서 그에 따른 과업도 일반 컨설팅과는 차이를 보인다. 특히 학교 컨설턴트는 컨설팅 과정에서 자공고 교육정책과 관련하여 제기되는 의견, 아이디어, 제안 등을 수집 · 정리한 후 컨설팅 관리자(프로젝트 책임자)에게 지속적으로 전달함으로써 교육정책 재검토 및 개선 지원에 활용할 수 있게 해야 한다. 또한 자공고 컨설팅은 컨설팅 대상 학교의 자발성이 전제되지 않기 때문에, 컨설팅이 진행되는 과정에서 컨설턴트와 참여자 간의 대화를 통한 유의미한 상호 학습 같은 단위학교의 자발성을 확보하기 위한 지속적인 노력이 필요하다. 이는 자공고 컨설팅을 포함한 모든 교육정책 컨설팅 과정에서 공통적으로 강조해야 하는 과제다.

제2장

학교경영컨설팅의 절차와 사례[1)]

학교에는 수업 이외에도 인사, 조직관리, 교직원 연수, 시설 및 재정 등 학교경영에 관한 수많은 업무가 산재해 있다. 이러한 업무들을 효율적으로 할 수 있는 방법은 무엇일까? 과연 학교의 모든 자원을 충분히 활용하고 있는 걸까? 많은 교사가 한 번쯤 해 보았을 생각이다. 학교경영컨설팅은 지금보다 조금 더 나은 방식이나 생각의 전환을 원하는 학교에 개선의 기회가 될 수 있다.

---

1) 학교컨설팅 절차에 관한 이론적 내용은 진동섭, 홍창남, 김도기(2008)의 내용과 허은정(2010a, 2010b)의 내용을 바탕으로 재정리한 것임. 또한 학교경영컨설팅 사례는 이재덕, 허은정(2009)의 내용을 간추린 것임.

1. 학교경영컨설팅의 개념과 모형

학교경영컨설팅은 학교컨설팅의 한 유형으로서 학교경영의 실제를 개선하는 활동이다. 학교경영컨설팅의 개념과 모형을 학교컨설팅의 개념과 모형에 준하여 소개하면 다음과 같다(진동섭, 홍창남, 김도기, 2008, p. 160).

학교경영컨설팅은 학교의 자생적 활력과 경영 역량을 제고하기 위하여 학교체제 내외의 구성원들의 요청에 따라 제공되는 독립적이고 전문적인 자문 활동이다. 주요 과업은 학교경영상의 문제를 진단하고 문제에 대한 해결책을 추천하며 학교의 요청이 있을 경우 그 해결책의 실행을 지원하는 것이다.

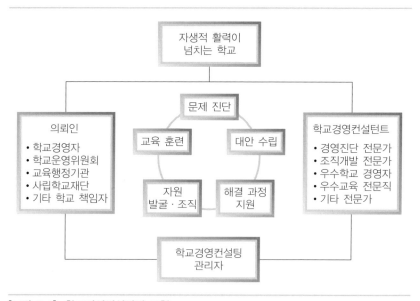

[그림 2-1] 학교경영컨설팅의 모형

출처: 진동섭, 홍창남, 김도기(2008).

2. 학교경영컨설팅의 절차

일반 학교컨설팅과 마찬가지로, 학교경영컨설팅은 준비, 진단, 해결 방안 구안 및 선택, 실행, 종료의 5단계 기본 절차에 따라 실행된다. 그러나 의뢰 과제의 성격에 따라 다양한 형태의 컨설팅이 가능하기 때문에 5단계 절차를 모두 거쳐야만 하는 것은 아니다. 예를 들어, 학교의 현 상황에 대한 정확한 이해를 목적으로 하는 경우, 준비, 진단, 종료의 3단계 컨설팅을 수행할 수도 있다. 각 절차별 목적과 내용을 이해하면 컨설팅을 융통성 있게 진행하는 데 도움이 된다. [그림 2-2]는 학교경영컨설팅의 일반적인 절차를 보여 준다.

[그림 2-2] 학교경영컨설팅의 절차
출처: 진동섭, 홍창남, 김도기(2008), p. 62의 [그림 4-1]을 학교경영컨설팅 절차에 맞게 수정 · 보완함.
　　　학교경영컨설팅의 절차에 관한 내용은 진동섭, 홍창남, 김도기(2008), pp. 181-213를 참고하였음.

이 절에서 소개하는 학교경영컨설팅의 절차는 각 단계에서 참여자, 특히 컨설턴트가 수행해야 할 과업을 중심으로 정리하였다. 활용 사례는 한국학교컨설팅연구회에서 수행한 M 고등학교 학교경영컨설팅이다.

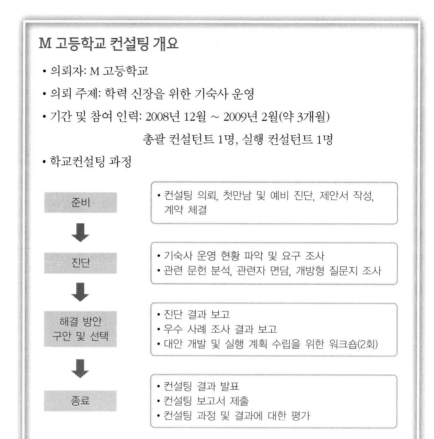

M 고등학교 컨설팅 개요

- 의뢰자: M 고등학교
- 의뢰 주제: 학력 신장을 위한 기숙사 운영
- 기간 및 참여 인력: 2008년 12월 ~ 2009년 2월(약 3개월)

  총괄 컨설턴트 1명, 실행 컨설턴트 1명

- 학교컨설팅 과정

준비	• 컨설팅 의뢰, 첫만남 및 예비 진단, 제안서 작성, 계약 체결
진단	• 기숙사 운영 현황 파악 및 요구 조사 • 관련 문헌 분석, 관련자 면담, 개방형 질문지 조사
해결 방안 구안 및 선택	• 진단 결과 보고 • 우수 사례 조사 결과 보고 • 대안 개발 및 실행 계획 수립을 위한 워크숍(2회)
종료	• 컨설팅 결과 발표 • 컨설팅 보고서 제출 • 컨설팅 과정 및 결과에 대한 평가

M 고등학교 사례는 전형적인 '해결 방안 구안형 학교경영컨설팅'이다. 해결 방안 구안형 학교경영컨설팅은 명확하게 정의된 문제에 대한 최적의 대안을 의뢰인과 함께 구안하는 데 목적이 있다(진동섭, 홍창남, 김도기, 2008, p. 90). 따라서 컨설팅의 일반적인 절차에서 '실행' 단계가 빠진 '준비 → 진단 → 해결 방안 구안 및 선택 → 종료'의 4단계에 따라 실행되었다.

1) 준비 단계

(1) 첫 만남 및 예비 진단

학교컨설팅은 의뢰서 제출에서부터 시작하는 것이 일반적이다(학교경영컨설팅 의뢰서 양식은 [부록 2-1] 참조). 컨설턴트는 의뢰서를 통해 대략적인 학교의 요청 사항을 확인한 후, 학교를 직접 방문하여 향후 진행할 컨설팅의 방향을 잡는다. 이를 첫 만남 및 예비 진단 단계라고 한다. 이 단계는 의뢰인이 컨설턴트에 대한 긍정적인 인상을 갖고 상호 신뢰를 형성하는 데 매우 중요하므로, 이때 컨설턴트는 다음과 같은 사항을 특히 유념해야 한다.

첫째, 컨설턴트는 누구와 어느 장소에서 만날 것인지 사전에 확인해야 한다. 특히 많은 교사와 한 자리에서 만나야 하는 상황이라면 컨설턴트는 두 사람 이상이 참석할 필요가 있다. 일 대 다수로 대화가 이뤄지면 한 명의 컨설턴트로는 질의응답 자체에 급급하여 정작 필요한 질문을 할 수 없게 되고, 원하는 응답을 얻어 내지 못할 가능성이 커지기 때문이다.

둘째, 컨설턴트는 사전에 의뢰 학교의 역사는 얼마나 되었는지, 학교경영의 중점 목표는 무엇인지, 학교 규모는 어느 정도인지 등 학교의 기본적인 정보를 알아야 한다. 컨설턴트가 학교의 제반 상황을 미리 알고 방문하는 것은 회의를 효율적으로 진행하는 데 도움이 될 뿐 아니라 의뢰인에게 신뢰감을 줄 수도 있다.

셋째, 컨설턴트는 예비 진단을 위해서 학교가 학교경영컨설팅을 의뢰한 계기가 무엇인지, 만약 학교가 특정 컨설턴트를 지목하여 요청한 상황이라면 어떻게 알고 의뢰하게 되었는지, 학교의 전반적인 상황은 어떠한지 등에 대해 질문하면서 의뢰인의 적극적인 발언을 이끌어 내야 한다. 그러나 이때 학교의 문제점에 대해 계속 질문함으로써 학교가 심각한 상황에 처한 것 같은 분위기를 조성해서는 안 된다. 또한 컨설턴트는 컨설팅이 문제를 단번에 해결해 주는 처방약이 아니라는 사실을 의뢰인에게 충분히 주지시킨 다음, 의뢰인이 해결하려고 하는 문제와 원인에 대해 검토해야 한다(진동섭, 홍창남, 김도기, 2008).

(2) 제안서 작성 및 계약

이 단계에서는 컨설턴트가 학교경영컨설팅에 대한 계획과 방법이 담긴 제안서를 작성하여 컨설팅 계약이 성립하도록 하는 것이 목적이다. 제안서에 포함해야 할 항목은 다음과 같다(조민호, 설중웅, 2009).

- 컨설팅의 배경 및 목적
- 컨설팅 기간
- 기대 효과: 컨설팅 결과물
- 자료 수집: 수집할 자료 목록, 자료 제공자, 수집 시기와 방법
- 추진 일정: 소요 기간 및 진행 일정, 중간 점검 및 최종 보고서
  제출일 등

컨설턴트는 제안서의 내용을 의뢰 학교에 설명해야 한다. 과제의 범위가 작다면 관리자를 비롯한 소수의 교원을 대상으로 제안서의 내용을 설명할 수 있다. 그러나 학교경영컨설팅은 관리자와 한두 명의 부장교사에 국한하기보다 여러 교직원의 참여 속에서 이루어지는 경우가 많기 때문에 전 교직원을 대상으로 발표하는 편이 더욱 바람직하다. 이는 컨설팅의 필요성에 대한 공감대를 형성하기 위해 꼭 필요한 활동이다.

학교의 구성원이 제안서에 충분히 공감하고 컨설팅의 필요성을 느낀다면 컨설팅 계약이 성사될 가능성이 높다. 계약서를 작성할 때는 제안서에 제시된 내용 중에서 수정할 부분을 반영한다. 이때 계약서에는 여섯 가지 원칙에 따라 계약 주체(누가), 과제(무엇), 기간(언제), 비용(얼마),

방법(어떻게) 및 장소(어디)를 기본적으로 명시해야 한다(진동섭, 홍창남, 김도기, 2008).

M 고등학교 컨설팅 사례: 준비 단계

1. 첫 만남 회의

- 참석자: 총괄 컨설턴트, 실행 컨설턴트, 교장, 교감, 교과부장, 학년부장, 특수부장 등 11명
- 회의 내용: 접수된 의뢰서에서는 '명문학교로의 발전을 위한 학교 혁신'이라는 추상적이고 광범위한 주제를 제시하고 있었음. 따라서 컨설턴트는 학교 측과 직접 면담을 통해 가장 시급하면서 가장 원하는 주제('학력 신장을 위한 기숙사 운영')를 도출함
- 그 외 확인 사항: 학교 분위기, 컨설팅에 대한 구성원의 인식 정도, 교장의 적극성 파악, 내부 협력자 확인

2. 제안서 작성 및 계약

- 예상되는 컨설팅 절차와 과업 내용을 구상하여 제안서 제출 → 협의 완료 → 계약서 작성
- 계약서에는 컨설팅 목적, 과업, 기간, 계약금 지불 방식, 최종 산출물, 저작권, 비밀유지에 대해 명기함
- 학교에 직접 방문하여 체결함
- 계약서 체결을 위해 학교에 방문하는 날 제안서를 발표함. 내부 협력 팀을 대상으로 M 고등학교 컨설팅의 내용, 예상 진행 일정, 교사들의 참여가 필요할 경우 언제 어떤 내용의 요구사항이 있는지를 미리 예고함

* 내부 협력 팀 구성: 전체 교원을 대표하는 내부 협력 팀(교장, 교감, 기숙사 담당교사, 학년부장, 교과부장 등 10~15명)을 구성하여, 이들을 중심으로 면담 및 워크숍 등을 진행함

2) 진단 단계

(1) 학교구성원의 역할: 컨설팅 필요성에 대한 인식

학교구성원 스스로 '학교조직이 왜 변화해야 하고 컨설팅이 우리 학교에 왜 필요한지'를 인식하는 것은 효과적인 컨설팅을 위해 가장 기초적이고 중요한 사항이다. 따라서 컨설턴트뿐만 아니라 의뢰인 역시 학교에서 맡은 지위와 직책에 따라 나름대로 준비해야 할 사항이 있다.

첫째, 교장은 학교의 최고 책임자로서 학교교육의 질 개선과 변화의 필요성을 학교조직 전체 차원으로 확산시켜야 한다. 하지만 이 과정에서 교사가 변화에 대한 두려움을 크게 느낀다면 집단적으로 저항할 수도 있으므로 교사를 비롯한 학교의 구성원들이 적정한 수준의 긴장감과 위기의식을 갖게 하는 것이 중요하다.

둘째, 교감과 교무부장 혹은 교내 컨설팅 추진 팀(또는 내부 협력 팀)은 학교 구성원과 컨설턴트 사이의 매개 역할을 함으로써 컨설팅 과정에서 생기는 정서적 장벽을 허물 수 있다(조성한, 2002). 이들은 학교 구성원들에게 컨설팅 진행 사항을 지속적으로 알려 주어 컨설팅에 대한 막연한 두려움이나 경계심이 사라지도록 하는 데 도움을 줄 수 있다.

셋째, 교사는 학교경영컨설팅이 왜 필요하고 어떻게 도움이 될 것인지 이해할 필요가 있다. 교사는 이러한 이해를 바탕으로 컨설턴트가 필요로 하는 자료나 정보 제공 혹은 수업 공개, 회의 참관 등을 적극적으로 도울 수 있다(진동섭, 홍창남, 김도기, 2008).

(2) 컨설턴트의 역할 1: 문제 진단을 위한 자료 수집

문제의 정확한 진단을 위한 자료 수집은 학교의 변화를 이끌어 내는 중요 자원이 된다. 또한 자료 수집 과정에서 학교 구성원과 컨설턴트 간에 협동적인 관계가 형성되기도 한다. 주요 자료 수집 방법으로는 설문

조사, 면담, 관찰, 2차 자료 사용 등이 있다.

첫째, 설문조사는 교원을 비롯한 학부모, 학생 등에 대한 응답을 동시에 얻을 수 있기 때문에 많이 활용된다.

둘째, 전체 교직원을 대상으로 면담하거나 핵심 집단을 중심으로 면담을 진행할 수 있다. 부장교사만 면담할 경우에는 자칫 편향된 문화를 파악하게 될 가능성도 있기 때문에 면담 대상자를 선정할 때도 직위와 경력, 성별 등의 면에서 균형적인 구성이 이루어지도록 해야 한다.

셋째, 교원의 업무 처리 방식, 직원회의 과정, 교무실의 자리 배치, 파티션의 유무, 교원의 복장 등 물리적인 것들을 관찰하면서 학교 문화를 느낄 수 있다.

넷째, 업무분장, 인사규정, 학교교육계획서, 직원회의 회의록, 학교운영위원회 회의록, 학업성취도 점수 등과 같은 2차 자료를 활용할 수 있다. 학교에서 미리 실시해 둔 면담 및 설문조사 자료가 있으면 구성원의 생각과 분위기를 빨리 파악하는 데 도움이 된다(진동섭, 홍창남, 김도기, 2008).

(3) 컨설턴트의 역할 2: 수집된 자료의 분석

정확한 진단을 위해서는 수집된 자료를 분류하고 그중 중요 요인을 추출해서 요인들 간의 관계를 논리적으로 분석하는 것이 중요하다. 대부분 학교조직의 수많은 요인은 상호 복잡하게 연관되어 발생한다. 따라서 스왓(SWOT) 분석과 같은 과제 분석 기법 등을 활용하여 요인들 간에 어떠한 관계가 있고 어떠한 요인이 근본 원인이 되는지를 규명해야 한다(진동섭, 홍창남, 김도기, 2008).[2]

---

2) 학교경영컨설팅의 과제 분석 기법에 관한 자세한 설명은 7장 참고.

M 고등학교 컨설팅 사례: 진단 단계

1. 기숙사 운영 현황 진단
- 일정: 2009년 1월 5일~1월 9일
- 방법: 문헌조사(운영규정, 예산계획서, 운영 현황 및 점검표 등)

2. 개방형 질문지 조사
- 일정: 2009년 1월 12일~1월 16일
- 조사 대상: 교감, 교사, 기숙사 담당교사, 학부모, 학생
- 조사 내용: 기숙사 운영의 중점 사항, 학습 지도, 생활 지도, 진학 지도, 학생, 인사, 재정 시설 등 기숙사 전반에 관한 현황과 요구 사항을 질문

3. 관련자 면담
- 질문지 조사 전후에 걸쳐 이루어짐

---

3) 해결 방안 구안 및 선택 단계

이 단계는 어떤 방안이 컨설팅 과제를 해결하는 데 가장 적합할 것인지를 생각하고 선택하는 과정이다. 우선 컨설턴트는 진단 단계에서 입수한 여러 자료를 바탕으로 다양한 해결 방안을 강구해야 한다. 의뢰인은 동료들과 공식적 · 비공식적 자리에서 학교의 문제를 이야기하는 과정을 통해 자신이 속한 학교조직의 문제가 무엇인지, 그 문제를 어떻게 해결할 수 있는지 알게 될 가능성이 크다. 따라서 컨설턴트는 학교구성원의 인식 속에 잠재해 있는 부분을 잘 이끌어 내어 최선의 해결 방안을 수립 · 제안할 수 있어야 한다.

해결 방안이 마련되고 나면, 의뢰 학교가 그중 가장 적절한 방안을 선택하는 일이 남았다. '어느 방안이 정답이다.'라고 말하기는 어렵지만 마련할 수 있는 최선의 방안은 있을 수 있다. 최선의 방안을 마련하는 것

역시 쉽지 않으므로 다음과 같은 기준을 세워 검토하는 과정을 거치는 것이 필요하다.

- 이 대안은 교사, 관리자 및 학부모의 요구를 만족시킬 수 있는가?
- 새로운 대안은 학업 성취의 향상, 직무만족 개선 등 컨설팅 목적에 대해 효과를 보일 수 있는가?
- 선택된 대안은 다른 대안에 비해 시간적·재정적 비용을 절약할 수 있으며 효율적인가?
- 학교가 선택한 방안은 집행이 가능한가?
- 새로운 대안에 대한 반대나 저항은 어느 정도이고 어떤 것들이 예상되는가?
- 특정 부서나 학년의 업무 과정 개선은 다른 부서나 학년에 어떤 영향을 미치는가?

M 고등학교 컨설팅 사례: 해결 방안 구안 및 선택 단계

1. 대안 및 실행 계획 설정을 위한 워크숍 실시
- 워크숍 참여자: 내부 협력 팀(교장, 교감, 기숙사 담당교사, 연구부장, 학년부장, 교과부장 등)
- 주요 활동
- 기숙사 운영 목표 합의
- 학교가 자체적으로 해결할 수 있는 과제의 중요도와 긴급도 분류
- 최우선 과제의 원인, 해결안, 실행 계획 수립

2. 실행 계획 예시
- '생활 지도 책임 불분명'에 관한 실행계획서

구분	내용	담당자
문제	생활 지도 책임 불분명	
실행 방안	1. 담임과 사감 간의 협의 2. 입실 · 퇴실 시 담임교사의 확인 3. 기숙사 운영에 관한 현직 연수(4월 중) 4. 매달 1회 이상 생활지도표를 담임교사에게 제출 5. 기숙사 개방의 날 운영	
실행 기간	2009년 3월 2일~3월 30일	
역할자	1. 담임과 사감 간의 협의 2. 입실 · 퇴실 시 담임교사의 확인 3. 기숙사 운영에 관한 현직 연수 4. 매달 1회 이상 생활지도표를 담임교사에게 제출 5. 기숙사 개방의 날 운영	박○○ 박○○ 박○○ 박○○ 박○○
평가 시스템	3월 30일 실행 계획 완료 여부 확인	박○○

4) 실행 단계

(1) 해결 방안 적용

컨설턴트는 구성원이 주체가 되어 해결 방안에 대한 다양한 전략을 세우고 실행할 수 있도록 도와야 한다. 상황은 학교마다 다르겠지만, 익숙한 것부터, 또는 단계별로 적용하거나 초기 성과를 얻을 수 있는 것부터 적용하는 것이 일반적인 전략이다. 또한 실행 과정에서 학교구성원들이 중간 성과를 수시로 공유하게 하고 다른 학교의 유사한 성공 사례를 섭하게 하는 것은 그들이 믿음과 용기를 갖도록 북돋우는 데 도움이 된다(진동섭, 홍창남, 김도기, 2008).

(2) 실행 단계에서 컨설턴트를 위한 조언

① 적절한 위기감 조성하기

학교구성원이 변화의 필요성을 인식하지 못할 때는 컨설턴트가 학교 안팎을 둘러싼 환경을 사실 그대로 제시해 주어야 한다. 학부모 및 지역사회의 요구를 제시하거나 주변 학교와 의뢰 학교의 학업성취도, 대학 진학률, 취업률을 비교하거나, 또는 선진 학교의 혁신 사례를 소개하는 등의 외적 자극을 주는 방법을 사용할 수 있다. 그러나 지나친 위기감은 오히려 변화에 대한 포기나 저항으로 이어질 수 있기 때문에 수위 조절에 유의해야 한다.

② 긍정적 기대감 조성하기

학교구성원이 불확실한 상황에서 스스로 변화를 시도하는 것에 불안감을 가질 수도 있다. 그러나 성공할 것이라는 기대를 심어 주면 구성원은 건설적인 대안을 제시하고 그러한 행동을 보이게 마련이다(Eden, 1986). 컨설턴트는 학교의 관리자와 각 부장교사가 긍정적이고 협력적인 분위기를 조성하는 역할을 할 수 있도록 알려 주어야 한다.

③ 저항 극복하기

학교구성원과 학교조직은 그동안 익숙해져 있던 교직 사회의 문화 변화에 두려움을 가질 수 있다. 이러한 두려움은 의뢰인의 '저항'으로 표현할 수 있는데, 무관심, 무시, 비난, 태업 등 다양한 양태로 나타난다. 따라서 컨설턴트가 의뢰 학교 구성원의 저항을 극복하기 위해서는 학교 구성원이 변화에 대해 어떻게 느끼고 있는지를 파악해야 한다. 이를 위해서는 그들의 어려움을 경청하고 적극적인 의사소통을 통해 변화의 과정과 정보를 공유하려는 자세가 필요하다.

④ 지원체제 구축하기

학교 관리자와 컨설턴트는 변화를 수행하기 위해 학교조직에서 영향력 있는 개인이나 집단, 예컨대 학부모 운영위원장, 교원단체의 분회장, 교사 동호회 등의 지지를 확보하고 후원 세력으로 만드는 것이 중요하다. 따라서 학교의 변화를 위해서는 사전에 어떤 구성원이나 모임이 적극적으로 협력해 줄 수 있는지, 학부모와 지역사회 등 이해관계자의 도움을 얻을 수 있는지를 파악해 두어야 한다.

5) 종료 단계

(1) 최종 결과물 제출

계약서에 약정한 최종 결과물을 제출하는 시기로, 최종 결과물은 대개 보고서의 형태를 띤다. 이는 의뢰 학교가 컨설팅 종료 후 컨설턴트의 도움 없이 스스로 유사 문제를 해결하는 데 도움이 되는 지침의 역할을 한다. 컨설팅 보고서에 포함해야 할 주요 내용은 다음과 같다(강상원, 2007; 허은정, 2010b).

- 컨설팅 목적
- 컨설팅 추진 내역
- 해결 방안
- 해결 방안에 관한 논리적 근거
- 해결 방안 실행을 위한 후속 조치 사항

(2) 만족도 조사 및 의뢰인 자기평가

컨설팅 종료 단계에서는 그동안 진행해 온 학교경영컨설팅 모습을 되돌아보며 컨설팅의 과정과 결과가 어떠했는지를 판단할 필요가 있다. 의

뢰인을 대상으로 컨설팅 과정, 컨설팅 결과, 컨설턴트에 관한 만족도 조
사를 실시하는 것이 대표적이다([부록 2-2] 참조). 더불어 이러한 구성원의
인식 평가와 함께 학교 결근율, 교원 간·교원-학생 간 의사소통 횟수,
네트워크 모습 등 객관적인 실태를 나타내는 평가를 병행함으로써 의뢰
과제의 특성에 맞는 적절한 평가 방식을 모색하려는 노력이 필요하다.

한편, 의뢰인이 자기평가를 실시하게 하는 것 역시 중요하다. 컨설팅
은 컨설턴트뿐 아니라 의뢰인의 적극적이고 주체적인 참여가 있을 때 비
로소 완성되기 때문이다. 의뢰인의 자기평가는 컨설팅이 진행되는 과정
중의 의뢰인의 참여 수준, 컨설팅 과정에서 배우려는 학습 의지, 과제 해
결을 위해 투입한 시간과 노력 등에 대해 스스로 점검하는 내용을 포함
한다([부록 2-3] 참조).

M 고등학교 컨설팅 사례: 종료 단계

1. 최종 결과물 제출
- 종료일에 맞춰서 의뢰 학교에 최종 보고서 제출
- 내부 협력 팀을 포함한 전체 교직원을 대상으로 컨설팅 결과 발표

2. 컨설팅 만족도 조사
- 내부 협력 팀을 대상으로 실시
- 설문 내용은 학교컨설팅의 과정 측면, 컨설턴트의 기술 측면, 학교컨설
  팅의 결과 측면으로 구분
- 조사 결과, 보통 이상의 만족도를 보임. 그리고 컨설팅을 통해 도출한
  해결 방안에 대해 강력한 실행 의지를 표명함

학교경영컨설팅 의뢰서

■ 기본 사항

의 뢰 자		연 락 처	
담당 학년		담당 교과	
전 공		총 교육 경력	

■ 의뢰 영역

컨설팅 영역	세부 영역
학교경영 영역	☐ 교육 및 경영 목표 설정과 계획 수립 ☐ 교육과정 ☐ 조직 및 인사 관리 ☐ 재정 · 시설 · 사무 관리 ☐ 장학 및 연수 관리 ☐ 학생 및 교직원 복지 ☐ 학교 평가 ☐ 학교 행사 운영 ☐ 학교의 문화 및 풍토 조성 ☐ 기타 ( )

■ 의뢰 과제

의뢰 과제명	
의뢰 내용의 구체적 진술 및 의뢰 사유	

[부록 2-2] 학교경영컨설팅 만족도 조사지 예시

학교경영컨설팅 만족도 조사지

질문 내용	평가				
	매우 그렇지 않다	그렇지 않다	보통	그렇다	매우 그렇다
A. 학교경영컨설팅의 과정 면					
1 계약을 위한 준비 과정에 만족하십니까?					
2 학교의 문제를 진단하는 과정에 만족하십니까?					
3 본 컨설팅에 적합한 컨설턴트가 배정되었다고 생각하십니까?					
4 해결 방안의 선택 과정에서 충분한 협의가 이루어졌습니까?					
5 해결 방안의 실행 과정에서 컨설턴트의 지원이 충분했습니까?					
B. 학교경영컨설턴트의 기술 면					
6 컨설턴트가 충분한 전문성을 갖고 있다고 생각하십니까?					
7 컨설턴트의 지원이 과제 해결에 충분한 도움이 되었습니까?					
8 컨설턴트가 문제 해결을 위해 최선을 다했다고 생각하십니까?					
9 컨설턴트가 사용한 컨설팅 기법에 만족하십니까?					
10 컨설턴트와의 관계는 편안했습니까?					
C. 학교경영컨설팅의 결과 면					
11 선생님께서 의뢰하신 문제는 잘 해결되었습니까?					
12 학교경영컨설팅의 결과에 만족하십니까?					
13 해결 방안 실행 결과에 대한 좋은 성과를 예측하십니까?					
14 다음 기회에 다시 학교경영컨설팅을 받을 의향이 있으십니까?					
[기타 의견] 이번 학교경영컨설팅에 관한 선생님의 의견을 자유롭게 써 주십시오.					

출처: 홍창남 외(2013), pp. 224-225의 표를 수정 · 보완함.

[부록 2-3]   의뢰인 자기평가지 예시

의뢰인 자기평가지

질문 내 용	평 가				
	매우 그렇지 않다	그렇지 않다	보통	그렇다	매우 그렇다
A. 학교컨설팅 과정 면					
1 나는 컨설팅 과정에 적극적으로 참여했는가?					
2 나는 컨설턴트에게 배우려는 학습 의지가 있었는가?					
3 나는 과제 해결을 위해 시간과 노력을 충분히 투입했는가?					
4 나는 컨설턴트와의 의사소통에 능동적으로 임했는가?					
[기타 의견]					

출처: 신철균(2009), p. 183의 표 일부.

제3장

수업컨설팅의 절차와 사례

교사의 핵심 과업인 수업이 갖는 중요성은 아무리 강조해도 지나치지 않다. 그렇지만 경력의 많고 적음과 무관하게 많은 교사는 수업과 관련된 어려움에 당면한다. 그러한 어려움을 해소해 줄 수 있는 방법이 수업컨설팅이다. 그렇다면 수업컨설팅을 받고자 할 경우 어떻게 해야 할까? 수업컨설턴트로서 수업컨설팅을 제공하고자 할 경우에는 또 어떻게 해야 할까? 이 장에서는 수업컨설팅 주요 관련자가 수업컨설팅의 절차별로 수행해야 하는 과업을 관련 사례와 함께 제시한다.[1]

---

1) 수업컨설팅의 개념과 모형, 절차, 사례에 관한 이하의 내용은 김도기, 김효정(2008)과 진동섭, 홍창남, 김도기(2009)의 내용을 중심으로 재정리한 것임.

1. 수업컨설팅의 개념과 모형

학교컨설팅의 개념과 모형에 준하여 수업컨설팅의 개념과 모형을 정리하면 다음과 같다.

수업컨설팅은 수업 관련 문제를 해결하기 위해 도움을 요청해 온 교원에게 학교 안팎의 수업컨설턴트들이 학교컨설팅의 원리에 따라 제공하는 자문 활동이다.

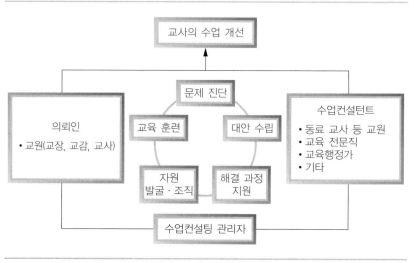

[그림 3-1] 수업컨설팅 모형
출처: 진동섭, 홍창남, 김도기(2008).

2. 수업컨설팅의 절차

수업컨설팅은 학교컨설팅의 절차에 준하여 준비, 진단, 해결 방안 구

안 및 선택, 실행, 종료의 5단계로 진행된다. 이 5단계는 수업컨설팅의
일반적인 단계로서, 컨설팅 의뢰 과제의 성격과 내용에 따라 융통성 있
게 수행될 수 있다.

[그림 3-2] 수업컨설팅의 절차

출처: 진동섭, 홍창남, 김도기(2008), p. 62의 [그림 4-1]을 수업컨설팅의 절차에 맞게 수정 · 보완함.

　　여기서는 수업컨설팅의 일반 절차를 소개하는 데 초점을 두되, 필요한
경우 관련 사례나 문서를 함께 제시하여 이에 대한 이해를 돕고자 한다.
다음에서 소개하는 사례는 한국학교컨설팅연구회에서 수행한 P 고등학
교 수업컨설팅 사례다.[2]

P 고등학교 수업컨설팅 사례: 개요

- 의뢰자: P 고등학교
- 의뢰 주제: 저경력 교사 수업 연구 지원
- 컨설팅 의뢰의 배경

---

2) 해당 사례는 P 고등학교에서 해당 학교의 저경력 교사 6인을 대상으로 학교 단위 컨설팅을 의뢰한
　경우다. 학교 조직 차원의 과제를 해결하기 위해 작은 수업컨설팅 6개가 수행된 경우라고 볼 수 있
　다. 넓은 의미로 볼 때는 학교의 과제를 해결하기 위한 컨설팅이지만(P 고등학교 수업컨설팅 사례
　의 개요 참고), 여기서는 수업컨설팅에 대한 이해를 돕기 위해 기술 · 가정과 컨설팅 사례를 중심으
　로 소개한다.

- 교장, 교감을 제외한 37명 교사 중 5년 미만의 저경력 교사가 전체의 57%임
- 저경력 교사를 지도하고 안내해 줄 선배 교사가 부족함
- 저경력 교사가 겪는 수업 연구 및 생활지도의 어려움
- 기간: 2007년 4월~2008년 1월(약 10개월)
- 주요 관련자: P 고등학교 저경력 교사 6인, P 고등학교 내부 관리자, 한 국학교컨설팅연구회 컨설팅 관리자, 수업 컨설턴트 7인[3]

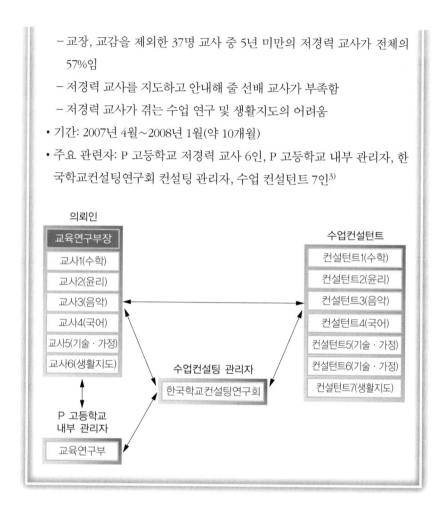

1) 준비 단계

(1) 의뢰 및 접수

수업컨설팅은 수업컨설팅을 받고자 하는 학교와 학교구성원이 컨설 팅을 받고자 하는 의사를 컨설팅 관리자에게 접수함으로써 시작한다. 수

---

3) 수업컨설팅을 받은 6인의 교사 중 교사5(기술·가정)의 경우 2명의 수업컨설턴트가 배정되었다. 이에 6인의 교사에 대해 총 7인의 컨설턴트가 수업컨설팅을 수행하였다.

업컨설팅이 의뢰·접수되는 첫 단계에서 가장 중요한 것은 컨설팅 주요 관련자들 간의 신뢰와 컨설팅 성공에 대한 신념 공유다. 이러한 기반을 형성하는 데 매우 중요한 것이 첫 만남 단계라고 볼 수 있다. 첫 만남은 수업 컨설턴트가 주도할 수도 있고(예: 수업컨설턴트가 의뢰인에게 직접 제안, 의뢰인의 관심사에 대한 설명회 개최 등) 의뢰인이 주도할 수도 있다(예: 주변의 소개나 개인적 친분 등을 통해 수업컨설팅 의뢰).

첫 만남의 기회를 어느 쪽에서 만들게 되든지 간에 의뢰 여부에 대한 결정권은 의뢰인이 갖는다. 컨설팅 의뢰는 구두, 서면, 웹 문서 등을 통해 이루어질 수 있다([부록 3-1] 참조). 그런데 의뢰인이 작성한 의뢰서가 수업컨설팅 진행의 기본 자료가 된다는 점을 생각할 때, 구두 의뢰보다는 서면을 통한 의뢰가 보다 바람직할 것이다. 의뢰인이 의뢰서 작성에 어려움을 겪을 경우에는 컨설턴트나 컨설팅 관리자가 적절한 수업컨설팅 의뢰서 예시를 제시하며 도와줄 필요도 있다([부록 3-1] 참조).

(2) 예비 진단

예비 진단의 목적은 해당 컨설팅의 목적 및 문제를 명확하게 밝히는 것에 있다. 김도기(2005)의 연구에서는 예비 진단을 '컨설팅 장학 관리팀 회의'라고 표현했는데, 이 단계에서는 의뢰인이 처한 상황을 파악하고, 방법론을 검토하고, 컨설턴트의 역할을 점검함으로써 컨설팅 장학 수행의 적절성을 판단한다(김도기, 2005, pp. 52-53). 예비 진단은 컨설팅이 의뢰되는 상황에 따라 수행의 주체가 달라질 수 있다. 교내에서 이루어지는 수업컨설팅의 경우, 적절한 컨설턴트를 의뢰인이 잘 알고 있을 수 있기 때문에 컨설턴트 선택이 예비 진단보다 앞서 이루어지고, 따라서 예비 진단 수행 주체는 컨설턴트가 된다. 그러나 의뢰인이 컨설턴트를 잘 알고 있지 않은 경우에는 컨설팅 관리자가 예비 진단을 한 후, 그 결과를 기초로 하여 컨설턴트를 배정하게 된다. 따라서 예비 진단과 컨설턴트 배정(선택) 단계는 순서에 차이가 있을 수 있다.

(3) 수업컨설턴트 배정(선택)

교내 수업컨설팅의 경우, 의뢰인의 문제를 가장 잘 해결해 줄 수 있는 교사, 즉 적절한 수업컨설턴트를 의뢰인이 잘 알고 있을 수 있다. 이 경우, 의뢰인은 의뢰서의 '희망 컨설턴트' 부분에 해당 교사의 이름을 쓰고, 컨설팅 관리자는 기입된 희망 컨설턴트와의 조율을 통해 의뢰인과 희망 컨설턴트를 연결해 준다. 그러나 의뢰인이 컨설턴트에 대한 정보가 부족한 경우도 있을 수 있다. 이때는 희망 컨설턴트란에 '컨설턴트는 정해 주시면 협의하여 결정하겠습니다.'와 같이 기재하도록 한다. 그리고 컨설팅 관리자는 의뢰인의 문제를 잘 해결해 줄 수 있는 적당한 컨설턴트를 알아보고 추천한다.

(4) 전반적 계획 수립

본격적인 수업컨설팅이 진행되기에 앞서, 수업컨설팅의 전반적인 청사진을 의뢰인에게 안내할 필요가 있다. 물론 수업컨설턴트는 수업컨설팅의 기본 절차에 따라 컨설팅을 진행하게 되지만, 의뢰하는 과제의 성격이나 의뢰인의 상황과 선호 등에 따라 그 절차를 수정할 수 있다. 수업컨설팅 계획서에 포함해야 하는 대강의 내용은 다음과 같다.

- 컨설팅의 목표 및 종료 시점의 결과
- 의뢰된 문제를 해결하기 위한 수업컨설팅의 절차
- 수업컨설턴트 및 수업컨설팅관리자의 역할
- 의뢰인에게 제출되는 중간 보고서
- 활용되는 컨설팅 기법
- 추진 일정과 예상 종료 시점

• 기대 효과

실행 단계에서 활용할 기법이나 구체적인 행사(세미나, 연수 등)에 관한 세부 사항은 본격적인 진단 단계를 거친 후 수정 · 확정된다. 따라서 전반적인 계획을 수립하는 단계에서 구체적인 내용을 제시할 필요는 없다. 다만, 의뢰인의 입장에서 볼 때 앞으로 어떤 단계를 거쳐서 어떤 일들이 진행될 것인지를 예측할 수 있도록 계획서를 작성해야 한다.

P 고등학교 수업컨설팅 사례: 기술 · 가정과 준비 단계

1. 컨설팅 의뢰
• 컨설팅 의뢰서 접수
• 의뢰 내용: 기술에 관한 기초 지식이 부족한 가정 전공자임을 밝히고, 기술 교과 교수법에 대한 도움과 기술 내용 자체에 대한 도움이 필요함을 밝힘

2. 컨설턴트 배정
• 기술 교수법에 관한 지원을 해 줄 수 있는 A 교사
• 고등학교 기술 교과 내용에 관한 지원을 해 줄 수 있는 B교사

---

2) 진단 단계

진단 단계는 의뢰인의 현재 상태와 컨설팅을 통해 달성하고자 하는 목표에 대한 정보를 수집하고, 이를 바탕으로 그 원인을 밝히는 과정이다. 여기에는 '목표 분석, 사실 발견, 사실 분석과 종합, 의뢰인에 대한 피드백'이 포함된다. 진단과 계획 단계에서 프로젝트의 구체적인 목표를 설정하는 것은 적절한 해결 대안이나 변화 전략을 선정, 추진하는 데 아주 중요하다(Kolb & Frohman, 1970).

(1) 자료 수집 및 필요한 사실 규명

어떠한 종류의 사실을 수집해야 하는가는 수업컨설팅이 의뢰된 영역, 문제에 대한 정의, 수업컨설팅의 세부 목적에 따라 그 대상이 좌우된다. 컨설턴트는 다양하고 객관적인 자료를 기초로 문제를 진단하게 되는데, 이 단계에서 확보한 자료는 대안 설정 및 선택 단계와 실행 단계에서 중요한 의사 결정 자료가 된다. 자료 수집 방법으로는 의뢰인과 컨설턴트의 대화, 일상의 기록 분석, 사건이나 상황 및 교실 환경 관찰, 설문지 조사, 인터뷰 등이 있을 수 있다. 예를 들면, 교수-학습 영역의 컨설팅인 경우에 참고할 수 있는 자료로는 수업지도안, 수업 녹화 또는 녹음 자료, 판서 자료, 수업 참관록 등이 있을 수 있다(김도기, 2005, pp. 55-56).

(2) 자료 분석 및 향후의 활동 방향 설정

수업컨설턴트는 자료를 수집하여 분석한 후, 최종적으로 진단 결과를 정리한다. 진단 결과를 의뢰인과 공유하는 방법의 예는 다음과 같다.

- 수업컨설턴트가 자신이 이해한 의뢰 과제를 그 자리에서 확인하는 방법
- 진단 결과를 정리하고 중요한 사실을 검토하기 위한 약식 모임을 갖는 방법
- 중간 보고서를 제출하는 방법

의뢰인은 최종 분석 결과를 공유함으로써, ① 어떤 점에 초점을 두어 수업컨설팅이 진행될 것인지 알 수 있고, ② 어떤 문제점과 기회 요인이 진단 과정을 통해 확인되었는지 알 수 있으며, ③ 향후 해결 방안 구안 단계에서 어떤 방안이 취해질 것인지를 예상할 수 있다.

> **P 고등학교 수업컨설팅 사례: 기술 · 가정과 진단 단계**
> - 진단 방법
>   - 의뢰 교사 면담
>   - 의뢰 교사 및 소속 학교 관련 문헌 자료 분석
> - 면담 내용
>   - 기술 · 가정과 지도 과정에서의 어려움
>   - 학생 현황 진단
>   - 기술 · 가정과에 대한 교사의 전문성 수준 진단
> - 면담 결과를 바탕으로 추후 컨설팅 진행 방향 설정
>   - 수업 공개 차시의 조정
>   - 컨설턴트의 시범 수업 일정 조정

3) 해결 방안 구안 및 선택 단계

해결 방안 구안 및 선택 단계는 진단을 토대로 과제 해결 방안을 구안하고 선택하는 단계다. 이 단계에서 수업컨설턴트는 자신의 전문성에 기초하여 창의적으로 해결 방안을 제안하게 된다. 주의할 점은 해결 방안의 수용 여부를 결정하는 주체는 수업컨설턴트가 아닌 의뢰인이라는 점이다.

(1) 다양한 해결 방안 구안 및 제안

구안할 수 있는 해결 방안은 크게 두 가지다. 하나는 기존의 해결안들에 기초하여 가능한 해결 방안을 찾아보는 방법이고, 다른 하나는 백지 상태에서 새로운 방법을 찾아보는 방법이다. 수업컨설턴트가 의뢰된 과제와 관련한 사전 경험을 갖고 있다면 이를 토대로 해결 방안을 구안하

면 되지만, 그렇지 않다면 새로운 해결 방안을 독창적으로 찾아보는 과
정이 필요하다.

(2) 해결 방안 선택

해결 방안의 수용 여부를 결정하는 주체는 수업컨설턴트가 아닌 의뢰
인이다. 따라서 수업컨설턴트가 구안된 해결 방안을 강요하고 있다는 느
낌을 주어서는 안 된다. 수업컨설턴트는 의뢰인이 최종 선택을 하는 데
필요한 충분한 정보를 제공해야 한다. 특히 의뢰인이 제안된 해결 방안
을 생소하게 생각하는 경우, 그 안내가 구체적으로 이루어질 필요가 있
다. 해결 방안을 실행할 당사자가 의뢰인임을 고려할 때, 의뢰인이 충분
한 안내를 기초로 해결 방안을 숙지하였는지 여부가 수업컨설팅의 성패
를 판가름할 수 있기 때문이다.

P 고등학교 수업컨설팅 사례:
기술 · 가정과 해결 방안 구안 및 선택 단계

- 의뢰인인 J 교사의 수업을 의뢰인, 수업 컨설턴트 A 교사, 수업 컨설턴
  트 B 교사가 함께 계획함
  - 시연 수업자: 수업컨설턴트 A 교사
  - 시연 수업 참관자: 의뢰인, 수업컨설턴트 B 교사, 컨설팅 관리자
  - 시연 수업 주제: 건설 기술의 이해–신문지로 교량 만들기
- 시연 수업 후 의뢰인이 수업 설계를 함
  - 본시 수업 이전 차시 수업 내용 설계
  - 본시 수업의 틀 설계

구 분	내 용	시간	비 고
도 입	교량이 무너지는 장면 동영상	5분	

| 전 개 | • 실험
– 우드락으로 아치 구조 만들기, 종이 아치 트러스 만들기 등 | 30분 | 〈제하 실험〉
– 실험 장면 동영상 보여 주기
– 집중 하적을 피하는 방법에 관한 고민 필요
– 중앙(앞쪽 교탁 등)에서 하고, 학생들은 앉아서 볼 수 있도록 함
– 조장이 나와서 제하 실험을 하도록 하고, 학생들은 제하 실험 내용을 개별 보고서에 쓰도록 함 |
| 종 료 | • 정리 및 평가 | 15분 | – 조마다 평가 시간이 2분 이상 소요됨
– 활동지 정리는 개별 활동 과제로 제시하며, 다음 차시에 이 개별 활동 과제를 발표함 |

– 지도안 작성 시 주의 사항 정리
– 기자재 준비 및 기타 주의 사항 정리

4) 실행 단계

해결 방안을 선택한 후에는 실제로 그 해결 방안을 실천하게 된다. 이 단계에서 가장 중요한 것은 의뢰인이 수업컨설턴트와 함께 선택한 해결 방안을 믿고, 이를 실천하기 위한 자발성을 갖는 것이다. 첫 만남, 진단 단계, 해결 방안 구안 및 선택 단계에서 순조로운 협조 관계와 신뢰 관계를 구축하였다면, 해결 방안 실행은 성공적으로 이루어질 수 있다.

(1) 실행 방안에 대한 안내와 조언

의뢰인의 성공적인 실행을 위해서는 의뢰인이 선택한 방안을 실행해 나갈 수 있도록 준비할 수 있게 돕는 단계가 필요할 수도 있다. 수업에

74

관한 수업컨설팅을 하는 경우를 예로 살펴보면, 수업 방법 및 수업 모형에 관한 세미나와 수업컨설턴트의 시연 수업 등이 본격적인 실행 단계에서 이루어질 수 있다. 이러한 실행 준비 단계의 교육에서 다루어진 수업 동영상이나 세미나 파일은 다른 수업컨설팅 의뢰인 혹은 다른 수업컨설턴트도 활용할 수 있기 때문에 홈페이지에 탑재하여 공유하는 것이 필요하다.

(2) 의뢰인의 실행

의뢰인이 해결 방안을 실행하는 동안, 컨설턴트는 이것을 모니터링하고 조언한다. 교수–학습 영역에 관한 수업컨설팅의 경우, 수업 관찰은 해결 방안 실행 단계에서 많이 이루어질 것이다. 이때 양적 측면과 질적 측면에서 수업 관찰 기법을 활용할 필요가 있다. 수업컨설턴트는 이러한 기법을 사용하여 의뢰인을 모니터링하고 실행 과정을 코칭할 수 있다. 이와 같은 모니터링은 굳이 약식 회의를 거치지 않아도 인터넷 커뮤니티나 메일 등을 통해 간단히 이루어질 수 있으며, 이 외에도 수업컨설턴트는 의사소통 기법, 상담 기법, 멘토링 기법 등을 숙지하여 실행 과정에서 활용할 필요가 있다. 특히 수업컨설팅의 경우에는 수업 참관의 형식으로 관찰이 이루어지는 경우가 많다.

P고등학교 수업컨설팅 사례: 실행 단계

1. 의뢰인 교육
   - 기술 · 가정과 관련 교과 내용 안내
   - 기술 · 가정과 관련 도서 안내
   - 교수–학습 자료에 관한 안내
   - 수업 자료의 문제점 진단

- 교과와 자료의 적합성 판단
- 수업 및 교과 관련 독서 지도 자료 제시

2. 의뢰인 공개 수업
- 공개 수업 참관자: 수업 컨설턴트 2인, 컨설팅 관리자
- 공개 수업은 비디오로 촬영함
- 수업 분석
  - 수업 분석 기준: 교수-학습 목표 달성 측면, 수업 시간 운영 측면, 교사 발화 측면, 수업 계획과 실행의 일치 정도, 기타 수업 환경과 시설 측면
  - 체크리스트 방식의 수업 참관록은 지양함
  - 분석 기준별 컨설턴트의 의견은 우수한 점, 개선이 필요한 점, 총평 등을 서술식으로 작성함

3. 공개 수업 후 추수 지도
- 본시 수업과 연계된 수행 평가 안내

5) 종료 단계

종료 단계는 수업컨설팅의 최종 단계다. 이 단계는 수업컨설팅을 시작할 때 설정했던 목적이 달성되어 의뢰인이 더 이상 수업컨설턴트의 도움을 필요로 하지 않는 단계다. 이 단계에서는 수업컨설팅 평가, 최종 보고서 작성 등의 작업이 이루어지며, 보다 나은 수업컨설팅을 위한 질문지 조사 등을 함께 진행할 수 있다.

(1) 수업컨설팅 평가

수업컨설팅 평가는 수업컨설팅 결과에 관한 평가, 의뢰인의 자기평가, 수업컨설턴트에 관한 평가로 나뉜다. ① 수업컨설팅 결과에 관한 평

가는 수업컨설팅 결과에 만족하는지, 다시 의뢰할 마음이 있는지 등으로 평가할 수 있다. ② 의뢰인의 자기평가는 수업컨설턴트를 선택하는 과정이 적절했는지, 컨설팅 진행 과정 중에 적극적으로 참여했는지 등으로 평가할 수 있다. 그리고 ③ 수업컨설턴트에 관한 평가는 과제 해결과 관련하여 수업컨설턴트가 적절한 전문성을 갖추고 있었는지, 의뢰인과 좋은 관계를 유지했는지, 과제 해결 의지는 어떠했는지 등으로 평가할 수 있다. 필요할 경우, 수업컨설팅 평가지를 활용할 수 있으며([부록 3-2] 참조), 의뢰인에게 수업컨설팅 발전을 위한 질문지 조사를 간단하게 실시하여 향후 수업컨설팅에 참고할 수도 있다([부록 3-3] 참조).

(2) 최종 보고

의뢰인이 수업컨설팅을 통해 의뢰 과제를 해결하여 컨설팅 종료를 요청할 경우에 수업컨설팅은 종료된다. 종료 후에는 수업컨설팅의 전 과정과 결과에 관한 보고서를 작성한다. 최종 보고서에는 컨설팅 과정의 요약, 제안 사항, 실행 과정의 변화, 의뢰인에 대한 조언, 의뢰 과제의 세부 내용, 특기 사항, 컨설팅 수행 과정에서 참고한 자료, 평가 결과 등을 포함한다([부록 3-4] 참조). 이러한 최종 보고서는 다른 컨설턴트를 위한 지식의 기반을 마련한다는 의의도 지닌다.

P 고등학교 수업컨설팅 사례: 평가 단계

1. 수업컨설팅에 대한 의뢰인의 평가

- 평가지를 활용한 평가
  - 수업컨설팅 과정 측면
  - 수업 컨설턴트의 기술 측면
  - 수업컨설팅의 결과 측면

2. 수업 컨설턴트의 최종 보고서 제출

- 최종 보고서 내용
  - 수업컨설팅 진행 과정 요약
  - 컨설팅 과정에서 수집한 자료

자 료 명	출 처	내 용	용 도
P 고등학교 학교교육계획서	수업컨설팅 관리자	2○○○학년도 P 고등학교 교육 계획 및 학교 현황	의뢰인의 근무 조건 파악

  - 컨설팅 과정에서 참고한 자료

자 료 명	출 처	내 용	용 도
기술교사 여름 직무 연수 자료집	전국기술교사모임	새로운 교육과정에 대한 이해를 안내하기 위한 자료	기술교과와 가정 교과의 특성을 이해하기 위한 자료

  - 의뢰인의 향후 활동에 대한 조언
  - 기타 의견

[부록 3-1] 수업컨설팅 의뢰서 예시

수업컨설팅 의뢰서

■ 의뢰자 인적 사항

성명		성별 / 나이	
근무지명		직위	
근무지 주소		전화번호	
이메일		휴대폰 번호	
담당 교과		교직 경력	
담당 학년		담당 업무(업무 분장)	

■ 의뢰 영역

컨설팅 영역	하위 영역
수업컨설팅	☐ 국어과 ☐ 도덕과 ☐ 사회과 ☐ 수학과 ☐ 과학과 ☐ 기술 · 가정과 ☐ 음악과 ☐ 미술과 ☐ 체육과 ☐ 한문과 ☐ 영어과 ☐ 제2외국어과(과목:) ☐ 기타( )

■ 의뢰 문제

제목	
의뢰 문제	
의뢰 문제의 구체적 진술 및 의뢰 이유	

출처: 한국학교컨설팅연구회(schoolconsulting.net) 의뢰서 양식을 참고하여 작성함.

[부록 3-2] 수업컨설팅 평가지 예시

수업컨설팅 평가지

질 문 내 용	평가				
	매우 그렇지 않다	그렇지 않다	보통	그렇다	매우 그렇다
A. 수업컨설팅의 과정 면					
1 선생님의 문제를 의뢰하는 방법에 만족하십니까?					
2 예비 진단 과정에 만족하십니까?					
3 예비 진단 결과에 만족하십니까?					
4 계약 내용에 만족하십니까?					
5 선생님께 적합한 수업컨설턴트가 배정되었다고 생각하십니까?					
6 선생님의 문제를 분석하는 과정에 만족하십니까?					
7 선생님의 문제를 진단한 결과에 만족하십니까?					
8 문제 해결 방안의 제안 내용에 만족하십니까?					
9 해결 방안의 선택 과정에서 충분한 협의가 이루어졌습니까?					
10 해결 방안 실행 과정에서 수업컨설턴트의 지원은 충분했습니까?					
11 해결 방안 실행 결과에 만족하십니까?					
B. 수업컨설턴트의 기술 면					
12 컨설턴트가 충분한 전문성을 갖고 있다고 생각하십니까?					
13 컨설턴트의 지원이 선생님께 충분한 도움이 되었습니까?					
14 컨설턴트가 문제 해결을 위해 최선을 다했다고 생각하십니까?					
15 컨설턴트가 사용한 수업컨설팅 기법에 만족하십니까?					
16 컨설턴트와의 관계는 편안했습니까?					
C. 수업컨설팅의 결과 면					
17 선생님께서 의뢰하신 문제는 잘 해결되었습니까?					
18 수업컨설팅의 결과에 만족하십니까?					
20 다음 기회에 다시 수업컨설팅을 받을 의향이 있으십니까?					
[기타 의견] 이번 수업컨설팅에 관한 선생님의 의견을 자유롭게 써 주십시오.					

출처: 김도기(2005)에 제시된 양식을 참고로 수정함.

[부록 3-3] **수업컨설팅 발전을 위한 질문지 예시**

수업컨설팅 발전을 위한 질문지

앞으로 계속 발전하는 수업컨설팅을 위하여 아래 내용에 관한 질문을 부탁드리고자 합니다. 이번에 선생님께서 받으신 수업컨설팅을 기초로 하여 답해 주십시오.

1. 계획과 실행 사이에 괴리가 있었던 사항이 있습니까? 있다면 그 내용을 간단히 써 주십시오 (예: 인력, 비용, 소요 기간 등).

_____

_____

_____

2. 앞으로 수업컨설팅을 더 받고 싶은 분야가 있다면 써 주십시오.

_____

_____

_____

3. 이번 수업컨설팅에 비추어 볼 때, 수업컨설팅의 성공과 실패에 가장 큰 영향을 미치는 것은 무엇이라고 생각되십니까?

〈성공 요인〉

_____

_____

〈저해 요인〉

_____

_____

4. 수업컨설팅 요청을 어렵게 하는 이유는 무엇이라고 생각하십니까?

_____

_____

[부록 3-4] 수업컨설팅 최종 보고서 예시

수업컨설팅 최종 보고서

1. 컨설팅 과정에서 수집한 자료

자료명	출처	내용	용도
중간 고사 결과	의뢰인	수업 공개 학급의 5월 중 음악과 중간고사 학업 성취 현황	학생에 관한 실태 파악

2. 컨설팅 과정에서 참고한 자료

자료명	출처	내용	용도
베토벤 교향곡 5번 운명 감상 자료	에듀넷 홈페이지(www.edunet4u.net) → 수업자료 → 교과자료 → 고등학교 1학년 음악	루트비히 반 베토벤 (Ludwig Van Beethoven, 1770-1827의 감상 자료	해결 방안 구안 단계에서 수업 자료 추천

3. 의뢰인의 향후 활동에 관한 조언

* 의뢰된 과제와 관련하여, 의뢰인의 추후 학습과 자기 개발에 도움이 될 수 있는 조언을 자유롭게 작성해 주십시오. 의뢰인이 혼자서도 실행할 수 있도록 구체적이고 달성 가능한 내용을 중심으로 써 주십시오.

4. 기타 의견

* 다른 컨설턴트나 한국학교컨설팅연구회를 위한 제안, 추후 컨설팅을 위한 아이디어 등이 있다면 써 주십시오.

학교컨설턴트의 기초 역량

학교컨설팅에서 성공과 실패의 열쇠를 쥐고 있는 것은 바로 학교컨설턴트다.

2부에서는 학교컨설턴트에게 필요한 기초적인 역량, 즉 학교컨설턴트가 수행

하는 역할과 갖추어야 할 자세, 대인관계와 대화에 있어서 숙지하고 적용해야

할 사항을 살펴보고자 한다.

제4장

학교컨설턴트의 역할과 자세

　김 교사는 학교가 당면한 어려움을 해결하고 학교를 질적으로 변화 · 발전시키기 위해서는 무엇보다 학교와 교사의 자발적인 노력이 중요하다고 생각하였다. 그러던 중 김 교사는 학교교육의 질적 향상을 위한 학교와 교사의 자발적 노력을 지원하는 활동으로서 학교컨설팅을 알게 되었고, 몇 차례의 연수와 워크숍을 통해 학교컨설팅의 이론과 기법을 익혔다. 학교컨설팅을 통해 교육 전문가로서 학교와 교사가 직면하는 어려움을 해결하고 자생적 활력을 되찾는 데 도움을 주겠다는 굳은 신념 및 사명감을 가지고 학교컨설턴트로서 활동을 시작했다. 오랫동안 우수한 교사로서 능력을 인정받았고, 많은 연수와 연구회 활동, 학교 행정에 참여한 다양한 경험이 학교컨설턴트 활동에 충분한 자신감을 갖게 하였다.

　김 교사가 학교컨설턴트로서 성공하여 학교가 자생적 활력을 키우는 데에 도움을 주고 교육의 발전에 기여할 수 있기를 바라면서 김 교사가 겪게 될 여러 가지 상황을 예상해 보자. 김 교사는 탁월한 컨설턴트로서 의뢰 학교 또는 교사의 과제를 척척 해결해 나갈 수 있다. 또한 성공에 환호하며 경험과 전문성을 쌓아 가거나 실패에 좌절하여 의기소침해지고 회의에 빠질 수도 있다. 전체적으로 컨설팅은 성공했으나 일부 학교 구성원들과 관계가 소원해질 수도 있고 그 반대일 수도 있다. 학교컨설팅의 과정에서 무슨 일이 일어나는 것인가? 무엇이 문제인가? 학교 또는 교사의 문제인가 아니면 컨설턴트의 문제인가? 여기서는 이론적이고 깊이 있는 논의를 하기보다 학교컨설팅에서 성공과 실패의 열쇠를 쥐고 있는 학교컨설턴트가 갖추어야 할 기본적인 역량을 살펴보고, 컨설팅을 수행할 때의 자세와 태도, 각 단계별로 유의해야 할 점에 대해 실제적이며 경험적인 논의를 하고자 한다.

1. 학교컨설턴트가 겪는 여러 가지 문제

학교컨설턴트는 컨설팅을 의뢰한 학교나 교사가 당면한 문제에 대해 전문 지식과 경험을 갖고 해결책을 제시하며, 그들이 교육활동을 효율적으로 진행할 수 있도록 지원하는 역할을 한다. 이때 컨설턴트의 활동은 대부분 대화와 상담으로 진행되고, 컨설턴트가 부딪치는 문제는 사람과 사람 사이의 관계 속에서 일어나는 것이 대부분이다. 학교컨설턴트가 컨설팅 과정에서 겪게 되는 어려움은 매우 다양하고 복잡한 모습으로 나타나게 되는데, 몇 가지 예를 들어 보면 다음과 같다.

• 학교컨설팅에 합의하고 설명회를 갖는 과정 또는 학교구성원과의 면담 과정에서 컨설턴트의 발언 등을 문제 삼아 항의하거나 진행을

거부한다.

- 의뢰인과 문제의 당사자가 다르고, 당사자가 자신의 문제를 인식하지 못하거나 문제를 인식하고 있어도 해결 의지가 없으며 컨설턴트에게 반발한다.
- 컨설팅에 동의는 하였으나 컨설턴트의 진행 방식에 수동적으로 반응하며, 해결 방안에 반대하지는 않으나 실행 의지가 적고 부담스럽게 생각한다.
- 컨설팅 과정에서 참여와 협조를 소홀히 하면서 컨설턴트에게 과제를 완성해 줄 것을 요구하거나 필요 이상의 자료를 요구한다.
- 컨설턴트의 경력과 전문성에 노골적으로 의문을 제기하며, 제공하는 자료와 정보에 대한 불만 및 제시한 해결 방안에 대한 이의를 제기한다.
- 컨설턴트가 제안한 해결 방안에는 만족한 것 같으나 실행 의지가 부족하고, 동료교사 또는 관리자의 지지와 협조 등에 불만을 지니며 좌절한다.
- 학교구성원 모두가 문제를 인식하고 컨설팅을 의뢰하였으나, 해결 방안과 실행 방법을 놓고 관리자와 교사 사이에 이견이 있으며, 불신과 불만을 토로한다.

학교컨설턴트가 직면하게 되는 이와 같은 어려움에 대해 여러 가지 측면에서 그 이유를 생각할 수 있다. 먼저 전문적 관료제, 조직화된 무질서, 느슨한 결합 조직이라는 학교조직의 특성(윤정일, 송기창, 조동섭, 김병주, 2008)이 이유일 수 있다. 또한 컨설팅의 의뢰인과 대상이 다를 수 있다는 학교컨설팅의 특수성에서도 일부 이유를 찾을 수 있다. 그러나 학교컨설턴트가 의뢰인의 다양하고 복잡한 현재의 요구를 해결할 수 있는 능력과 향후 예측되는 문제까지 방향을 제시할 수 있는 능력 그리고 의뢰인에게 신뢰를 줄 수 있는 바람직한 자세와 태도를 갖추고 있다면, 이러한 어려움은 쉽게 헤쳐 나갈 수 있을 것이다.

2. 학교컨설턴트의 역할

학교컨설턴트의 역할은 관점에 따라 여러 가지로 설명할 수 있다. 학교컨설턴트의 역할에 대해 김도기는 고객에게 자료를 제공하는 비지시적 반영자, 정보 및 자원 제공자, 변화 촉진자, 과제 해결 협력자로 정리하였고, 이재덕은 관리자, 연구자, 협력자, 문제 해결사, 정보 제공자, 상담가, 교수자로 정리하였으며, 정수현은 전문가, 마케팅 전문가, 설계자, 대화를 시작하는 자, 경청자 및 학습자, 수퍼리더, 허브 및 커넥터로 정리하여 설명하고 있다(박효정, 김민조, 김병찬, 홍창남, 2010).

이 밖에도 학교컨설턴트의 역할에 대한 많은 논의가 있으나, 공통적으로 '컨설팅을 의뢰한 학교나 교사가 당면한 문제에 대해 전문 지식과 경험을 갖고 해결책을 제시하며, 그들이 교육활동을 효율적으로 진행할 수 있도록 지원하는 것'으로 설명하고 있다. 연구자들의 논의를 바탕으로 학교컨설턴트의 역할을 요약하면 다음과 같다.

- 학교나 학교구성원의 문제 혹은 필요 등을 진단하여 해결 방안을 개발하고, 이 중에서 최적의 것을 선택하여 의뢰인에게 제시한다.
- 수립된 대안을 중심으로 의뢰인이 과제를 스스로 해결할 수 있도록 돕는다. 이때 교육 훈련을 통해서 의뢰인에게 과제 해결에 필요한 지식, 기술, 정보 등을 제공한다.
- 선택된 최적의 해결 방안을 학교에서 실행하기 위해 필요한 인적 · 물적 자원을 발굴 · 확보하고, 그것들을 체계적으로 조직하는 데 도

움을 준다.

따라서 학교컨설턴트가 컨설턴트로서의 역할을 제대로 수행하기 위해서는 의뢰인의 다양하고 복잡한 현재의 요구를 해결하고, 향후 있을 수 있는 문제까지 예측하여 대안을 제공하거나 방향을 제시할 수 있는 능력이 필요하다. 또한 의뢰인에게 신뢰를 줄 수 있는 바람직한 자세와 태도 역시 필요하다.

3. 학교컨설턴트가 갖추어야 할 역량

학교컨설턴트는 의뢰인이 제기한 각종 학교 문제를 해결하여 어려움을 덜어 주는 사람이다. 그러므로 학교컨설턴트는 무엇보다 문제를 정확히 파악하고 분석하여 그 원인을 밝히고, 전문적 지식과 경험을 활용하여 효율적이고 실천 가능한 해결 방안을 찾아 제시하며, 그 실행을 지원할 수 있는 다양한 능력을 갖추어야 한다. 또한 서로 신뢰할 수 있는 환경과 분위기에서 의뢰인과 컨설팅을 원만히 진행함으로써 성공을 이끌어 낼 수 있는 인간적인 관계 능력도 필요하다.

1) 전문 지식과 경험

학교컨설턴트에게 가장 기본적으로 필요한 것은 컨설팅을 의뢰한 학교나 교사가 요구하는 학교경영, 학급경영, 수업, 생활지도, 진로지도, 상담 등 특정 업무에 대한 전문적 지식과 경험이다. 학교에서 일어나는 교육활동 전반에 대한 풍부한 지식과 경험은 의뢰인이 직면한 문제를 해결하는 데 직접적인 도움을 줄 수 있고, 의뢰인에게 신뢰나 만족감 역시 줄 수 있기 때문이다.

그러므로 학교컨설턴트는 학교에서 새롭게 대두되는 문제들에 대해 끊임없이 자료를 수집하고, 학습과 연구를 통해 전문성을 높여 나가야 한다. 특히 의뢰 과제에 대한 자료를 철저하게 수집하고 연구하여 의뢰인으로부터 신뢰를 받을 수 있도록 해야 한다.

2) 정확한 문제 분석과 정보 수집 능력

학교컨설턴트는 문제를 정확하게 파악해야 의뢰인에게 제대로 된 해결 방안을 제시할 수 있다. 그러므로 좋은 컨설팅을 위해서는 무엇보다 문제를 제대로 파악하고 분석할 수 있는 학교컨설턴트의 관찰력, 분석력 그리고 경험이 필요하다. 문제 분석을 제대로 하기 위해서는 먼저 학교의 특성과 문화, 학교의 비전과 교육목표, 학생과 학부모의 요구, 의뢰인의 특성과 인간관계 등을 조사해야 한다. 또한 학교컨설턴트가 컨설팅 과정에서 의뢰인에게 적절한 맞춤형 정보와 해결 방안을 제공하기 위해서는 항상 최신의 정보나 자료를 확보하고 이들의 변화 추세나 변화 원인을 조사·분석할 수 있는 능력을 갖추어야 한다.

그러므로 학교컨설턴트는 효율적인 문제 분석 및 의뢰인과의 원활한 관계 유지를 위해 꾸준한 독서와 연수, 타 컨설턴트와의 교류 및 학습, 전문기관 또는 연구회 워크숍 참가 등을 통해 다양한 컨설팅 방법을 익혀야 하며, 그것을 컨설팅 과제에 맞게 적용할 수 있는 능력을 길러야 한다.

3) 적절한 대화 및 상담 방법

학교컨설턴트가 컨설팅을 위해 만나는 사람들은 성격이나 특성, 직책과 업무, 해결해야 할 과제 등이 매우 다양한 양상을 지니고 있으므로 대화나 상담 방법도 다양할 수밖에 없다. 잘못된 대화는 자칫 오해와 불신을 가져올 수 있다. 따라서 올바른 컨설팅을 위해서는 먼저 상대방의 성향이나 특성, 대화 습관 등을 파악하여 부드러우면서도 원만하게 대화를 진행할 수 있는 능력이 필요하다. 의뢰인이 다소 부정적이거나 대화가 잘 진행되지 않는 상황이 발생하더라도 끝까지 인내하며 긍정적인 태도로 상대방을 이해하고 원인을 파악함으로써 부정적인 마음을 해소할 수 있게 해야 컨설팅을 성공적으로 이끌 수 있다.

대화 및 상담 방법은 컨설턴트의 성격이나 경험 등 개인적인 특성에 따라 다소 차이가 있을 수 있으나, 항상 의뢰인의 요구나 상황에 적합한 방법을 발굴하고 개선하기 위해 끊임없이 노력해야 한다. 학교컨설턴트의 대화 및 상담 방법, 전략의 준비 정도에 따라 컨설팅의 결과는 크게 달라질 수 있다. 그러므로 어떤 방법과 전략이 가장 컨설팅의 목적에 적합하고 의뢰인을 만족시키는 것인가, 어떤 방법과 절차가 가장 효율적인가를 연구하여 자기만의 방법 및 전략을 꾸준히 발굴·발전시켜야 한다.

4) 원만한 대인관계

학교컨설팅에서는 의뢰인과의 신뢰를 바탕으로 한 의사소통이 매우 중요하다. 특히 원만한 대인관계는 당면한 문제로 어려움을 겪고 있는 의뢰인의 요구에 대해 적절한 해결 방안을 찾아 제시해야 하는 학교컨설턴트에게 매우 필요한 능력이다. 원만한 대인관계를 바탕으로 의뢰인이 컨설턴트에게 신뢰와 기대를 갖게 되면 주위 사람과의 관계도 원만하게 확장해 나갈 수 있어 정보 및 자료의 수집이 쉬워진다. 또한 의뢰인이 해결 방안의 구안과 선택에 적극 참여하게 되어 현장 적합성이 높은 해결 방안을 마련할 수 있게 되므로 컨설팅의 성공 가능성이 높아지게 된다. 경우에 따라서는 의뢰인의 의견을 경청하고 존중하여 의뢰인과 원만한 관계를 유지하는 것이 문제 해결만큼이나 중요할 수도 있다. 따라서 학교컨설턴트는 의뢰인과 원만한 관계를 유지하기 위해서 지속적으로 의사표현 방법을 개선하고 좋은 태도와 자세를 갖추어 나가야 한다.

5) 다양한 인적 네트워크

학교컨설턴트가 다양한 교육활동 및 학급·학교 경영에 많은 경험과 지식을 갖고 있다 하더라도 그 자신의 전문 영역이 있다. 그러면서도 컨설팅 과정에서 비전문 영역에 대해 대화와 상담을 하고 문제 해결 방안을 찾아 제시해야 할 때도 있다. 학교컨설팅은 비교적 단기간에 문제를 해결해야 하기 때문에, 컨설턴트 혼자서 과제와 관련된 정보 및 자료를 수집하고 연구하면서 컨설팅을 진행하기에는 한계가 있으므로 다른 전문가의 도움을 받아야 한다. 따라서 학교컨설턴트는 다양한 인적 네트워크를 구축할 필요가 있으며, 이를 활용함으로써 자신의 전문 영역뿐만 아니라 다른 영역에서도 효율적인 자문을 해 줄 수 있는 것이다. 그러므로 학교컨설턴트는 관련 연구회나 모임에 적극적으로 참여하여 자신의 역량을 지속적으로 강화하고, 서로 도움을 주고받을 수 있는 인적 네트워크를 확장하는 데 부단한 노력을 기울여야 한다.

4. 학교컨설턴트의 자세와 태도

컨설팅을 하다 보면 간혹 기본 내용이나 방법에는 공감을 하면서도 대화 중에 발생한 사소한 오해 혹은 의견차 때문에 감정이 상하거나 논란이 생겨 진행이 어려워지는 경우가 있다. 따라서 학교구성원과 대면하여 진행되는 학교컨설팅에서 컨설턴트의 올바른 자세와 태도는 전문성을 기반으로 한 합리적인 해결 능력만큼이나 컨설팅의 성패를 좌우하는 중요한 요인이 된다.

1) 긍정적이고 밝은 태도

학교컨설턴트의 긍정적이고 밝은 태도는 컨설팅의 성패를 결정지을 수 있을 만큼 매우 중요하다. 의뢰인의 문제에 대해 서로 신뢰하는 가운데 긍정적인 대화가 이루어질 수 있도록 밝고 따뜻한 환경과 분위기를 조성하는 것이 필요하다. 학교컨설턴트는 아무리 어렵고 힘든 상황에서도 지치고 짜증난 표정을 짓거나 의뢰인에게 위압적이고 거만한 태도를 보이는 행동을 하지 말아야 한다. 의뢰인이 잘 이해하지 못하거나 약속을 제대로 이행하지 못하는 경우에도 밝은 표정과 태도로 친절하게 설명해 주어야 한다. 밝고 긍정적인 대화 분위기가 조성되면 의뢰인과 더욱 친밀해질 수 있고, 의사소통이 원활해져서 더욱 효율적인 컨설팅을 진행할 수 있다.

2) 품위 있고 정중한 언행

학교컨설턴트는 전문 지식과 경험을 바탕으로 의뢰인뿐만 아니라 그 밖의 다른 관계자들과도 대면하면서 대화와 상담을 통해 지적 서비스를 제공하는 전문가다. 그러므로 전문가로서 품위를 유지할 수 있는 외모와 옷차림이 필요하며, 정중하면서도 부드러운 언행으로 의뢰인에게 신뢰를 줄 수 있도록 각별히 유의해야 한다. 의뢰인과 약속한 것은 아무리 사소한 것이라도 꼭 지켜야 하며, 지키지 못할 부탁이나 약속은 처음부터 정중히 거절하거나, 하지 말아야 한다.

3) 신뢰 확보를 위한 노력

학교컨설턴트가 의뢰받은 과제나 어려움은 의뢰인에게는 매우 중요하고 시급한 것들이다. 따라서 의뢰인은 자신의 과제에 대해 적절하고 유용한 해결 방안을 제시해 줄 것을 기대하며 시간과 비용을 기꺼이 지불한다. 의뢰인은 컨설팅 초기에 학교와 자신의 상황과 문제를 공개하면서 비밀이 유지될 수 있을지, 또는 자신에게 불이익이 없을지 불안을 갖게 되고, 컨설턴트가 과제에 적합한 해결 방안을 제시할 수 있을지에 대한 의구심을 가질 수도 있다. 그러므로 학교컨설턴트는 전문성을 바탕으로 조심스럽고 정성을 다하는 태도로 의뢰인에게 신뢰감을 주어, 컨설팅 초기에 흔히 나타나는 불신과 저항의 벽을 극복해야 한다. 따라서 학교컨설턴트는 의뢰인을 신뢰하고 존중하면서 의뢰인의 문제에 공감하고, 만족스러운 결과를 위해 최선의 서비스를 제공하겠다는 자세를 가져야 한다. 일단 편안한 분위기에서 전문적인 컨설팅을 받을 수 있다고 판단하면 의뢰인은 컨설턴트에 대해 더욱 호감을 갖고 의존하기 시작한다. 그리고 자신이나 과제와 관련한 상황을 솔직하게 털어놓고 적극적으로 해결을 의뢰하게 되어, 컨설팅을 진행하기도 쉽고 성공적인 결과를 기대할 수 있게 된다.

4) 양방향 대화의 중요성 인식

학교컨설턴트는 학교교육에 대한 전문적인 지식과 풍부한 경험뿐만 아니라 교장(감)이나 교육전문직 등 연령 및 직위 면에서 우월한 경력을 가지고 있는 경우가 많다. 따라서 학교컨설턴트는 의뢰인의 과제를 분석하고 적합한 해결 방안을 제시하며 그 실행을 지원해야 하는 객관적인 입장을 망각한 나머지 자신의 성공적인 경험담을 이야기하거나 훈계함으로써 대화가 일방적으로 흐르게 만들 수 있다. 효과적인 학교컨설팅은 의뢰인의 당면 과제나 어려움을 정확하게 파악하는 것부터 시작한다. 따라서 의뢰인의 의견을 존중하여 주의 깊게 경청하면서 진지하게 대화하는 양방향 대화 기술이야말로 학교컨설턴트에게 꼭 필요한 요소인 것이다. 경청을 전제로 한 양방향 대화는 의뢰인과의 공감대를 형성하게 하여 대화의 분위기를 편안하게 만들고, 학교컨설턴트가 의뢰인이 처한 상황에 대해 정확히 이해하도록 하여 신뢰를 높일 수 있다.

5) 객관적 입장의 유지

학교컨설팅 과정에서 학교컨설턴트가 의뢰인 또는 상대 이해관계자와 친소 관계가 있거나 의뢰자와 찬동 또는 대치 입장에 서는 경우, 또는 간혹 한쪽으로 치우쳐 문제의 초점을 제대로 파악하거나 분석하지 못하는 경우가 생길 수 있다. 이 경우 어느 한쪽의 심각한 저항으로 컨설팅을 제대로 진행할 수 없을 뿐만 아니라, 객관적이고 타당한 해결 방안을 도출할 수도 없다. 설령 어렵게 해결 방안을 제시한다고 해도 실제 시행하지 못해서 의뢰인에게 아무런 도움도 주지 못하고 학교컨설팅의 신뢰만 잃게 될 수 있다. 그러므로 학교컨설턴트는 항상 의뢰 과제와 주변 상황을 객관적으로 관찰하고 중립적인 입장에서 컨설팅을 진행하여 과제에 적합하고 타당한 해결 방안을 제시할 수 있어야 한다. 만일 어느 한쪽에서 컨설턴트의 진행 방법이나 제안에 대해 신뢰하지 못하고 불만을 제기하는 경우, 컨설턴트의 제안이 효과적이고 꼭 필요한 것임을 구체적 수치의 자료로 제시하는 것도 객관성을 확보하는 데 도움이 될 수 있다.

6) 솔직하고 성실한 자세

학교컨설턴트는 자신의 전문적 지식과 경험의 범위 내에서 컨설팅을 진행해야 한다. 전문성을 과시하기 위해 확인되지 않은 정보나 과장된 정보를 제공한다든지 자신도 잘 모르는 내용을 임기응변으로 제시해서는 안 된다. 자신의 전문 영역에 국한하여 지식과 경험을 전달하고 사실에 입각하여 검증된 정보나 자료를 제공하는 정직성과 성실한 자세가 필요하다. 부분적으로 자신의 전문 영역이 아닌 문제에 대해 컨설팅을 해야 할 경우, 이를 의뢰인에게 솔직하게 설명하고 자신의 인적 네트워크를 통해 해당 영역의 전문가를 찾아 자문을 받거나 도움을 받는 성실한 자세를 취하는 것이 오히려 의뢰인에게 신뢰받을 수 있고 컨설팅을 성공적으로 이끌 수 있다.

7) 문제 해결을 위한 열정과 리더십

학교컨설턴트는 의뢰받은 과제에 대해 성의를 다해 의뢰인과 대화하면서 최선의 해결 방안을 찾으려는 열정을 지녀야 한다. 교육에 관한 한 나름 전문가라고 할 수 있는 의뢰인에게 형식적으로 컨설팅을 한다면, 컨설팅에 대한 불신과 피로감만 주게 된다. 과제 해결을 위한 학교컨설턴트의 열정은 의뢰인에게 신뢰와 감동을 주게 되고, 나아가 주변 사람에게도 과제 해결을 위해 적극적으로 참여하게 할 수 있는 동기를 부여할 수 있다.

이때 학교컨설턴트에게는 의뢰인과 계속 대화하면서 계획한 대로 컨설팅을 진행할 수 있는 능력이 필요하다. 학교컨설턴트는 의뢰받은 과제의 해결과 목표의 달성을 위한 계획을 치밀하게 수립해야 하며, 자연스러우면서도 정확하게 목표를 향해서 의뢰인과 학교구성원을 이끌어 나갈 수 있는 리더십을 갖춰야 한다.

8) 의뢰인의 정보와 비밀 보호

학교컨설턴트는 컨설팅 과정에서 의뢰인과 관련된 많은 정보나 비밀을 알게 된다. 의뢰인을 통해 알게 된 정보와 비밀은 학교컨설팅의 진행 과정에서뿐 아니라 종료된 후에도 보호해야 한다. 컨설팅이 철저하게 의뢰인의 이익을 위한 것임을 명심하여, 컨설턴트의 이익을 위해 의뢰인의 정보를 다른 사람에게 넘겨 주거나 다른 컨설팅에 활용해서는 안 된다. 만약 의뢰인의 정보를 꼭 활용해야 할 필요가 있는 경우, 사전에 의뢰인에게 서면으로 정보 활용 목적과 범위, 파급 효과 등을 구체적으로 명시하여 설명하고 동의를 구한 다음 제한적으로 사용해야 한다.

9) 꾸준한 자기 계발 노력

최근 학교를 둘러싼 교육 환경이 급격히 변하고 있으며, 학생과 학부모의 요구도 매우 다양해지고 있다. 또한 각종 학회, 연구회, 연구학교는 물론 교사 개인 차원에서도 교육활동 개선과 지원을 위한 다양하고 새로운 교육 방법과 자료가 개발되어 쏟아져 나오고 있다. 학교컨설턴트는 급격하게 변화하는 교육환경의 변화에 뒤처지지 않기 위해 끊임없이 자기 계발을 해야 한다. 자신의 전문 영역에 관한 지식의 습득은 물론이고, 다양한 정보와 자료의 습득, 정확한 자료 분석 방법, 효율적인 대화 방법, 컨설팅 진행 방법, 프레젠테이션과 보고서 작성 방법 등 여러 분야에서 전문성이 요구되므로, 꾸준히 독서하고 관련 연수를 받거나 각종 워크숍과 연구회에 참여하는 등 지속적으로 자기 계발을 해 나가야 한다. 이러한 노력이야말로 의뢰인에게 신뢰를 얻고 좋은 평가를 받으며, 나아가 교육발전에 기여하는 최선의 방법임을 명심해야 한다.

5. 학교컨설팅 진행의 유의 사항

학교컨설턴트가 탁월한 전문성과 의뢰인을 대하는 성실한 자세 등을 모두 갖추었다 하더라도 실제 학교 현장에서 컨설팅을 진행하다 보면, 학교마다 문화와 풍토가 다르고 사람마다 특성도 다르기 때문에 컨설팅의 각 단계에서 꼭 해야 하는 일들을 놓쳐 어려움을 겪는 경우가 생기기도 한다. 여기서는 실제 컨설팅을 진행할 때 학교컨설턴트의 입장에서 특히 유의해야 할 것들에 대해 간단히 살펴본다.

1) 컨설팅의 준비: 과제 명료화와 환경 조성을 위한 집중 논의

학교컨설팅은 의뢰서를 접수하고 과제를 수행할 수 있는지 여부를 판단한 다음, 예비 진단을 거쳐 계획을 수립하고 제안서를 제출하여 학교와 컨설팅 수행 여부를 확정함으로써 시작된다. 이때 의뢰 과제와 의뢰인의 상황을 종합적으로 판단하여 과제를 명확히 하고 과제 해결에 적합한 컨설턴트를 찾아 팀을 구성해야 한다.

첫 만남에서 과제에 대해 의뢰인과 집중적으로 논의하는 것이 매우 중요하다. 컨설팅 의뢰서의 과제는 대부분 추상적이고 포괄적인 경우가 많기 때문에 이를 구체화해 나가면서 의뢰인 또는 과제 관련자와 충분한 대화를 통해 컨설팅을 의뢰한 의도와 학교의 분위기를 파악한다. 그리고 학교컨설팅이 학교의 모든 문제를 해결해 줄 수 있는 것이 아니므로, 컨설팅의 범위와 한계 및 예상되는 결과에 대해서도 충분히 이해시킨다.

학교컨설팅의 전 과정 중 이때가 가장 불확실성이 높고 컨설팅의 성공 여부를 좌우하는 중요한 시기다. 따라서 이때는 의뢰인 또는 학교가 학교컨설팅 진행에 대한 확신을 가질 수 있도록 충분한 설명과 설득을 해야 한다. 또한 컨설팅 팀 내부에서는 역할 분담, 수행 방법, 적용해야 할 컨설팅 기법, 각종 기록물의 작성 및 제출 방법과 시기 등 가급적 세세한 부분까지 구체적으로 검토한 후 결정하는 것이 꼭 필요하다.

2) 제안서 및 계약서의 작성: 진행과 결과에 대한 구체적 합의

제안서는 의뢰 과제를 어떻게 해결해서 원하는 결과를 만들어 낼 것인지 보여 주는 문서다. 컨설팅 진행의 일정과 방법, 컨설턴트와 학교구성원의 활동 내용, 중간 및 최종 결과물, 기대 효과 등을 의뢰인이 쉽게 이해할 수 있도록 상세히 정리한다. 제안서는 의뢰인과 학교구성원에게 학교컨설팅의 전 과정 및 활동 내용을 이해시키고 신뢰를 획득하기 위한 중요한 자료가 된다.

제안서를 제출하고 컨설팅 실행이 합의되면 학교구성원에게 발표를 하게 된다. 학교컨설팅 이후 학생의 교육활동에 많은 변화가 예상되는 경우, 학교운영위원이나 학부모 대표도 참석하도록 하는 것이 바람직하다.

이 과정에서 학교장의 적극적인 협조가 매우 중요하다. 학교장의 역할은 학교구성원에게 컨설팅의 필요성과 목적을 설명하고 적극적인 참여를 독려하는 것이다. 학교구성원의 변화에 대한 막연한 불안감이나 그에 따른 불이익에 대한 우려를 없애고 구성원의 지지를 얻어야 실행 단계에서 적극적인 협조를 얻어 컨설팅이 성공할 수 있다. 따라서 학교장과의 충분한 협의와 교감을 통해 컨설팅 진행 과정 및 기대효과 등을 충분히 설명하고 협력의 범위 등에 대해 사전에 약속을 받아 두는 것이 중요하다.

제안서를 제출하고 발표가 끝나면 계약을 하게 된다. 계약서는 지금까지 합의된 내용을 바탕으로 작성하는데, 한국학교컨설팅연구회 등의 계약서 양식을 따르면 된다([부록 4-1] 참조).

3) 컨설팅 팀의 구성: 성실하고 책임감이 강한 전문가 선택

의뢰 과제의 내용과 범위에 따라 다르지만, 학교컨설팅 팀은 대개 3~4명으로 구성된다. 이때 의뢰 과제에 대한 전문적 지식을 갖추고 있는 사람, 학교 현장을 잘 이해할 수 있는 사람, 컨설팅 경험과 분석 능력이 있는 사람을 중심으로 컨설턴트를 섭외하여 팀을 구성하는 것이 중요하다.

팀원 간 자발적인 참여와 협력은 기본이지만, 수시로 만나 함께 토론하거나 협동 작업을 하는 경우도 많으므로 인성과 친화력도 고려해야 한다. 가급적 팀원 중 현직 교장과 같이 자신의 사무실을 가지고 사무 지원을 받을 수 있는 컨설턴트가 있다면 컨설턴트 간의 연락, 장시간의 협의회 진행, 자료의 수집, 분류, 보관 등에 큰 도움이 된다.

학교 내부의 컨설팅 팀은 대부분 교감과 과제 관련 부장교사 등으로 구성하는데, 여기에는 학교에서의 영향력이 크고 교내 여론을 주도하는 교사를 포함하는 것이 좋다. 이들이 학교컨설팅의 필요성과 목적에 공감하여 적극 참여하게 되면, 컨설턴트와 학교구성원의 의사소통, 학교에 대한 진단의 방향 설정, 자료의 수집과 분석, 해결 방안의 실행 등에 협조를 받을 수 있어서 이에 따라 실질적으로 컨설팅의 성패가 좌우되기도 한다.

컨설턴트와 내부 컨설팅 팀이 좋은 관계를 형성하면 진단과 분석의 효율성 및 타당성을 확보할 수 있다. 또한 구성원의 변화에 대한 기대를 높임으로써 컨설팅에서의 협력적 관계를 형성하게 하여 과제 해결과 학교의 분위기 쇄신을 촉진할 수 있다. 다만 컨설팅 시행 과정에서 내부 컨설팅 팀원의 협조가 크게 필요함에도 불구하고, 실제로 내부 컨설팅 팀원은 수업과 학교 행정업무 등으로 컨설팅에 적극적으로 동참하는 데 어려움을 겪을 수 있다. 따라서 실질적인 협의가 이루어질 수 있게 내부 협력위원을 신중하게 선택해야 한다.

4) 컨설팅 계획 수립과 시작: 실현 가능한 목표를 위한 첫걸음

학교컨설팅의 분야는 실제로 학교교육 전반에 걸쳐 있으므로, 하나의 의뢰 과제일지라도 관련된 범위가 넓고 인원과 시간이 많이 소요되는 경우가 흔하다. 이런 점을 감안하여 컨설팅 수행 계획은 의뢰인과의 1차 만남 이후에도 충분히 협의를 통해 과제와 수행 범위, 도출되는 결과까지 명확하게 정의되어야 한다. 의뢰 과제 또는 주제의 내용이 너무 추상적이거나 광범위하면 수행 기간 및 컨설턴트의 수행 능력에 맞추어 내용과 범위를 의뢰인과 협의함으로써 사전에 수정 보완할 필요가 있다.

이 과정에서 총괄 컨설턴트는 학교장과 만나 원만한 컨설팅 진행을 위한 분위기 조성 방법을 협의하고, 학교장 또는 학교 측에서 꼭 지원해야할 사항을 요청하면서 구성원의 적극적인 참여와 협조를 이끌어 낼 수 있도록 해야 한다. 학교컨설팅은 컨설팅 의뢰인과 주요 대화 및 상담의 대상이 서로 다른 경우가 많아 일부 구성원들의 비협조 또는 저항의 가능성을 내포하고 있으므로, 분위기를 조성하고 의뢰인의 자발적인 참여를 이끌어 내는 것이 매우 중요하다.

5) 자료의 수집: 문제점과 해결 방안을 함께 찾는 객관적 관찰

컨설턴트가 학교에 상주하지 않고 몇 차례 방문함으로써 진행되는 현재의 학교컨설팅은 대부분의 경우 시간이 부족하다. 그렇다 하더라도 컨설턴트가 학교 현황을 충분히 파악하고 있지 않으면 학교구성원에게 신뢰를 받기 어렵고, 나아가 컨설팅 자체에 대한 불신으로 이어질 수도 있다.

컨설팅이 시작되면 컨설팅 팀에서는 먼저 학교홈페이지, 학교알리미와 교육통계지원 홈페이지를 통해 학교의 기본 현황, 학교교육계획, 학교교육과정, 과제 관련 통계자료 등을 찾는다. 그리고 내부 컨설팅 팀으로부터 각종 사업 계획과 결과보고서 등을 제공받아 분석하여 충분히 숙지한 후 학교를 방문한다. 내부 컨설팅 팀원을 포함해서 대부분의 교사는 수업과 행정업무 등으로 시간이 없기 때문에, 별도의 자료를 작성하게 하거나 가공을 요청할 경우 부담을 갖고 반발할 가능성도 있어 너무 많은 자료의 요청은 피하는 것이 좋다.

교사뿐만 아니라 학생과 학부모에 대한 설문 조사와 면담도 학교에서 부담을 느끼는 경우가 많다. 특히 교사들 간에 이해관계가 얽혀 있거나 학생과 학부모의 의견 및 요구와 상충되는 경우에는 이를 드러내기 꺼려하여 비협조적인 태도를 보이거나 조작 또는 은폐하기도 한다. 그러므로 학생과 학부모에 대한 설문 조사 및 면담은 꼭 필요한 경우에 한해서 하되, 그 필요성을 충분히 설명하고 대상과 범위를 최소로 한정하여 실시한다.

6) 대화와 면담의 진행: 변화를 위한 동의와 공감으로 가는 준비

자발적으로 컨설팅을 요청했어도 컨설턴트의 입장에서 보면 의뢰인이 학교컨설팅 개념을 제대로 숙지하지 못하고 있는 경우가 많다. 의뢰인은 학교의 당면 과제를 해결하기 위해 과제와 관련된 학교의 모든 자료들을 솔직하게 공개하고 실질적으로 도움을 받고자 하는 내부의 현안을 명확히 전달해 주어야 하지만, 컨설턴트가 외부인이고 문제 해결의 당사자가 아니라는 선입견으로 방어적인 태도를 가질 수 있다.

대체로 학교에서는 원칙적으로는 컨설팅에 동의하지만 구체적으로 문제 상황에 접근해 가면 문제점을 드러내지 않으려는 경향이 있고, 구성원들도 자신들의 상황을 드러내는 데 큰 부담을 느끼는 경향이 있다. 그러므로 컨설턴트는 진행 과정에서 학교의 입장을 최대한 반영하고 부담을 주지 말아야 하며, 담당자의 고충을 충분히 고려하여 조심스럽게 컨설팅을 진행해야 한다. 특히 컨설팅 초기에 구성원에게 컨설팅의 필요성과 긍정적인 변화의 모습, 그리고 면담에 참여하는 사람들의 기여에 대해 충분히 설명하면서 참여 의지와 공감대를 이끌어 내는 것이 중요하다.

면담 약속이 이루어지면 사전에 대상자들을 조사해 두는 것도 대화를 이끌어 가는 데 도움이 된다. 교사의 경우 담당 과목과 업무, 특기와 취미, 최근의 관심사 등을, 학부모의 경우 학생의 성적과 희망하는 진로, 학교 내에서의 위상 등을 알아 두면 대화를 쉽게 풀어 갈 수 있다. 학교 구성원과의 사적인 만남은 가급적 피하는 것이 바람직하지만, 경우에 따라 학교 밖에서 회식 등 비공식적이고 자연스러운 만남을 갖는 것도 도움이 될 수 있다. 특히 학교 내에서 영향력이 큰 교사들과 인간적으로 교감하여 자발적 참여를 유도한다면 좋은 결과를 기대할 수도 있다. 이때 컨설턴트는 객관적이고 중립적인 입장을 유지하면서 래포를 형성하여 컨설팅의 효과를 높이는 데 이것을 제한적으로 사용해야 한다. 일단 좋은 관계가 형성되면 컨설팅 진행과 과제 해결에 많은 도움을 받을 수 있지만, 컨설팅 과제와 관련하여 업무를 대신 해 주기를 요구하는 경우도 있으므로 자문성과 학습성의 원리에 위배되지 않도록 주의한다.

7) 컨설팅 기법의 사용: 자체 해결 역량을 높이기 위한 훈련 과정

실제 컨설팅을 진행하는 과정에서 학교구성원의 신뢰 획득, 진단 및 분석, 해결 방안 구안 및 선택 등을 위해 여러 가지 컨설팅 기법이 사용될 수 있다. 그러나 전체적으로는 협조를 약속했음에도 불구하고, 학교 내 교직 문화와 관계 등을 분석하기 위해 진단지를 투입하면 학교 내부의 상황이 노출되는 것을 우려한 몇몇 교사가 부정적인 반응을 보이고, 이에 동조하는 교사들이 가담하면서 진행을 방해하는 일이 흔하게 일어난다. 따라서 컨설팅 팀 내에서 꼭 적용해야 하는 기법인가를 충분히 검토한 후 사용하고, 사전에 충분한 이해와 동의가 없으면 오히려 불만과 저항에 부딪치는 역효과를 가져오기도 한다는 점에 유의해야 한다.

일반적으로 팀 빌딩은 내부 해결형의 조직 개발 기법으로, 구성원의 참여와 합의를 통해 의사소통 및 협조를 증진시킴으로써 만족스러운 결과를 이끌어 낼 수 있기 때문에 학교컨설팅에서 흔히 사용된다. 팀 빌딩은 구성원에게 참여 의지를 갖게 하고, 자유롭게 의사를 개진하게 하는 분위기를 조성하는 가장 좋은 방법이기는 하지만, 별도의 시간을 내기 어려운 학교 사정을 감안할 때 실제 시행에는 어려움이 있다. 그러나 일단 팀 빌딩을 실시하게 되면, 반드시 학교장이 참여하여 결과에 대해서 전폭적으로 지원하겠다는 약속을 하고, 참여자들의 다양하고 창의적인 의견을 문제 삼지 않고 적극 지지하며 실행할 것이라는 확신을 주는 것이 필요하다.

8) 해결 방안 구안: 바로 실천 가능한 효과적인 방안 모색

아무리 좋은 내용으로 컨설팅을 하고 해결 방안을 찾아 제시해도 의뢰 학교의 자발적인 개혁 의지와 추진 역량이 없으면 그것은 문서로만 끝날 수 있다. 컨설팅 과정에서 광범위하게 의견을 수렴하고 해결 방안을 모색하는 과정에 학교구성원이 적극적으로 참여하여 학교 스스로 문제점과 해결 방안을 찾도록 해야 이후의 해결 방안 실행의 추진 동력을 유지할 수 있다.

따라서 학교에서 실천 가능한 대안을 찾는 것이 중요하며, 아무리 좋은 방안이라 하더라도 유사한 다른 학교의 사례나 다른 조직의 개혁 방안을 그대로 수용 및 단순 모방하는 것은 피해야 한다. 또한 이때의 해결 방안은 의뢰 학교의 특수한 상황에 대한 바른 인식을 바탕으로 정확한 과제 진단과 분석을 통해 도출된 것이어야 하며, 그것은 학교구성원의 필요를 충족시키면서도 주체적으로 해결할 수 있는 것이어야 한다. 해결 방안의 최종 선택 과정에는 학교장은 물론이고 가급적 많은 이해 관계자를 참여시키는 것이 좋다. 이 경우 선택된 해결 방안에 대해 공감과 공유가 가능하게 되어 구성원의 실천 의지를 높이고 저항을 최소화함으로써 실질적인 학교 변화와 개선을 가져올 수 있다.

9) 해결 방안의 실행: 지속 가능하고 효율적인 방안 선택

해결 방안을 구체화하여 실행하는 단계에서 학교컨설턴트는 학교의 부서나 조직을 더 효율적으로 전환하고 교육활동을 개선하기 위해 학교 구성원 모두가 적극적으로 참여하도록 지원하는 것이 매우 중요하다.

학교컨설턴트가 대안을 제시하고 컨설팅을 종료할 경우, 학교는 그 대안을 실행하기 위해서 구성원을 설득하거나 대안 실행에 대한 상세한 안내와 교육을 해야 한다. 그러나 구성원이 적극 참여하여 스스로 대안을 만들고 실행 계획을 세우는 경우에는 대안 실행을 위한 별도의 설득과 교육이 필요 없다. 이러한 접근 방식은 학교의 문제를 학교의 구성원이 스스로 해결하게 만드는 성과를 거둘 수 있을 뿐 아니라, 부수적으로 학교 조직의 의사소통이나 상호 협력을 증진시키는 등 총체적으로 학교를 개선하는 효과를 가져올 수 있다는 점에서 매우 바람직하다.

그러나 해결 방안의 실행 단계에서 학교 전체 또는 일부 부서는 혼란을 겪을 수 있으며, 이해 당사자인 구성원의 저항에 부딪치기 쉽다. 대부분의 학교컨설팅에서는 해결 방안을 제시하고 끝내는 경우가 많은데, 이 경우에도 컨설턴트는 학교와 구성원이 혼란과 저항을 슬기롭게 극복해 나갈 수 있도록 도움을 주어야 한다. 이때 컨설턴트의 전문성과 인적 네트워크, 확보한 정보와 자료가 크게 힘을 발휘하게 된다. 컨설팅이 끝난 후에도 도움이 필요한 학교에는 자문을 해 주고, 학교 측에 제시한 과제 해결 방안을 실제 어떻게 실행하고 있는지, 실행에 어떤 어려움이 있는 지를 점검하는 등 학교를 배려하는 마음과 자세를 가져야 한다.

10) 보고서 작성 및 보고회: 향후 자발적 개선과 혁신의 참고서 제공

컨설팅이 끝나면 보고서를 작성하고, 학교구성원을 대상으로 그동안의 경과와 향후 추진 전략을 설명하는 보고회를 개최하게 된다. 보고서는 컨설턴트에게는 학교컨설팅의 전 과정과 결과에 대한 기록이고, 의뢰 학교에게는 계속되는 학교 개선과 혁신의 지침서 역할을 하게 된다. 보고를 위한 보고서 작성을 지양하고, 의뢰인의 입장에서 컨설팅의 전 과정을 이해할 수 있게 해야 한다. 즉, 보고서에는 의뢰인이 해결 방안을 실천해 나가는 과정에서 수시로 참고할 수 있도록 문제를 정확히 파악하고 분석한 후 기재해야 하고, 해결 과정을 구안해 가는 컨설팅의 전 과정과 방법 등을 상세히 제시해야 한다. 또한 학습성의 원리에 따라, 향후 새로운 과제가 생겼을 때 컨설팅을 받지 않더라도 학교 스스로 과제를 해결해 나갈 수 있게 도와주는 참고서이자 안내서 역할을 할 수 있도록 풍부하고 상세하게 기록한다. 그러나 학교 현황 자료 등 학교에서 알고 있는 내용을 장황하게 나열하거나 외부에 알릴 필요가 없는 학교의 내부 정보를 수록하는 것은 컨설팅의 신뢰를 떨어뜨릴 수 있고, 새로운 반발 또는 갈등을 일으킬 수도 있으므로 유의한다.

컨설팅에 참고하거나 연구하기 위한 목적으로 학교컨설팅을 지원하는 연구회 또는 교육(지원)청 등에 제출하는 자료는 학교에 제출하는 보고서와는 별도로 기초 조사 자료, 분석 자료, 면담일지, 컨설팅 수행 일지 등을 상세히 정리하여 별책의 형태로 작성하는 것이 좋다.

컨설팅 보고회는 학교의 입장과 요구를 충분히 반영하여 그 시기나 형식, 진행 방법, 참석 범위 등을 정한다. 컨설팅의 목적이 무엇이며, 해결 방안이 어떻게 마련되었고, 향후 선택된 해결 방안이 어떤 과정을 거쳐 실행될 것인지를 상세히 설명함으로써 이해와 공감을 이끌어 내고, 학교구성원을 결속시키며 실천 역량을 집중시키는 계기를 마련하는 보고회가 될 수 있도록 해야 한다.

[부록 4-1] 학교컨설팅 계약서 예시

컨설팅 계약서

☐ 계 약 명 :
☐ 계약금액 :
☐ 계약기간 :

위탁자 ○○○○학교(이하 "갑"이라 칭함)와 수탁자인 한국학교컨설팅연구회(이하 "을"이라 칭함)는
『 과 제 명 』컨설팅 용역의 제공에 관하여 다음과 같이 계약한다.

– 다   음 –

제1조 (계약의 목적) 본 계약의 목적은 "갑"이 『 과 제 명 』에 관한 컨설팅을 "을"에게 의뢰하고 "을"은
　　　본 계약에서 정하는 바에 따라 의뢰받은 컨설팅을 신의를 바탕으로 원만히 수행하는 데 있다.

제2조 (컨설팅의 과제와 내용) 컨설팅의 과제와 내용은 다음과 같다.
　　1. 과 제 :
　　2. 내 용 :
　　　　•
　　　　•

제3조 (컨설팅 담당자)
　　1. 본 컨설팅을 수행하는 "을"의 컨설팅 관리자 및 컨설턴트는 별첨 『○○○○학교컨설팅 제안서』와 같다.
　　2. 위 "을"의 컨설턴트는 "갑"과 "을"의 합의가 있을 때에는 교체하거나 조정할 수 있다.

제4조 (컨설팅 장소) 컨설팅 장소는 협의를 거쳐 "갑"이 지정하는 곳으로 한다.

제5조 (컨설팅 기간)
　　1. 컨설팅의 기간은 20　년　월　일 ～ 20　년　월　일로 한다.
　　2. 위 기간은 "갑"과 "을"의 합의에 의하여 조정할 수 있다.
　　3. 이 용역의 완료는 별첨 『○○○○학교 컨설팅 제안서』의 제안 내용이 완료된 시점으로 한다.
　　4. 용역이 완료되면 "을"의 지원 하에 "갑"에게 최종 보고서를 제출한다.

제6조 (계약금액 및 지급방법) 컨설팅 용역 계약금액 및 지급방법은 다음과 같다.
　　1. 본 사업의 실행을 위한 컨설팅 용역 계약금액은 _____ 원으로 한다.
　　2. 컨설팅 용역 계약금액은 2회 분할 지급하며, 착수금은 _____ 원, 잔금은 _____ 원으로 하
　　　며 각각 현금으로 지급한다.
　　3. 착수금과 잔금의 지급 시기는 "을"이 청구하고, "갑"이 검수를 완료한 시기부터 14일 이내 지급한다.
　　4. 위 계약 금액 및 지급 시기는 상황에 따라 "갑"과 "을"의 협의에 의해 예산 계획서에 준해 조정할 수 있다.

제7조 (사업지원) "갑"은 "을"의 컨설팅 수행에 있어 필요한 각종 정보 자료를 지원하며 제반 편의를 제공한다.

제8조 (자료의 관리)

1. 본 계약에 의거 "갑"이 "을"에게 제출한 용역에 관한 제반 자료를 "을"은 특별한 주의로서 취급하여야 한다.

2. "을"은 "갑"이 제공한 모든 자료를 이 계약과 관련하여 수행하는 업무 이외에 사용하여서는 안 된다.

3. 위 1, 2조항을 위반하여 "갑"이 손해를 입었을 때에는 "을"은 이를 "갑"에게 배상하여야 한다.

제9조 (비밀의 유지)

1. "을"은 용역 수행과 관련하여 "갑"의 제반 자료를 주의하여 취급하여야 하고, 비밀을 유지하여야 한다.

2. "갑"은 "을"이 제공한 용역 기법에 대하여 "갑"의 관련 협력 업체를 제외한 제3자에게 참고용으로 전시하거나 제출하고자 할 때에는 사전에 "을"과 협의하여야 한다.

제10조 (계약 변경 및 해지) "갑"은 계약 당시에 예상할 수 없었던 현저한 상황 변경이 있거나 "을"의 컨설팅 진행 과정 및 성과에 있어 문제가 있다고 판단되는 경우에는 "을"과 협의하여 이 계약을 변경 및 해지할 수 있다. 이 경우 계약 기간 및 금액을 조정 및 정산할 필요가 있을 때에는 쌍방의 합의에 의하여 결정한다.

제11조 (유지보수) 컨설팅 종료 이후 "갑"의 지원 요구가 있을 시 "을"은 컨설팅 결과가 원활히 운영될 수 있도록 성실히 대응한다.

제12조 (효력 발생) 본 계약의 효력 발생 시점은 컨설팅 개시일로부터 한다.

위 계약을 증명하기 위해 본 계약서를 2통 작성하여 "갑"과 "을"이 각각 1통씩 보관한다.

20　년　월　일

위탁자 : _____

_____ 학교

교 장 _____ (인)

수탁자 : 서울특별시 관악구 관악로 1 서울대학교 사범대학

한 국 학 교 컨 설 팅 연 구 회

회 장 _____ (인)

첨 부 : 1) ○○○○학교 컨설팅 제안서 1부.

2) _____ 1부.

제5장

학교컨설팅에서의 대인관계

자신이 동료 교사 또는 컨설턴트라면 다음의 질문에 어떻게 대답하겠는가?

우리 반 아이들이 너무 떠들고 산만해서 진도를 나갈 수가 없어요. 다른 반 선생님들께도 창피하고……. 벌을 세워도 안 돼요. 그때뿐이에요. 제가 수업을 재미없게 하나 봐요. 주의 집중 방법도 잘 모르는 것 같고……. 어떻게 하지요?

우리 학교 학생들의 성적을 향상시킬 수 있는 좋은 방법이 없을까요? 학업성취도 평가도 있고, 학부모들도 기대하고 있는 것 같아요. 이번에 '○○학교'로도 지정됐는데 어떻게 해야 좋을지 모르겠어요.

1. 컨설턴트와 의뢰인의 관계 속성

컨설팅은 일상적 동료 관계가 아닌 '컨설턴트와 의뢰인의 관계' 속에서 이루어진다. 컨설턴트는 이 컨설팅 관계의 속성을 이해할 필요가 있다. 컨설팅 관계의 핵심은 컨설턴트와 의뢰인 모두가 이성적 교육전문가이며 감성적 인격체라는 데 있다. 따라서 컨설턴트와 의뢰인은 서로의 전문성을 인정하고, 믿음 관계를 형성할 수 있도록 노력해야 한다.

1) 전문적 협력

학교컨설팅은 두 교육 전문가의 전문적 협력 관계하에서 이루어진다. 컨설턴트와 의뢰인은 경력과 경험의 차이로 인해 특정 분야에 대한 전문성에서 차이가 나타날 수 있지만, 이들은 모두 교육 분야에 종사하는 전문가다. 특히 학교컨설팅의 대표적인 활동 가운데 하나인 수업컨설팅은 대부분 동료 교원들 사이에서 이루어진다. 따라서 의뢰인의 전문성과 교육 전문가로서의 위상을 존중해 줄 필요가 있다. 전문가로서의 위상 인정과 함께 전문성 교류를 위해 별도의 노력도 필요하다.

동료 교원과의 만남이긴 하지만, 이들의 대화가 일상적 조언 수준에서 그친다면 이는 컨설팅이라고 보기 어렵다. 학교컨설턴트는 일반 경영컨설턴트와 달리 직업적으로 분화되어 있지 않다. 평소에는 유사 업무를 수행하는 동일 직장 또는 직종의 동료로 존재하다가 특정 과제 해결을 위해 만났을 때만 컨설턴트와 의뢰인의 관계를 형성하는 것이다. 따라서 일상적 만남과 전문적 만남을 혼동하기 쉽다. 교원이라는 점에서는 같지만, 일상적 조언은 '개인 경험 전수', 전문적 협력은 '진단에 따른 해결안'이라는 점에서 차이가 있다. 일상 대화에서는 조언한 내용에 책임을

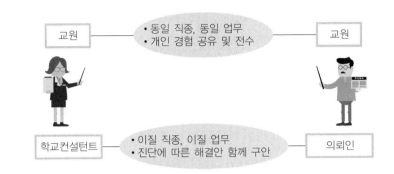

[그림 5-1] 컨설턴트와 의뢰인의 관계

지지 않아도 되지만, 컨설팅에서는 전문적 조언에 대한 책임, 조언에 맞는 실천 행위의 책임을 져야 한다.

전문적 협력은 학교컨설팅의 6대 원리 구현과 밀접한 관련이 있다. 이 학교컨설팅의 원리에 관한 기본 사항은 1장에서 제시하였으므로 여기서는 전문적 협력에만 초점을 맞춰 설명하고자 한다.

첫째, 컨설턴트는 실질적인 과제 해결 전문성을 갖추기 위해 노력해야 할 뿐만 아니라 의뢰인의 전문성을 존중하면서 몰입도 높은 컨설팅 성과를 거두기 위한 독립적 · 한시적 관계를 형성하기 위해서도 노력해야 한다. 컨설턴트는 과제 관련 지식, 경영 과정 등의 기술적 측면과 구성원의 감정 및 인간관계, 문화 등 인간적 측면의 지식을 갖춰야 한다. 더불어 과제 관련 현상에 대한 이해, 다양한 여건을 고려한 지식과 기술의 선택적 적용 능력 또한 갖춰야 한다(Kubr, 2002).

뿐만 아니라 의뢰인의 전문성을 존중하고 이해해야 한다. 교원은 모두 교육전문가로서 고유의 교육철학, 방법론 등의 전문성을 지닌다. 컨설턴트의 역할은 이들의 전문성을 인정하고, 이들이 원하는 방향으로 나아가도록 돕는 데 있다. 따라서 컨설턴트는 자신의 방식을 의뢰인에게 강요해서는 안 된다. 컨설턴트와 의뢰인은 서로의 전문성을 상호 존중하면서 정해진 기간에 과제 해결을 위한 독립적 의견 교류가 이루어질 수 있도록 노력해야 한다.

둘째, 컨설턴트는 자발성과 자문성의 원리를 구현하기 위해 의뢰인이 컨설팅에 관한 의사결정의 주체가 되도록 지원해야 한다. 또한 의뢰인은 과제 해결을 원하는 주체로서 스스로 의뢰하고 컨설팅에 자발적으로 참여해야 한다. 컨설팅에서 자발성의 원리는 자발적 의뢰 여부만을 의미하는 것이 아니라 컨설팅 진행 과정에서 의뢰인이 의사결정의 주체가 되어 자신의 의견을 개진하고 스스로 판단하여 참여할 수 있어야 한다는 점이 더 중요하다. 따라서 컨설턴트는 의뢰인이 주체적으로 컨설팅에 참여하여 해결 방안을 구안할 수 있도록 지원할 수 있어야 한다.

셋째, 컨설팅은 의뢰인과 컨설턴트의 학습 과정이다. 의뢰인은 과제 해결뿐만 아니라 컨설팅 기술과 방법의 학습까지 수행함으로써, 이를 다시 다른 의뢰인에게 컨설팅할 수 있어야 한다. 또한 컨설팅은 컨설턴트에게도 끊임없는 반성적 사고를 통해 더 나은 컨설팅을 할 수 있는 학습의 기회가 되어야 한다. 장학 및 연수와 학교컨설팅의 가장 큰 차이는 여기에 있다.

2) 교감과 믿음

컨설팅은 의뢰인의 실행에 긍정적인 영향을 미치려는 컨설턴트의 의

[그림 5-2] 장학과 연수의 기본 전제: 대상의 학습
출처: 김정현(2009).

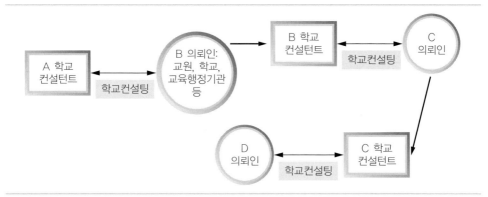

[그림 5-3] 학교컨설팅의 기본 전제: 교직 사회의 학습조직화

출처: 김정현(2009).

도적 행위로서, 의뢰인의 '실행 능력 향상'을 목표로 한다. 그러나 교육
전문가인 의뢰인은 잘 알지 못하는 외부인의 전문성에 대해 무조건적으
로 수용하는 것이 어려울 수 있다. 컨설턴트는 상대방에 대한 이해, 커뮤
니케이션 능력, 판단력, 방법론에 대한 이해를 토대로 의뢰인과 공유할
수 있는 공동 작업 지향성 및 과제와 의뢰인에 대한 예민한 감수성 등을
지녀야 한다(Kubr, 2002). 이러한 능력들은 의뢰인의 컨설팅 수용도와 참
여적 태도 형성에 중요한 영향을 미쳐 컨설팅의 성패를 좌우하게 만든다.

의뢰인은 컨설턴트에 대한 믿음이 생겨야 그의 견해를 수용한다. 의뢰
인과의 교감(交感) 없는 정보 전달은 의뢰인의 가치관과 행동에 큰 영향
을 미치기 어렵다. 따라서 전문성을 발현하기 이전에 교감을 통해 믿음
을 주는 것이 필요하다. 의뢰인은 컨설턴트의 전문적 권위, 인간성, 과제
해결에 대한 전문성에 믿음이 생길 때 컨설팅에 적극 참여할 수 있기 때
문이다.

전문적 권위와 과제 해결 전문성의 일치는 매우 중요하다. 의뢰인은
교수, 연구자, 관련 분야 자격증 소지자들에 대해서 그들의 전문적 권위
에 쉽게 동의하지만, 학교 현장의 과제를 해결하지는 못할 수 있다는 불

신을 갖는 경우가 많다. 반대로 교원컨설턴트에 대해서는 동일 직종 근무자로서 전문적 권위를 쉽게 인정하지 않지만, 현장에 대한 이해도가 높아 과제를 해결해 줄 수 있을 것이라 믿는다. 따라서 컨설턴트는 의뢰인에게 전문적 권위와 과제 해결 전문성에 대한 믿음을 얻기 위해 끊임없는 자기연찬을 해야 한다. 그러나 이렇게 전문성에 대한 믿음이 형성되어도 의뢰인에게 인간적인 믿음을 주지 못한다면, 의뢰인은 자신의 상황을 감추고 드러내려 하지 않을 것이다. 누구나 심적으로 편한 관계의 사람에게 더 많은 이야기를 하게 된다. 따라서 과제 해결을 위해 의뢰인과의 인간적 공감대를 형성하는 것은 매우 중요하다.

교감과 믿음의 방식은 사람마다 다르다. 자신의 기준으로 옳고 그름을 판단하기보다 상대방의 성격과 표현 방식을 인식하고 그것을 이해하고자 노력하는 것이 필요하다. 컨설턴트는 의뢰인의 상황을 파악하여 더 나은 관계를 설정하기 위해 노력할 의무가 있다. 의뢰인의 불안한 마음, 불편한 마음을 배려해야 과제 해결을 잘 할 수 있기 때문이다. 그리하여 컨설턴트가 두 사람의 안정적 관계 형성에 마음을 쓰면 쓸수록 의뢰인은 보다 안정되고 편안한 마음으로 컨설팅에 참여하게 될 것이다.

2. 학교컨설팅 관계의 형성

컨설턴트는 컨설팅의 효과를 높이기 위해 절차별로 의뢰인과 소통하며 컨설팅 과업을 수행한다. 그런데 의외로 많은 컨설턴트가 의뢰인의 의견을 듣지 않고 컨설팅을 수행한다. 엄밀한 의미에서 말하면, 이것은 컨설팅이 아니다. 컨설팅은 의뢰인과의 소통을 통해 그들의 요구를 파악해야 하고, 그들의 현황에 맞는 해결안을 찾기 위해 노력해야 하며, 그들이 실행할 수 있도록 지원해야 한다. 따라서 의뢰인과의 소통 능력을 향

상시키는 것은 매우 중요하다. 여기서는 전문적 협력을 위한 과업 중심
소통법 및 자신과 타인을 이해함으로써 교감과 믿음의 관계를 형성하는
데 도움이 되는 소통법을 제안하고자 한다.

1) 듣기 중심 소통

효과적인 의사소통의 기술과 방법은 다양하겠지만, 여기서는 과업을
달성하기 위해 기본에 충실한 소통을 설명하고자 한다. 컨설팅에서의 대

〈표 5-1〉 절차별 과업과 소통법

절차	과업	방법	소통법
준비	① 의뢰서 접수 및 판단 ② 컨설턴트 섭외 ③ 예비 진단 ④ 수행 계획 수립 협약	의뢰서 분석 요구 분석 면담	듣기 -의뢰인의 생각, 요구, 현황을 　듣고 정리하기 ※확인 사항: 해결 과제, 요구 사항 　및 수준, 민감한 사안, 관련인
진단	⑤ 진단 자료 수집 ⑥ 진단 자료 분석	조직 진단 수업 분석	듣고, 읽고, 해석하기 -과제 관련 현상 읽어 내기 -해석하기
해결안 구안·선택	⑦ 해결안 구안 및 제안 ⑧ 협의 통한 최종안 선택	팀 빌딩 이슈 트리 매트릭스	말하기 -듣고 읽은 결과에 대한 전문 　가의 견해 말하기
실행 지원	⑨ 실행 계획 수립 ⑩ 의뢰인의 실행 ⑪ 컨설턴트의 지원 　-조언 및 관찰 　-해결안 조정 　-교육 및 자원 지원	시뮬레이션 영상 분석 워크숍	다시 듣고 말하기 -컨설턴트가 읽고 말한 것에 대 　한 의뢰인의 견해 듣기 -실행하는 컨설턴트의 이야기 　다시 듣고 말하기
종료	⑫ 최종 점검 및 만족도 조사 　-반성적 자료	만족도 설문	

인관계 기법에 대한 연수 프로그램이 개설되었던 초기에는 효과적인 소통 기법에 관심을 두었다(김정현, 2008). 그러나 이후 여러 건의 컨설팅을 수행하고 의뢰인과의 면담을 진행하면서 깨달은 것은 가장 단순한 것이 가장 효과적이라는 사실이었다. 즉, 어떤 기법에 따른 컨설팅보다도 과업 달성을 위해 듣고, 읽고, 말하는 기본 의사소통 능력을 적재적소에 잘 활용하는 것이 더 효과적이었다는 것이다.

컨설턴트들이 가장 많이 하는 실수는 모든 단계에서 '말하기'에 집중한다는 점이다. 컨설턴트가 자신의 재능과 지혜만을 믿고 의뢰인의 말을 듣지 않는 강려자용(剛戾自用)의 자세를 취하는 순간 컨설팅은 실패할 확률이 높아진다.

컨설팅을 할 때는 의뢰인의 말과 글을 듣고, 읽고, 알아 가는 문이지지(聞而知之)의 자세를 취해야 한다. 컨설팅은 '말하기 중심의 활동'이 아닌 의뢰인의 이야기를 듣고, 그들의 자료를 읽고, 해석하여 말하고, 그들의 이야기를 다시 듣는 '듣기 중심의 활동'이 되어야 각 단계별 과업을 수행할 수 있다(〈표 5-1〉 참조).

2) 이해 중심 소통

컨설팅은 의뢰인의 입장을 이해하고, 그들에게 필요한 전문적 · 심리적 지원을 할 때 효과가 있다. 다양한 이해 방식이 있지만 여기서는 컨설팅이 학습 과정이라는 점에 착안하여, 학습 방식의 차이를 이해하고 배려하는 4MAT 기법 응용안을 제안하고자 한다. 4MAT 기법[1]은 원래 학생과 교사의 학습 및 교수 유형을 파악하여 교사가 학생 이해의 폭을 넓히고 자신에게 적합한 12단계의 교수학습 기술을 익힐 수 있도록 돕는

---

1) 자신의 유형 진단 및 자세한 사항은 McCarthy(2000)와 About Learning: Helping teachers and students with learning matters(http://www.aboutlearning.com/) 참조.

방법론이다. 네 가지 유형별 컨설턴트의 기본 성향과 컨설팅 방법은 다음과 같다.

(1) 심사숙고 및 대인관계 중시형

- 기본 성향: 대화, 경청, 생각 나눔, 대화를 통한 의견 수렴
- 장점: 대인관계 능력, 심사숙고
- 약점: 위험 감수, 비상시 대처 능력
- 컨설팅
  - 의뢰인과의 공감대 형성 중시
  - 컨설팅의 목적 및 가치 설명 중시
  - 의뢰인과의 대화형 방법론(상담기법, 면담 및 토론, 팀 컨설팅)

준비	⇨	진단	⇨	해결 방안 구안·선택	⇨	실행	⇨	종료
요구 파악: 강 수행 계획: 약		문화 측면: 강 구조 측면: 약		해결 방향: 강 해결 방안: 약		정서 지지: 강 실행 계획: 약		의뢰인 만족: 강 종합 점검: 약

(2) 논리적 사고 및 이론 중시형

- 기본 성향: 강의와 독서를 통한 학습, 지식의 정확성 검토 및 판단, 문제의 세분화 및 조직화
- 장점: 개념화, 이론화
- 약점: 창의성, 변화 허용
- 컨설팅
  - 정확한 전문 지식과 정보 전달이 컨설턴트의 역할
  - 인지적 측면과 논리적 사고 중시
  - 전문적이고 조직화된 내용 구성 및 논리적 원인 분석
  - 논리적 설명형 방법론(벤치마킹, 인과 지도, 이슈 트리)

(3) 행동 및 실행 능력 중시형

- 기본 성향: 조작해 보고 직접 실험하면서 배움, 실용성을 기준으로 생각을 정리함, 빠른 문제 해결 및 추진력
- 장점: 생산적이고 유능한 일 처리
- 약점: 정서적 지지, 인간관계
- 컨설팅
  - 현실적 문제 해결과 예측 중시
  - 실질적인 변화 추구
  - 의뢰인의 실행 능력 향상 도모
  - 행동형 방법론(동시 실행, 영상매체 활용)

(4) 창의적 사고 및 실용성 중시형

- 기본 성향: 자기 발견 및 체험 학습 선호, 실현 가능성 탐색 선호, 직관적 문제 해결
- 장점: 혁신, 변화
- 약점: 세부 계획 수립
- 컨설팅

－다양한 가능성 탐구 선호

－거시적 방향 제안

－새로운 과제 선정 및 창의적 해결 방안 선호

－아이디어 제안형 방법론(브레인스토밍)

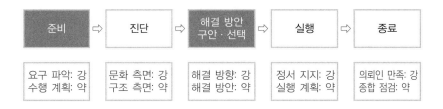

컨설턴트는 자신의 장점을 살리고 약점을 보완하기 위해 노력해야 하며, 자신과 다른 유형의 의뢰인을 만났을 때 이들의 학습 방식과 성향에 맞춰 컨설팅을 수행해야 한다. 자신과 다르거나 정반대 성향의 의뢰인일 경우, 노력한 것에 비해 컨설팅 효과가 매우 낮을 수 있기 때문이다. 서로 다른 유형의 컨설턴트와 의뢰인이 만났을 때는 [그림 5-4], [그림 5-5]와 같은 점에 유의하여 컨설팅을 수행하는 것이 도움이 된다.

관계형 컨설턴트와 행동형 의뢰인이라면
－컨설팅 결과의 현실 적용 가능성 중심으로 설명
－의뢰인의 사고 흐름에 맞춰 구체적인 행동 설명
－의뢰인의 문제 해결 능력 존중 및 반영

행동형 컨설턴트와 관계형 의뢰인이라면
－과제와 관련된 의뢰인 주변 인간관계 파악 및 고려
－의뢰인이 이해할 수 있게 충분한 시간 제공
－이해한 것을 바탕으로 실행해 보도록 격려

[그림 5-4] 관계형과 행동형의 컨설팅 관계

논리, 이론형		창의, 실용형
지식, 정보 전달 전문 지식 설명 논리적 분석	차이	다양한 가능성 탐구, 거시적 방향 제안 의뢰인 스스로 해결책 모색 아이디어 제안

논리형 컨설턴트와 창의형 의뢰인이라면
-여러 대안 중 선택할 수 있는 선택권 부여
-의뢰인의 창의적 변형 허용 및 존중
-시청각 자료를 활용한 의사소통 방법 개발

창의형 컨설턴트와 논리형 의뢰인이라면
-변동 가능성을 미리 설명
-발견 학습의 중요성 설명 및 전문 정보 연결 노력
-거시적 방향은 고정한 후 부분적인 변화만 시도

[그림 5-5] 논리형과 창의형의 컨설팅 관계

컨설턴트는 의뢰인이 알고 있는 것 그 이상을 알지는 못하지만 볼 수는 있는 사람이다(Kubr, 2002). 학교컨설팅은 컨설턴트가 알고 있는 것을 일방적으로 전달하는 일이 아니라 의뢰인이 알고 있지만 미처 파악하지 못한 인과관계를 찾아 드러내 줌으로써 의뢰인 스스로 길을 찾도록 도와주는 일이다. 따라서 컨설턴트는 과제에 대한 의뢰인의 사고방식을 읽어 내고, 미처 파악하지 못한 것들을 찾아내서 의뢰인이 이해하는 방식으로 알려 주기 위해 노력해야 한다. 의뢰인이 이해하지 못하고 실천할 수도 없는 컨설팅은 의미가 없다. 그러므로 학교컨설팅은 전문적 협력을 통해 과제를 해결하고, 궁극적으로 학교를 변화시키는 교원의 자구적 노력임을 잊지 말아야 할 것이다.

제6장

학교컨설팅에서의 대화

10년 전쯤 한 학교평가위원이 교사를 면담하는 자리에 동석하게 되었다. 그 평가위원이 평소 대화를 통해 학교를 원만하게 운영하고 있다고 하였기에 대화 기법에 대해 배우고 싶은 마음이 있었다. 면담은 다음과 같이 진행되었다.

평가위원: 내가 보기에 이 학교는 클럽활동이 미흡한 것 같아요. 우선, 클럽 수가 적고 학생들의 선택의 폭이 적은 것 같아요. 그렇지 않아요?

교   사: 네. 그런 것 같네요. 그런데 그게…….

평가위원: (말을 끊으며) 내 생각에는 클럽 수를 대폭 늘리고 학생들의 요구를 제대로 조사해서 학생 선택이 실제로 반영되도록 운영하는 게 좋을 것 같아요. 우리 학교 운영 사례가 참고할 만하니까 원하면 자료를 드릴게요. 선생님 생각은 어떠세요?

교   사: 네. 감사합니다.

평가위원: 그러면 다음으로는 자치활동인데요…….

이 사례는 대화의 의미를 다시 생각해 보게 한다. 이러한 상황을 진정한 대화 상황이라고 할 수 있을까? 교사는 평가위원의 평가 활동에 대해 어떤 느낌을 가졌을까? 학교컨설팅이 이런 식으로 이루어진다면 그것을 학교컨설팅이라고 부를 수 있을까? 이러한 활동이 문제 해결이나 구성원의 긍정적 자세를 가져올 수 있을까? 이 장에서는 이와 같은 질문에 대해 생각해 보고자 한다.

1. 학교컨설팅에서 대화의 중요성

외부 환경의 변화와 관계없이 학교와 교원은 생존이 보장된다는 특성과 보수주의적 · 개인주의적 교직문화 등으로 인해 그 변화 추세에 반하여 문제에 대처하는 자세는 소극적이고 개인 차원의 해결 경향을 지닌다. 그에 따라 학교컨설팅의 관건이 되는 자발성을 확보하는 일이 중요한 과제가 된다. 자발성은 학교컨설팅이 시작되기 전 의뢰 단계에서 확보하는 것이 바람직하지만, 그것이 여의치 못하다면 학교컨설팅 과정 자체가 자발성을 확보 · 확대하는 과정이 되어야 한다.

자발성 확보와 관련해서는 학교컨설팅 서비스 마케팅이 중요하다 (Kubr, 2000). 마케팅에서 중요한 것은 만들어 낸 생산물에 적합한 고객을 발견하는 것이 아니라 고객에 맞는 생산물을 찾아내는 것이다(Kotler & Keller, 2007, p. 7). 이처럼 마케팅은 잠재적 의뢰인의 안에 숨어 있는 요구를 읽고 일깨워야 한다. 마케팅은 자신의 관점보다 고객의 관점을 중시한다는 점에서 대화와 통하며, 그런 점에서 학교컨설팅 서비스 마케팅은 잠재적인 의뢰인과의 사전 대화라 할 수 있다.

학교컨설팅이 의뢰인의 요청에 따라 시작할지라도 학교컨설팅에 참여하는 실무 담당자의 자발적 의지는 높지 않을 수 있다. 그렇다면 학교컨설턴트는 이후의 학교컨설팅 과정에서 자발성을 최대한 확보해야 할 필요가 있다. 즉, 학교컨설팅의 과정이 학교구성원의 긍정적인 자세를 유발하고 소기의 성과를 거두어야 하는데, 대화의 과정이 그러한 결과를 가져올 가능성이 높다.

대화는 적어도 두 가지의 치료 효과를 가져다준다(김석원 역, 2003). 먼저, 대화를 할수록 정체 의식이 분명해진다. 누군가 자신을 이해해 주려고 한다면 자신의 생각에 대한 자신감이 커지고, 그에 따라 자신이 누구인지도 더 분명해진다. 다음으로, 대화는 자신이 혼자가 아니라는 점을 재확인시켜 주는 사회적 접촉의 장이다. 사람들이 자신을 중요하게 여겨 줄 때 사회에 대한 깊은 소속감을 느낄 수 있다. 그동안 하향식 개혁의 '대상'으로 취급되어 온 까닭에 학교와 교원은 낮은 자존감과 자아 정체성의 혼란을 느끼고 있을 수 있다. 그러한 상황에서 대화는 학교와 교사의 자존감 및 자아 정체성, 소속감 확립에 도움이 될 수 있다. 그러므로 대화는 학교구성원의 학교컨설팅에 대한 긍정적 자세를 유발할 수 있다.

대화는 효과적인 문제 해결을 위해서도 중요하다. 그것은 컨설턴트나 고객이 혼자 생각해 낸 것을 넘어서는 통찰과 아이디어를 만들어 낼 수 있다(Isaacs, 1993; Schein, 1999). 또한 대화의 과정은 심리적 안전감을 만들어 내고 집단의 발달을 촉진한다(Schein, 1999). 따라서 진정한 도움은 컨설팅 당사자가 대화를 통해 공동체적 집단을 형성하고 가정 및 언어를 공유할 때 제공될 수 있다.

2. 대화의 개념과 특성

국립국어원의 〈표준국어대사전〉에서 제시하고 있는 대화의 사전적 의미는 "마주 대하여 이야기를 주고받음. 또는 그 이야기"다(http://stdweb2.korean.go.kr/). 대화로 번역되는 영어 단어는 'conversation' 'dialogue' 'discussion' 'talk' 등인데, Schein(1999, p. 201)은 Isaacs(1993)의 모델을 인용하여 그것들 간의 관계를 [그림 6-1]과 같이 도식화하였다.

Schein에 따르면, 이야기를 나누는 과정에서 상대방이 자신의 말의 요점을 이해하지 못하고 있거나 자신이 불일치, 상대방의 도전 혹은 공격을 이끌어 내고 있음을 깨닫고 속이 상할 때가 있다. 그 순간에는 자기

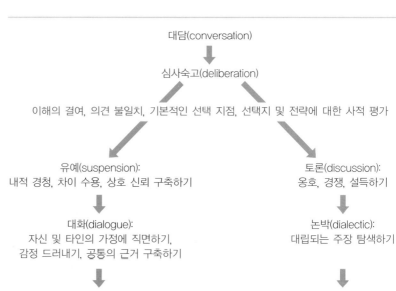

[그림 6-1] 함께 이야기하는 방식

출처: Schein (1999), p. 209.

자신의 반응을 유예하는 것(suspending)이 그 문제에 대처하기 위한 하나의 선택지가 될 수 있다. 집단의 많은 구성원들이 자신의 반응을 유예하고자 할 때에는 대화의 경로를 따라가게 된다. 반대로, 많은 구성원이 즉각 반대하고, 더 자세히 말하고, 질문하고, 기타 자신을 돋보이게 하는 방식으로 반응하고자 하는 경우에는 그 집단은 토의의 경로를 밟아서 궁극적으로 비생산적인 논쟁에 빠지게 된다.

[그림 6-1]에서 제시한 다양한 방식들 중에서 대화(dialogue)와 논쟁(debate)이 많이 비교되고 있다. 일례로, Flick(1998), Yankelovich(1999)가 제시한 대화와 논쟁의 특성을 표로 제시하면 〈표 6-1〉과 같다.

한편, Stone 등은 대부분의 '어려운' 대화(conversation)는 갈등 대화와 감정 대화, 정체성 대화의 세 가지 대화를 수반한다고 하면서, 각 대화별로 '싸우는 대화'와 '차원 높은 대화'의 특성을 제시하고 있다. 이 '싸우는 대화'와 '차원 높은 대화'의 특성은 〈표 6-2〉와 같으며, 여기서 '싸우는 대화'와 '차원 높은 대화'는 앞에서의 논쟁과 대화의 구분에 상응하는 것으로 볼 수도 있다.

여러 학자가 논쟁보다 대화가 중요하다는 점을 강조하고 있다. Mackey(1998; 김석원 역, 2003)는 논쟁은 변화 대상의 관점을 도리어 강화함으로써 관점의 변화에 도움이 안 된다고 하였고, Stone, Patton과 Heen (2010; 김영신 역, 2003)도 논쟁은 상대방의 변화를 가로막고, 경청하는 데 오히려 장애가 된다고 하였다. Schein(1999)에 따르면, 토의/논쟁은 집단 구성원들이 '동일한 언어를 사용할 수 있을 정도로' 충분히 서로를 잘 이해하고 있는 경우에만 타당성을 지니는 문제 해결 및 의사결정 과정이고, 과거에 그 집단에서 어떤 형태로든 대화가 일어났어야 서로를 충분히 잘 이해하는 상태가 가능할 것이다.

〈표 6-1〉 대화와 논쟁의 특성

대 화	논 쟁
많은 사람이 정답의 단편들을 갖고 있고, 사람들이 함께 해답을 만들어 갈 수 있다고 가정함	유일한 정답이 있고 자신이 그것을 갖고 있다고 가정함
다른 사람을 그 사람의 관점에서 이해하고, 공통의 이해를 도출하기 위해 협력함	승리를 위해 상대편이 틀렸다는 것을 입증하고자 노력함
공통의 근거를 탐색하는 데 관심이 있음	자신의 의견을 설명·설득 혹은 확신시키는 데만 관심이 있음
이해하고, 의미와 합의점을 찾아내기 위해 경청함. 즉, 이야기 내용의 액면 그대로가 그 사람에게는 진리인 것으로 수용하고, 상대방의 주장을 자신의 이해를 심화시킬 기회로 삼아 그 주장을 경청, 이야기하기보다 듣기를 더 많이 하며, 반응하는 대신에 반성함	결점을 찾아내고 반대 논리를 만들기 위해 경청함. 즉, 판단적으로 경청, 실수나 약점을 찾기 위해 경청하며, 들으면서 자신의 반박 논리를 생각하고, 듣기보다 말하기를 더 많이 함
자신의 이해를 명료화·심화하기 위해, 상대방의 아이디어가 그에게 의미하는 바를 이해하기 위해, 당연한 것으로 간주되는 가정을 탐색하기 위해 질문을 함	심문(審問)으로서의 질문을 함. 즉, 자신의 견해를 지지하는 질문이나 다른 사람의 견해에 도전하는 질문을 함
재검토하기 위해 가정을 드러냄	가정을 진리로서 옹호함
모든 입장을 재검토함	상대방의 입장을 비판함
다른 사람의 사고가 자신의 것보다 더 나을 수 있다는 것을 인정하고, 자신의 아이디어를 오직 자신만의 아이디어인 것으로 제시하며, 대안적인 관점을 탐색함	다른 관점들에 반대하여 자신의 관점을 옹호함. 자신의 입장을 단언하고, 다른 견해들의 약점을 기술하며, 자신의 가정을 진리로서 옹호함
다른 사람의 입장에서 강점 및 가치를 찾아내고자 함	다른 입장들의 결점 및 약점을 찾아내고자 함
종결을 추구하는 것이 아니라 새로운 선택지를 발견하고자 함	자신의 입장을 지지해 주는 방향으로의 결론이나 투표를 추구함

출처: 홍창남 외(2013), p. 70에서 재인용.

〈표 6-2〉 '싸우는 대화'와 '차원 높은 대화'의 특성

구분	싸우는 대화	차원 높은 대화
갈등 대화 문제점: 양쪽이 각자 보는 것보다 실제 상황은 더 복잡하다.	• 전제: 나는 '어떤 일이 있었는가'를 이해하는 데 필요한 모든 것을 알고 있다. • 목표: 내가 옳다고 생각하는 것을 설득한다.	• 전제: 우리는 각각 서로 다른 정보 · 인식을 지니고 있다. 우리가 서로 모르는 중요한 것이 있을 가능성이 있다. • 목표: 상대방의 말을 귀담아 듣는다. 우리가 상황을 어떻게 인식하고 있는지, 그 이유가 무엇인지 탐색한다.
	• 전제: 나는 그들의 의도를 알고 있다. • 목표: 그들에게 그들 자신의 행동이 틀렸다는 것을 알게 만들어야 한다.	• 전제: 나는 내 의도와 그들이 내게 미치는 영향에 대해 알고 있으나, 그들의 의도는 모르겠고 알 수도 없다. • 목표: 내게 미치는 영향에 대한 의견을 나누고, 그들의 생각을 알아낸다. 또한 내가 그들에게 어떤 영향을 미치는지 알아낸다.
	• 전제: 모든 것은 그들의 잘못이다(혹은 모든 것은 내 잘못이다). • 목표: 그들이 잘못을 인정하고 바로 잡는 책임을 지도록 만든다.	• 전제: 아마도 우리 양쪽 모두 원인을 제공했을 것이다. • 목표: 근본 원인을 이해한다. 우리의 행동이 어떻게 상호작용하여 이런 결과를 가져왔는지 이해한다.
감정 대화 문제점: 감정이 잔뜩 개입되어 있는 상황이다.	• 전제: 느낌과는 아무 상관이 없으며, 느낌을 서로 나누는 것은 도움이 안 된다(혹은 나의 느낌은 그들의 잘못 때문이므로 그들은 나의 느낌에 대해 들어야 한다). • 목표: 느낌에 대해 말하는 것을 회피한다(혹은 그들은 마땅히 들어야 한다).	• 전제: 문제의 핵심에는 느낌이 있다. 느낌은 대체로 아주 복잡하다. 나의 느낌을 이해하기 위해 나 자신을 아는 노력이 필요하다. • 목표: 어떠한 관점이나 비난도 삼가고 (나와 상대방의) 느낌에 대해 탐색한다. 문제 해결 이전에 느낌을 인정한다.
정체성 대화 문제점: 정체성이 위협받는 상황이다.	• 전제: 나는 유능하지 않으면 무능하다. 착하지 않으면 나쁘다. 사랑받을 만하지 않으면 그렇지 못하다. 그 중간은 없다. • 목표: 흑백논리로 자기 이미지를 보호한다.	• 전제: 심리적으로 보면 양쪽 모두에게 중요한 점이 많이 있을 것이다. 우리는 모두 복잡하고 그 누구도 완벽하지 못하다. • 목표: 각자가 위협을 느끼고 있는 정체성 문제에 대해 이해한다. 균형을 더욱 잘 유지하기 위해서 더 복잡한 자기 이미지를 구축한다.

출처: 김영신 역 (2003), pp. 44-45.

3. 컨설턴트의 대화 관련 자세와 역량

앞서 제시한 대화의 중요성과 특성에 비추어 학교컨설턴트는 진정한 대화를 위해 적어도 다음과 같은 자세와 역량을 갖출 필요가 있다.

1) 대화에 임하는 컨설턴트의 기본 자세

상담에서는 대화를 진단과 문제 해결을 위한 중요한 수단으로 활용한다. 이와 관련하여, 신경진(2010, pp. 255-262)은 면접에 임하는 상담자의 기본 자세를 집중 및 경청, '나는 당신이 말해 주어야 압니다.'라는 자세, '나는 당신이 가르쳐 주어야 압니다.'라는 자세, 평가하지 않는 태도 등으로 제시하였다. 학교컨설팅에서도 학교컨설턴트는 이러한 자세를 갖는 것이 중요하다.

첫째, 컨설턴트는 몸과 마음으로 상대방이 이야기하는 핵심적인 생각을 따라가면서 발언 내용을 이해하려고 노력하며, 이해한 바를 요약하여 전달하고, 이해되지 않는 내용에 대해서는 질문을 한다. 컨설턴트는 주의를 산만하게 하는 물건을 치우고 상대방을 이해하고 돕는 일에만 집중한다. 그리고 컨설턴트 자신의 심리 내적인 흐름, 편견과 선입견, 개인적 욕구·감정·호기심 등이 집중을 방해하지 않도록 특별히 인내해야 한다. 컨설턴트는 조급한 결론으로 비약하거나 감정적으로 반응하지 않아야 하며, 상대방의 말과 그 기저의 내용을 함께 들음으로써 이야기의 의미를 파악하고 이해할 수 있어야 한다.

Mackey(1998; 김석원 역, 2003) 역시 주의 집중을 위해 대화의 전체 분위기에 신경을 쓰면서 대화의 방해 요소를 최대한 없앨 것을 강조하고 있다. 상대방의 말뿐만 아니라 억양, 말의 속도, 표정, 동작, 분위기 등 비

언어적 메시지를 세심하게 관찰하면서 메시지 속에 숨어 있는 지적·감
성적 의미를 모두 찾아내어 상대방의 동기가 무엇인지 알아내려고 해야
한다는 것이다.

대화의 핵심은 경청이며, 우리는 경청만으로도 문제가 해결되는 경우
를 적지 않게 접한다. 경청하는 사람에게 이야기하는 과정에서 혼란스러
웠던 상황을 객관화시켜 정리하게 되고, 그 결과 문제와 해결책이 분명
해지기 때문일 것이다. 이에 학교컨설턴트는 "내가 제대로 이해하고 있
는지 확인했으면 하는데, ……이런 식으로 말했나요?" 혹은 "그래서 당
신 생각은 ……라는 말이군요."와 같은 표현을 활용하여 들은 내용의 핵
심을 다시 정리해서 표현하고, 고민하는 자세를 취함으로써 자신이 경청
하고 있음을 보여 주어야 한다.

〈표 6-3〉은 Heiden과 Herson(1995; 이영호 역, 2001)이 상담 면접에서
좋은 경청자를 구분하기 위해 만든 질문들인데 컨설턴트에게도 유용할

〈표 6-3〉 당신은 얼마나 좋은 경청자인가

다양한 경청 행동을 기술하고 있는 다음의 질문들에 답해 보라.
1. 당신이 반응하기에 앞서 상대방이 그들 자신에 대해 말할 충분한 시간을 주는가?
2. 당신은 대수롭지 않다고 생각하는 것일지라도 상대방이 심각하게 말하고 있다면, 그것을 상대방과 같이 받아들이는가?
3. 상대방에게 충분한 주의를 기울이는가?(즉, 상대방이 이야기하는 동안 간단한 사무 처리, 책상 위의 물건 정리 등을 하지 않는 것)
4. 때때로 고개를 끄덕이고, 미소 짓고, "음-"이라고 하면서 주의를 기울이고 있다는 것을 보여 주고 있는가?
5. 필요하고 관련된 질문을 하는가?
6. 상대방을 쳐다보고 자주 눈을 맞추면서, 시계를 보는 것을 삼가고 있는가?
7. 상대방이 문제점을 이야기할 때 가로막는 일은 없는가? 문제점에 관한 논쟁을 피하는가?
8. 주제를 바꿈으로써 상대방의 문제나 호소를 기피하는가?
9. 상대방이 할 말을 찾거나 고르고 있을 때 당신이 받아 잇지 않을 만큼 충분히 인내하는가?
10. 말하기 전에 생각하는가? '즉각적인' 충고를 피하는가?

출처: Heiden & Herson (1995; 이영호 역, 2001), pp. 300-301.

것이다.

둘째, 컨설턴트는 컨설팅 과정에서 "나는 학교구성원인 당신이 설명해 주는 것만큼만 당신과 학교를 이해할 수 있습니다. 나아가 당신은 당신 자신과 학교에 관한 한 전문가이므로 내게 가르쳐 주세요. 나는 당신에게서 배우겠습니다."라는 태도를 견지하는 것이 대단히 중요하다. 구성원이 자신의 입장과 경험을 충분히 설명하지 않았음에도 컨설턴트가 구성원을 잘 이해 · 공감할 수 있다는 태도를 취하는 경우 구성원의 자기관찰 및 언어화 역량은 덜 발달되고, 과민한 구성원은 치부를 들킬까 두려워 마음의 문을 닫게 될 수 있다. 나아가, 컨설턴트는 먼저 주제를 정하거나 중요치 않은 내용으로 이야기의 흐름을 바꾸거나, 자신이 말하고 싶은 내용으로 주제를 바꾸지 말아야 한다. 일반적으로 도움을 받는 구성원은 컨설턴트를 전문성과 권위를 지닌 존재로, 자신은 나약하고 무능한 존재로 인식하는 경향이 있다. 그런데 컨설턴트가 배우겠다는 입장을 취하면 구성원은 자존감을 회복할 계기를 얻게 되고, 자신과 학교에 대해 컨설턴트를 가르침으로써 문제 해결에 적극 동참하는 존재가 된다. 반대로 컨설턴트가 구성원을 고쳐 주려는 권위적인 자세로 임한다면 자신이 보고 싶은 것 위주로 보면서 구성원을 자의적으로 끌고 가기 쉽다.

셋째, 평가하지 않는 태도가 중요하다. 이는 컨설턴트가 도덕적 · 윤리적 가치판단을 하지 않을 뿐 아니라 자신의 개인적인 가치관과 취향에 따라 판단하거나 그에 따른 감정을 드러내지 않아야 한다는 것을 의미한다. 구성원이 드러내는 특정한 내용에 대해서 컨설턴트가 내켜 하지 않는다면 구성원은 컨설턴트의 선호나 가치에 맞는 것만을 드러내려 할 것이기 때문이다.

넷째, 평가하지 않는 태도와 관련하여, 구성원의 관찰과 해석을 존중해야 한다. 컨설턴트는 자신의 관찰, 해석이 전부라고 믿지 말고 다른 관찰, 해석 및 의견에 마음을 열어 놓아야 한다(박성희, 2006, p. 5). 그러므로 컨설턴트는 자신의 교육적 관점에 비추어서 일방적으로 진단하고 해결책을 제시해서는 안 된다. 나아가, 컨설턴트는 구성원의 교육적 가치나 신념 등을 최대한 이해하고, 학교에 대한 진단 및 해결 방안 구안 시 학교 구성원의 시각과 통찰을 우선해야 한다. 컨설턴트는 구성원이 제시하는 진단 결과와 해결 방안을 최대한 수용하되, 구성원의 통찰이 지니는 약점이나 모순을 구성원 스스로가 발견할 수 있도록 안내해야 할 것이다.

구성원의 관찰과 해석을 존중해 주는 자세와 관련하여 박성희(2006, pp. 20-24)는 직면과 해석 기법의 중요성을 강조하였다. 직면이란 모순되거나 일관성이 결여된 언어 및 행동을 드러내어 노출시키는 대화 기술이다. 사람은 자신을 은폐하고 위장하려는 심리를 갖고 있는데, 이런 심리는 은연중에 혼란된 대화로 나타난다. 따라서 대화의 내용 속에서 발견되는 모순, 불일치, 왜곡, 변명, 연막 치기, 각종 방어기제 등이 직면의 대상이 된다. 두 가지 언어나 행동 사이의 모순, 불일치를 맞닥뜨리게 하는 것 이외에도 메시지에 숨겨 있는 내용을 드러내는 것 역시 직면에 포함된다. 한편, 해석은 사태를 지각하고 이해하는 컨설턴트의 준거 체제를 드러내 놓는 행위다. 지금까지 주관에 사로잡혀 객관화시키지 못했던 여러 사태가 컨설턴트의 해석 행위를 통해 새롭게 조명됨으로써 해결의 새로운 돌파구를 찾는 계기가 될 수 있다. 단, 충분한 래포가 형성되기 전에 해석을 하는 것은 바람직하지 않다.

2) 컨설턴트의 대화 역량

학교컨설턴트는 대화와 관련한 여러 가지 역량을 갖추어야 한다. 첫째, 학교컨설팅에 대한 마케팅 역량을 갖추어야 한다. 학교컨설턴트는 잠재적인 의뢰인과 친밀한 관계를 유지하면서 그들의 잠재된 수요를 읽고, 그러한 수요를 실제 의뢰로 연결하려는 노력을 기울여야 한다. 이를 위해 학교와 교원의 수요를 시사해 줄 수 있는 자료 및 정보를 지속적으로 수집, 분석, 축적함으로써 새로운 학교컨설팅 영역 혹은 대상을 찾아 낼 수 있어야 한다. 나아가, 홍보, 행사 개최, 유력 인사 접촉, 학교경영 및 교육활동에 대한 정보·자료 제공 등을 통해 학교컨설팅 수요를 이끌 어 낼 수 있어야 한다. 그러므로 학교컨설턴트는 교원 및 학교의 필요에 대한 감수성, 원만한 인간관계 형성 능력, 교육의 최신 동향에 대한 정보 수집 능력, 조사 기법에 대한 지식·능력 등을 갖추어야 한다.

둘째, 대화에 필수적인 자기반성의 자세와 능력, 자기경청 능력을 갖 추어야 한다. 컨설턴트는 자신의 교육관, 인간관, 자신이 학생 및 교사를 분류할 때 사용하는 범주 등을 수시로 점검하고, 그것이 학교구성원의 것과 어떻게 다른지를 알아야 한다. 한마디로 학교컨설턴트는 가정을 점 검할 수 있는 능력, 그리고 구성원이 자신의 가정과 직면하도록 도와줄 수 있는 능력을 갖추어야 한다.

자기반성은 자기경청과 통한다. 우리는 다른 사람을 진정으로 이해하 기 전에 자신 내면의 소리에 경청하는 법을 배워야 한다. 무엇보다 자기 자신의 생각, 느낌 및 사고방식을 경청해야 한다. 즉, 자기 생각과 행동 의 차이점을 살펴보면서 자아상과 내적 동기, 목표 그리고 삶의 방향성 이 어떤지 자문해야 한다.

셋째, 대화 과정에서 유예할 수 있는 능력을 갖추어야 한다. Schein (1999)에 따르면, 이야기를 나누는 도중 상대방의 반응이나 이야기에 속 상함을 느끼는 경우, 내 반응을 목소리로 내는 것보다 그대로 두는 것(즉, 내 자신의 반응을 유예하는 것)이 더 낫다. 컨설턴트의 지각 자체가 정확하 지 않을 수 있기 때문에, 속상한 감정에 굴복하기 전에 컨설턴트는 자신 의 지각과 해석이 정확한지, 자신의 필요, 기대, 투사, 심리적 방어기제, 가정 및 사고 범주의 영향을 받고 있는 것은 아닌지 여부 등을 판단해야 한다. 즉, 컨설턴트는 자신의 관점 및 판단을 유예할 수 있는 능력을 보여 줌으로써 학교컨설팅에서 중요한 쟁점들을 다룰 수 있는 분위기를 만들어 내는 데 기여해야 한다. 또한 컨설턴트는 자신의 반응을 유예함으로써 학교구성원에게 유예의 역할 모델이 되기도 한다. 유예는 반성 기능의 개발을 위한 출발점이며, 이는 컨설티가 배워야 할 기능이기도 하다. Mackey(1998; 김석원 역, 2003) 역시 상대방의 태도와 말의 내용에 대한 판단을 뒤로 미루고, 먼저 전하는 내용부터 파악하고자 노력해야 한다고 강조하였다.

넷째, 학교컨설팅 과정에서 학교의 인적 자원을 적절하게 활용할 수 있는 역량을 갖추어야 한다. 특히 단위학교 차원의 학교컨설팅에서는 문제의식과 역량을 모두 지닌 교원들로 내부 협력 팀을 구성하여 진단과 해결 방안 구안을 주도하도록 하는 것이 바람직하다. 이때는 '조용한 혁명가', 즉 교육적 관점은 동료의 표준 및 규범과 약간 다르지만 교직에 대해 열정적이며, 현재의 관행에 도전하기 위해 조용히 노력하고 변화를 불러일으키는 교원을 찾아내어 활용할 필요가 있다(민영진 역, 2009, pp. 117-135). 단, 컨설턴트는 내부 협력 팀의 팀으로서의 성숙 수준에 따라 해당 팀이 컨설팅 과정을 주도하는 정도를 조절할 수 있어야 한다.[1] 팀의 성숙 정도를 판단하는 요인으로는 팀의 직무설계, 팀의 사회구조적 특성, 팀의 상호작용, 심리적 권능감, 팀의 지원 맥락(구성원 지원 분위기) 등이 강조되고 있다(김준환, 1998).[2]

학교의 역량을 강화하기 위해서는 문제의식이나 역량 중 어느 한쪽이

---

[1] 개인에 대한 학교컨설팅의 경우에도 개인의 성숙 수준에 따라 그 개인이 학교컨설팅 과정을 주도하는 정도를 조절해야 함.

[2] 팀 성숙 요인을 측정하는 문항으로서, "우리 팀의 구성원들은 팀이 효과적으로 업무를 수행해 낼 수 있다는 데 확신을 갖고 있다." "우리 팀은 어떤 일이라도 맡을 수 있고, 해낼 수 있다." "우리 팀은 구성원들의 사기가 높다." "우리 팀은 내가 팀의 일원으로서 일할 수 있을 뿐 아니라, 팀의 다른 구성원을 지원할 수 있도록 기회를 주었다." "우리 팀은 좋은 인간관계를 가질 수 있는 기회를 많이 주었다." 등을 들 수 있음(김준환, 1998, p. 190의 표현을 수정).

미흡한 교원도 학교컨설팅 과정에 참여시켜야 한다. 이들은 진단 결과나 개선 방안에 대해 토의하거나 의견을 제시함으로써 자신의 의식 수준을 성숙시키는 한편, 새로운 통찰을 제공하는 역할을 하게 된다. 역량은 있지만 개선 의지가 부족한 사람은 면담, 자문 등을 통해 진단 및 해결 방안의 구안 과정에 개별적으로 참여할 수 있도록 하며, 역량은 부족하나 개선 의지가 확고한 사람은 해결 방안의 최종 선택 단계에서 집단적인 의견을 구하는 방식으로 참여하게 해야 한다.

3) 대화의 기술

이 절에서는 학교컨설턴트에게 요구되는 대화 관련 자질 및 역량과 더불어 그러한 역량을 구현하기 위한 구체적인 기법 내지 지침으로서 나-전달법, '그리고' 대화법, '울타리'의 활용 등을 제시한다.

(1) 나-전달법

문제 상황을 극복할 수 있는 대화 방법으로서 '나-전달법(I-message)'이 있다. 구현정(2009, p. 307)에 따르면, 나-전달법이란 주어가 '나'인 문장으로 이야기하는 대화 방법을 말한다. 나-전달법은 구성원인 '너'의 문제를 컨설턴트인 '나'의 관점으로 바꾸어 이야기하기 때문에 구성원의 체면이 직접적으로 손상되지도 않고, 컨설턴트의 심정이나 상태를 직접적으로 표현하기 때문에 전달 효과도 더 확실해진다. 이것은 컨설턴트 스스로가 자신을 더 잘 이해할 수 있게 할 뿐만 아니라 구성원에게도 컨설턴트를 알릴 수 있도록 도와주며, 구성원이 정직하게 자신의 마음을 개방할 수 있게 용기를 준다. 나-전달법은 행동의 서술, 그 행동의 구체적인 영향(결과) 제시, 그리고 결과에 대한 느낌이나 감정 제시라는 세 가지 요소로 구성된다. 행동을 서술할 때는 가치판단이나 비난이 섞이지 않도록 해야 한다.

　　Mackey(1998; 김석원 역, 2003)는 경청과 나-전달법을 연결시키고 있다. 진정한 경청은 상대방의 메시지를 제대로 이해했다는 증거를 보여주어야 하며, 그 증거는 자기표현을 포함하는 메시지의 형태를 취해야 한다(예: "나는 네 말의 뜻을 제대로 이해하지 못하고 있는 것 같다."). 자기표현 중심의 경청에서는 성급한 일반화를 주의해야 한다. 구성원에게 "사사건건 외부 탓으로 돌린다."고 불평하기보다 "나는 선생님이 지난번 만남 때 올해 학교폭력이 증가한 원흉은 폭력을 부추기는 대중매체라고 말씀하신 데 대해 일부 공감을 하면서도 안타까웠습니다."라는 식으로 구체적인 내용에 초점을 맞추어 표현해야 한다.

(2) '그리고' 대화법

　　우리는 보통 다른 사람의 이야기를 받아들이든 거부하든 어느 한 쪽을 선택해야 하며, 받아들인다면 자기의 주장은 버려야 한다고 전제한다. 하지만 어느 하나의 이야기를 선택하려고 하지 않고 둘 다 수용하는 것이 '그리고' 대화법이다(Stone et al., 2000; 김영신 역, 2003, pp. 67-69). "학교에 이러한 문제가 있습니다. '그리고' 그 문제 때문에 당신이 얼마나 고민하고 있는지 알고 있습니다. '그리고' 그 문제의 원인을 당신은 이러한 것이라고 생각하고 있습니다. '그리고' 나는 그 문제의 원인을 이러한 것으로 생각하고 있습니다." 이처럼 '그리고' 대화법은 다른 사람의 생각과 느낌을 해치지 않으면서도 자신의 생각과 느낌을 충분히 주장할 수 있는 바탕을 마련해 준다.

(3) 상대방 '울타리'의 이해 및 활용

　　Mackey(1998; 김석원 역, 2003)에 따르면, '세계관'과 같은 '울타리'는 외부의 사물을 이해하고 해석하는 과정에서 여과기 혹은 방화벽의 역할을 하므로, 효과적인 대화를 원하는 사람은 사전에 상대방의 울타리를 이해하고 활용할 필요가 있다.

첫째, 강화(reinforcement) 효과를 활용할 필요가 있다. 우리는 현재의 자기 울타리를 강화하는 메시지에만 관심을 갖는다. 이에 상대방의 부정적인 면을 공격하기보다 긍정적인 면에 '무게를 실어 주는 방법'을 활용하는 것이 효과적인 대화를 위해 바람직하다. 상대방의 긍정적인 면을 강조하다 보면 나의 전체적인 영향력도 커져서 공존하기 어렵거나 부정적인 요소도 자연스럽게 영향을 받게 되는 '강화 효과'가 나타난다. 학교의 '문제'를 직접 공격하기보다, 비록 그것과 상충되는 측면이 있을지라도 교육적 견지에서 긍정적인 측면과 사례를 강조함으로써 문제를 변화시키려는 노력이 학교컨설팅에서 필요하다.

둘째, 상대방의 필요, 이해 관계, 상황과 분명하게 관련되는 메시지를 활용해야 한다. "이번 학교컨설팅이 우리 교육의 발전에 어떻게 도움이 될 것인가?"처럼 거창한 메시지보다 "이번 컨설팅을 통해 여러분의 활동 중 일부가 왜 바뀌며, 이를 통해 어떤 이익이 생길 것인가?"와 같이 설명할 경우에 성공 가능성이 더 높다.

셋째, 더 나은 관계를 형성하기 위한 목적으로 대화를 활용해야 한다. 대화의 초기 단계부터 특정한 목적에 집착하기보다는, 우선은 상호 관계를 쌓아 나가고자 노력해야 한다. 대화를 지속하다가 상대방의 반응을 끌어낼 수 있는 순간이 오면, 그때 목적한 메시지를 언급한다. 학교컨설턴트는 조급하게 학교컨설팅의 절차를 밟으려고 하지 말고 지금의 대화를, 다음번 대화를 좀 더 자연스럽고, 편안하고 신뢰할 수 있는 대화로 만들어 가기 위한 계기로 활용해야 한다.

(4) 설득의 기술

대화와 설득은 다르다. 설득은 교육적 관점을 단순히 강화하기보다는

'변화'시키길 원한다. 대화가 설득의 수단이 되는 것이 바람직하지는 않지만, 대화를 통해 상대방에게 영향을 미치고자 할 때 다음 사항을 유의할 필요가 있다(민영진 역, 2009; 김석원 역, 2003).

첫째, 설득을 위해서는 신뢰 구축이 관건이며, 이에 컨설턴트는 높은 전문성과 사람에 대한 헌신 및 공정성, 경청 등을 상대방으로부터 인정받는 것이 중요하다. 전문성이나 관계 부분이 부족하다고 판단하면 전문성이나 관계를 보완해 줄 사람 혹은 자원(외부의 정보 등)을 활용해야 한다. 둘째, 전하고자 하는 메시지는 상대방이 지니는 기존 사고의 일부를 이용해서 만들어야 한다. 상대방의 기존 사고에 맞추고, 이를 자신의 메시지와 연결시킬 방법을 찾아야 한다. 셋째, 상대방의 사고방식보다는 행동에 초점을 맞추어야 한다. 사람은 사고방식보다는 행동을 바꿀 것을 부탁받을 때 변화를 보일 가능성이 높다. 넷째, 전체의 변화보다는 작은 교정의 기회를 찾거나, 장시간 체계적인 개선 과정을 추진하는 것이 좋다. 다섯째, 상대방의 의사결정 방식에 따라 설득 전략을 다르게 구사해야 한다. Williams와 Miller는 경영자의 의사결정 양식을 카리스마형, 사고형, 회의형, 추종형 및 통제형으로 구분하고 각각의 유형에 따라 다른 설득 전략을 활용할 것을 제안하였다(김석원 역, 2003, pp. 89-113에서 재인용). 이처럼 컨설턴트 역시 대화 상대방의 의사결정 유형을 파악하고 그에 맞추어 설득 전략을 활용할 필요가 있다.

학교컨설팅의 기법

학교컨설턴트는 기초 역량을 바탕으로 하여, 실제 컨설팅 사례의 유형 및 특성에 맞는 적절한 기법을 적용할 수 있어야 한다. 3부에서는 학교컨설턴트에게 필요한 구체적인 기법 중에서도 학교컨설팅에서의 문제 진단과 해결 방안 구안에 활용할 수 있는 과제 분석 기법, 수업컨설팅에서 활용하는 수업 분석 기법 그리고 코칭 기법과 액션러닝 기법을 선별하여 살펴보고자 한다.

제7장

과제 분석 기법

　누구에게나 늘 해결해야 할 문제는 있게 마련이다. 학교 조직에서 또는 교사 개인의 직업 생활에서도 개선하고 보완해야 할 사항이 있다. 조직이나 개인이 해결해야 할 문제 혹은 조직이나 개인에게 부과된 일이 바로 '과제'다. 과제는 단순한 것일 수도 있지만, 복잡해서 직관적으로 해결할 수 없는 것인 경우도 많다. 때로는 과제가 다양한 상황 속에서 수많은 원인으로 얽혀 있어 과제를 제대로 정의 내리고 명확하게 하기 어려운 경우도 있다.

　학교컨설팅에서도 다양한 문제에 봉착하게 되고 난해한 과제를 해결해야 하는 순간이 있다. 이때 컨설턴트는 무엇이 문제인지, 문제의 원인은 무엇이고 어떠한 절차를 밟아 해결책을 찾아야 하는지 등 상황을 정확히 파악하고 분석하는 능력을 지녀야 한다. 이것이 바로 과제 분석 능력이다. 이럴 때 컨설턴트가 과제를 해결하기 위한 다양한 기법을 알고 있다면 어려운 난관을 순조롭게 극복하는 데 도움이 될 것이다. 이 장에

143

서는 학교컨설팅에서 활용할 수 있는 다양한 과제 분석의 도구와 절차
를 살펴본다.

1. 학교컨설팅의 과제 분석 기법

컨설팅에서 가장 기본이 되는 것은 의뢰인이 요청한 과제를 해결하는
것이다. 의뢰서를 기반으로 의뢰인에게 가장 필요한 과제가 무엇인지 확
인하고, 그 과제를 정확히 분석하여 대안을 도출하는 과정이 컨설팅의 중
요한 부분인 것이다. 학교컨설팅의 과제 분석은 컨설팅 과정 중 준비 단
계부터 진단 단계와 해결 방안 구안 단계에까지 폭 넓게 사용할 수 있다.

해당 과제의 원인이 어디에 있는지, 그 해결책은 무엇인지 등을 구체
적으로 분석할 때 과제분석 기법을 활용한다. 특히 해결 방안 구안 단계
에서 구체적인 안을 도출하기 위해서는 다음과 같은 점에 유의할 필요가
있다(진동섭 외, 2009).

- 정확한 진단 분석의 결과를 바탕으로 해결 방안을 선정해야 한다.
- 의뢰한 학교 조직 및 구성원이 주체적으로 해결할 수 있는 방안이어
  야 한다.
- 최선의 해결 방안은 컨설팅을 의뢰한 학교 조직의 필요를 충족시켜
  야 한다.
- 해결 방안의 선택 과정에서 구성원의 참여를 장려함으로써 실천 의
  지를 높여야 한다.
- 구성원과 컨설턴트는 서로 협력해야 한다.
- 자신의 의견을 자유롭게 이야기할 수 있는 허용적 분위기를 조성
  해야 한다.

즉, 의뢰인의 자발성 및 주체성, 의뢰인과 컨설턴트 간의 협력성 등이 컨설팅 과제를 분석하고 해결 방안을 도출하는 데 중요한 조건이라고 할 수 있다. 문제를 분석하고 해결하는 데까지는 의뢰인과 컨설턴트의 상당한 노력이 필요하며, 이를 통해서 문제의 복잡한 원인 분석과 실효성 있는 방안을 만들어 낼 수 있다.

과제를 분석할 때 중요한 것 중 하나가 문제를 어떻게 바라보는가다. 컨설팅을 수행할 때도 여러 문제가 발생하고 있고, 다시 말해 컨설팅은 문제 해결 과정의 연속이라고 해도 과언이 아니다. 이때 문제를 대하는 방식은 크게 세 가지, 즉 문제 기피형, 문제 노출형, 문제 해결형으로 나눌 수 있다(이호철, 2009).

첫째, 문제 기피형은 문제를 인정하지 않고 회피하며 변명을 한다. 사실, 문제의 원인을 직시하지 않고 문제로부터 벗어나려고 한다면 얼마든지 변명을 할 수 있다. 시간이 없어서, 돈이 없어서, 갑자기 급한 일이 생겨서 등 여러 사유를 댈 수 있다. 이렇게 문제를 기피하는 형은 개인의 발전뿐만 아니라 조직의 발전에도 도움이 안 된다. 왜냐하면 개인이 맡은 일을 제대로 처리하지 않을 때 조직은 당연히 업무의 공백이 생기고 다른 사람이 그 문제를 황급히 처리해야 하는 상황이 생기기 때문이다.

둘째, 문제 노출형은 문제를 회피하지는 않지만 문제의 원인을 밝혀내는 것에 그친다. 우리 학교는 학생도 문제고, 교장도 문제고, 학부모도 문제고 하는 식으로 많은 문제를 드러내지만, 어떤 것이 가장 중요한 문제의 핵심인지는 밝히지 못하고 나열적 수준에 그치고 만다. 즉, 조직에 많은 문제가 있다고 노출을 시키고는 있지만 정작 그 문제들을 해결하기 위해 어떤 노력을 해야 할지에 대한 고민과 노력은 부족한 유형이다.

셋째, 문제 해결형은 문제가 생겼을 때 그 핵심 원인이 무엇인지를 찾아내고, 한 걸음 더 나아가 그 문제를 해결하기 위해 노력한다. '어떤 것이 이 문제의 원인일까?' '그럼 이 문제를 어떻게 해결할 수 있을까?'

'좋은 방법은 없을까?' '함께 노력해 보면 될 것이다.'와 같이 적극적인 자세로 노력한다. 문제 해결형의 관점을 가진 사람은 조직의 문제를 다른 사람의 문제가 아닌 자신의 문제로 인식하고 어떻게든 대안을 탐색해 보고자 노력한다는 특징이 있다.

학교컨설팅의 과제 분석은 문제 해결형의 자세를 가지고 적극적이고 참여적으로 임할 때 효율적으로 이루어질 수 있다. 컨설턴트는 과제 분석이 중요함을 인식하고 능동적으로 문제 해결에 임함과 동시에 구체적인 과제 분석 기법에 대한 전문성을 숙지해야 할 것이다. 과제 분석 기법으로는 로직 트리(logic tree), 스왓 분석(SWOT analysis), 페이오프 메트릭스(pay-off matrix), 어골도(fishbone diagram), 파이브 와이(5WHY), 팀 빌딩(team building) 등이 있다. 여기서는 로직 트리와 스왓 분석, 팀 빌딩 기법을 중심으로 간략하게 살펴본다.

2. 로직 트리 분석 기법

1) 로직 트리 분석의 개념

로직 트리(logic tree)는 간단히 말해 논리 구조를 나뭇가지 형식으로 그린 것을 뜻한다. 즉, 주요 쟁점을 상호 배타적이며, 총합으로는 전체를 이루는 요소의 집합을 의미하는 MECE(mutually exclusive and collectively exhaustive) 개념을 사용하여 상하위 개념을 논리적으로 정리하는 방법이다.

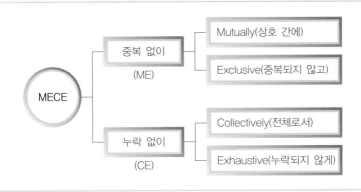

[그림 7-1] MECE 안내

출처: 이호철(2009).

2) 로직 트리 분석의 장단점

다른 기법과 마찬가지로 로직 트리 기법 역시 장단점이 있다. 우선, 로직 트리의 장점을 살펴보면 다음과 같다.

첫째, 논리성이다. 로직 트리 분석은 체계적으로 구조화할 수 있다는 데 가장 큰 장점이 있다. 다시 말해, 문제의 원인과 그에 따른 해결책을 구체적으로 제시하며, 그것들의 인과관계를 구조적으로 제시할 수 있다는 것이다. 컨설턴트가 의뢰인에게 문제의 원인을 제시할 때 말로 나열하는 것보다는 그림으로 구조화하여 제시하면 의뢰인은 사안을 훨씬 더 논리적으로 이해할 수 있다.

둘째, 종합성이다. 누락과 중복 없이 사안을 분해하는 MECE 사고법을 통해 현상만 파악하는 것이 아닌, 사고를 종합적으로 바라볼 수 있는 사고와 안목을 가질 수 있다. 학교의 학생 수가 줄어드는 현상을 단순히 홍보 미흡으로만 보는 것이 아니라 교육 프로그램 부족, 교사의 열의 부족 등 다각도로 문제의 원인을 살펴봄으로써 종합적인 판단력을 지닐 수 있다.

다음으로, 로직 트리의 단점은 다음과 같다. 즉, 변수 설정 및 구분의 어려움이다. MECE 개념을 사용해서 세부적으로 원인을 나누는 것은 쉽지 않다. 큰 덩어리를 세부 조각으로 쪼개되, 그 조각이 큰 덩어리와 연관성을 잃지 않도록 하는 노력이 필요하다. 특히 학교 조직은 조직의 특성상 원인과 결과의 연계성이 불명확한 부분이 있어 변수를 구분할 때 좀 더 심혈을 기울여야 한다.

3) 로직 트리 분석의 절차

로직 트리는 크게 문제의 원인을 찾는 원인(why) 로직 트리와 방법(how) 로직 트리로 구분할 수 있다. 원인 로직 트리는 문제의 원인을 밝혀내기 위해서 '왜(Why)?'라는 질문을 통해 그 원인을 찾아 나뭇가지 모양으로 구체화하는 것이다. 그리고 방법 로직 트리는 해결 방안을 찾기 위해서 '어떻게(How)?'라는 질문을 통해 그 해결 방안을 찾아 나뭇가지 모양으로 구체화하는 것이다. 이 2개의 로직 트리 절차는 유사한데, 방법 로직 트리를 중심으로 살펴보면 다음과 같다(조민호, 설증웅, 2009).

- 왼편에 최상위 과제(As-Is)를 제시한다.
- 과제의 구체적인 현상(What)을 2개 이상 생각한 후 그 하위(How)로 구성하여 작성한다.
- 하위 현상에 대해 각각의 방법을 찾고 다시 그 하위 방법을 구성한다.
- 보통 3~5단계의 구분 과정을 거치면서 과정을 계속 진행한다.
- 제시된 현상이 너무 많으면 투표를 통해 가장 핵심적인 것을 선택한다.
- 다양한 해결 방법을 도출하고, 실천할 수 있는 가장 핵심적인 해결 방법을 선정한다.

여기에서 유의점은 다음과 같다.

• 같은 수준의 하위 방법이 중복되지 않도록 한다.
• 최상위 범주가 그 하위 수준에서 벗어나지 않도록 한다.
• 구체성을 갖되 중요하지 않거나 현실성이 적은 사항은 제거한다.

원인과 방법 로직 트리의 구조를 살펴보면 각각 [그림 7-2], [그림 7-3]과 같다.

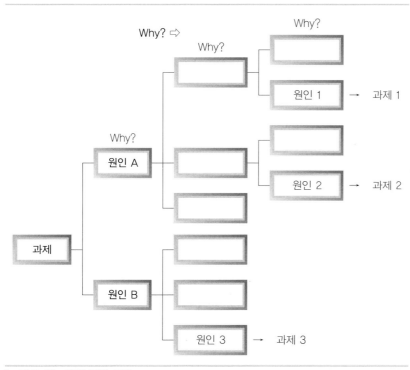

[그림 7-2] 원인 로직 트리

[그림 7-3] 방법 로직 트리

　'수업 분위기가 좋지 않은 학급'에 대한 문제 상황을 예로 들어 방법 로직 트리로 설명하면 [그림 7-4]와 같다. [그림 7-4]는 수업을 할 때 똑같은 내용을 가르치더라도 수업 분위기가 안 좋은 학급이 발생하는 경우가 있는데, 이때 어떻게 해결 방법을 도출할 수 있는지 지면 관계상 약식으로 보여 준 것이다.

　우선 가장 좌측에 해결해야 할 과제를 기입한다. 우리가 해결해야 할 과제는 '수업 분위기가 좋지 않은 학급'의 문제를 해결하는 것이다. 이후 수업 분위기가 좋지 않은 학급의 모습이 어떠한지 'What'에 그 현상을 기입한다. 그리고 그 현상을 해결할 수 있는 방법을 작성한다. 도출된 첫 단계의 방법에서 그치는 것이 아니라 이후 2~3단계의 과정을 더 거치는데, 'How'라는 물음을 던지면서 가능한 한 구체적이고 현실에서 활용

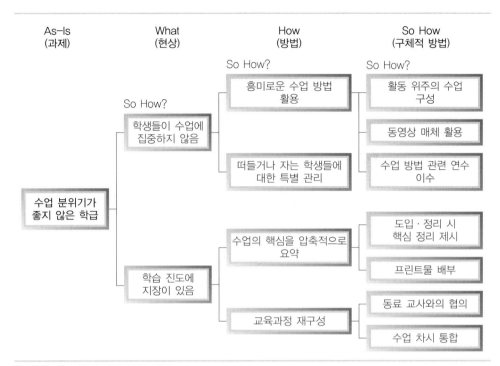

[그림 7-4] 방법 로직 트리 예시

가능한 방법을 찾는 데 초점을 맞춰 진행해 나간다. 여기서 제시된 현상
이 너무 많으면 투표를 통해 가장 핵심인 현상을 선택할 수 있다. 이러한
과정을 통해 구체적이고 실천 가능한 방법을 찾아 과제에 대한 효과적인
문제 해결책을 얻는 것이 방법 로직 트리 분석이다.

3. 스왓 분석 기법

1) 스왓 분석의 개념

스왓(SWOT) 분석 기법은 조직의 강점(strength)과 약점(weakness)을 분석하고 외부 환경의 기회(opportunity) 요인과 위협(threat) 요인을 도출하는 방법이다. 스왓 분석 기법은 조직이 처한 기회 및 위협 요인과 함께 조직의 강점 및 약점 요인을 파악하여 조직의 현 상황을 분석하고 진단하는 기법이다. 또한 이를 토대로 강점을 지속해서 강화해 나가고, 약점을 줄이며, 기회를 살리고, 위협을 억제하는 전략 기법이라고 할 수 있다.

또한 스왓 분석은 개념적으로 매우 단순하면서도 포괄적이라는 측면에서 조직의 여러 분야에 적용할 수 있다(강석봉, 2012). 스왓 분석은 가장 보편적으로 사용하는 분석 모델의 하나로 활용되고 있으며, 최근에는 공공조직 및 학교조직의 조직 역량 분석과 조직 발전 전략을 모색하는 데도 효과적으로 활용되고 있다(임천순, 반상진, 2004).

2) 스왓 분석의 장단점

먼저, 스왓 분석의 장점을 살펴보면 다음과 같다. 첫째, 보편성이다. 스왓 분석은 다양한 분야와 조직에 적용할 수 있으며, 학교에서도 학교 계획서를 작성할 때 많이 활용하고 있다. 보편성이 높다는 것은 그만큼 기법의 일반화가 가능하다는 것이며, 적용도가 높다는 것을 의미한다.

둘째, 간결성이다. 어떤 좋은 기법이라도 절차가 너무 복잡하거나 어려우면 활용도가 떨어질 수밖에 없다. 스왓 분석은 학교의 과제에 대한 자료가 많지 않은 컨설팅 초반에 자주 활용될 정도로 간결함이 장점이다. 따라서 간결한 매트릭스를 통해 간략하게 조직의 과제를 분석해 낼 수 있다는 장점을 지니고 있다.

단점은 주관적 분석으로 흐를 가능성이 있다는 것이다. 분석하는 컨설턴트에 따라 똑같은 요인이 기회로 분류될 수도 있고, 위기로 분류될 수도 있다. 예를 들면, 학교 동창회의 결속력은 학교경영의 중요한 자원이 될 수도 있지만, 한편으로는 학교경영 시 관리자를 견제하게 만드는 장애 요인이 될 수도 있다. 이 부분과 관련해서는 학교가 처한 환경에 맞추어 정확히 판단해 낼 수 있는 컨설턴트의 전문성이 필요하고, 또한 학교 구성원과의 원활한 의사소통을 통해 해당 요인과 학교 맥락을 연계해서 판단할 수도 있어야 한다.

3) 스왓 분석의 절차

스왓 분석을 위해서는 몇 가지 거쳐야 하는 단계가 있다. 가장 기본적인 것은 조직의 강점과 약점, 기회와 위협 요소를 도출하는 것이다. 간단한 절차를 살펴보면 다음과 같다.

첫째, 우리 조직의 현 상황에 대해 질문을 던져 본다. 질문을 통해 우리가 처한 상황이 어떠하고, 어떤 점을 지향하는지를 생각해 볼 수 있다.

- 우리는 무엇을 할 수 있는가?(예: 강점과 약점)
- 우리는 무엇을 하고자 하는가?(예: 조직 및 개인의 가치)
- 우리가 무엇을 하게 될 것인가?(예: 외부의 기회 요인과 위협 요인)
- 다른 사람은 우리가 무엇을 하기를 기대하는가?(예: 이해관계자의 기대)

둘째, 조직의 외부 환경을 분석한다. 외부 환경이란 사회적 추세, 교육부나 교육청 차원의 시책, 지역사회나 동문회의 지원 정도 등을 말한다. 이는 거시 환경, 경쟁 환경 등으로 구분하여 분석할 수 있는데, 예컨대 거시 환경으로는 취학 연령 감소가, 경쟁 환경으로는 주변의 신설 학교 설립이 있을 수 있다. 이를 통해 학교가 처한 기회와 위기 상황을 먼저 파악하는 것이 중요하다.

셋째, 조직의 내부 환경을 분석한다. 내부 환경으로는 구성원, 교육과정, 학교 시설, 재정 등을 들 수 있는데, 내부 역량 분석이나 성과 분석 등을 통해 이러한 내부 환경 요소들의 강약점을 파악할 수 있다. 예를 들면, 내부 역량으로는 교사들의 전문성과 의지 등이, 성과로는 학생들의 학업성취도 및 대외 입상 실적 등이 있다. 이는 내부의 강점과 약점을 도출해 내게 하는 근거가 되며, 향후 전략 과제를 도출하는 데도 시사점을 줄 수 있다.

이러한 과정을 통해 학교 조직의 강점과 약점, 기회와 위협 요인을 도출하면 된다. 요소를 도출하는 데는 컨설턴트의 전문성과 직관적 사고가 핵심이지만, 해당 학교 교직원과의 면담 및 객관적인 자료 분석 등을 통한 학교 교직원과의 협력적 과정 역시 필수적이다.

〈표 7-1〉 스왓 기본 요소 분석

역량　　　　시점	내부 환경	외부 환경
	강점	기회 요인
잠재력과 경쟁력 (중점 과제)	· · · ·	· · · ·
	약점	위협 요인
한계와 문제점 (극복 과제)	· · · ·	· · · ·

〈표 7-2〉는 실제 컨설팅에서 사용한 스왓 분석 결과의 예시를 보여 준다.

〈표 7-2〉 스왓 분석 결과(A 고등학교 사례)

강점	약점
• 학교의 브랜드 가치와 학교의 역사에 대한 긍정적 이미지 • 교사들의 학생들에 대한 사랑과 열의 • 교사와 학생의 좋은 관계 형성 및 그에 대한 자부심 • 다양한 인성교육 프로그램과 활동을 통한 활동적인 학생들의 모습 • 교사들이 인식하는 긍정적인 학교 풍토 • 학교의 교통과 위치로 인한 경쟁력	• '주인 없는 학교'라는 인식으로 단일화된 방향성 부족 • 학습 분위기 형성과 대학 진학 노력이 부족하다는 내·외부 구성원의 인식 • 느슨한 생활지도를 하는 학교의 모습 • 유동적이지 못한 교원 인력과 정체된 교육과정으로 인한 학생의 요구 충족 부족 • 낮은 재정 자립도
기회 요인	위협 요인
• 변화하는 교육정책에 따른 학교의 특성 및 이미지 선도·구축 • 다양한 인성교육 활동이 입학사정관제 등의 입시 정책에 대한 장점으로 부각 • 재단과 동창회의 관심에 따른 재정 지원 기대	• 우수 학생들의 특목고 학교로의 진학 가속화 • 주변 신설 학교의 성장으로 기존의 학교 전통과 명문 사립 이미지 위협 • 학교선택제, 교육과정 자율화 등 교육정책 변화에 대한 신속한 대처 요구

4) 스왓 전략 분석: 매트릭스 작성

스왓 전략 분석 단계에서는 강점과 약점, 기회와 위협 요인을 도출한 자료를 토대로 SO(강점-기회) 전략, ST(강점-위협) 전략, WO(약점-기회) 전략, WT(약점-위협) 전략을 도출하여 매트릭스를 작성한다. 그리하여 도출된 강점, 약점, 기회 요인, 위협 요인의 내용을 서로 연결시켜 SO 전략, ST 전략, WO 전략, WT 전략을 생성해 내는 과정을 통해 이 단계가 이루어진다. 이러한 스왓 전략을 매트릭스로 제시하면 〈표 7-3〉과 같다.

학교 교사들의 열정으로 교사와 학생 간에 좋은 관계를 형성하고는 있지만, 고등학교 체제의 변화와 지역사회의 신설 학교 등장으로 학교 발전에 어려움을 겪고 있는 A 고등학교에 대한 스왓 전략 분석 결과는 다음과 같다.

〈표 7-3〉 스왓 전략 분석 매트릭스

요인	강점(strength) 1. 2. 3.		약점(weakness) 1. 2. 3.	
기회(opportunity) 1. 2. 3.	**SO(강점-기회) 전략** (공격 전략, 활용 전략) • 강점을 기회로 활용하는 전략		**WO(약점-기회) 전략** (국면 전환 전략, 탐구 전략) • 약점이지만 기회를 탐구하는 전략	
위협(threat) 1. 2. 3.	**ST(강점-위협) 전략** (다각화 전략, 대응 전략) • 강점으로 위협에 맞서는 전략		**WT(약점-위협) 전략** (방어 전략, 회피 전략) • 약점과 위협을 회피하는 전략	

(1) SO(강점-기회) 전략

외부 환경의 기회를 활용하면서 학교 조직의 내부 강점을 더욱 강화하는 전략이다. 즉, 기회와 강점을 연계하여 활용하는 전략으로서 공격 전략, 활용 전략이라고도 한다.

> **예** 구성원-교육 프로그램: 교사들의 참여도와 열정이 높고, 학교에 대한 애착이 있으므로 교사-학생 간의 좋은 관계 형성을 통해 다양한 인성 교육 프로그램을 개발·적용한다.

(2) ST(강점-위협) 전략

외부 환경의 위협 요소를 회피하면서 학교의 강점을 활용하는 전략으로서 다각화 전략, 대응 전략이라고도 한다.

> **예** 교사-고등학교 체제: 교사들의 참여와 열의가 매우 높으나, 특목고

나 특정 지역으로 우수 학생들이 진학하는 위협 요소가 있으므로, 교내 학습 프로그램을 강화 및 특성화하여 운영한다.

(3) WO(약점-기회) 전략

외부 환경의 기회를 활용하여 학교가 지닌 약점을 보완하는 전략으로서 국면 전환 전략, 탐구 전략이라고도 한다.

> **예** 학생-동창회: 학생들이 방과 후까지 학교에 남아 공부하는 학습 분위기 형성이 잘 안 되는 편이나, 오랜 전통을 지닌 동창회의 재정 지원과 관심으로 도서실 등의 쾌적한 교육활동 시설을 확보하여 학습 분위기를 형성해 나간다.

(4) WT(약점-위협) 전략

외부 환경의 위협 요인을 회피하고 학교의 약점을 보완하거나 최소화하는 전략으로서 방어 전략, 회피 전략이라고도 한다.

> **예** 재정-지역사회: 학교의 재정 자립도가 낮고, 주변의 신설 학교가 성장함에 따라 학교의 이미지가 위협받고 있다. 따라서 재정 지원을 확보하기 위해 학교장은 재단, 동창회, 구청, 지역 유관기관 등의 협조를 적극적으로 요청하는 리더십을 발휘하고, 재정의 소모성 지출을 줄여 나간다.

이러한 스왓 전략 분석 과정을 통해 도출한 결과를 매트릭스로 제시하면 〈표 7-4〉와 같다.

〈표 7-4〉 스왓 전략 분석 매트릭스

요인	강점(strength) 1. 구성원 관계 2. 교사 열정	약점(weakness) 1. 학생 학습 습관 2. 열악한 재정
기회(opportunity) 1. 우수한 교육 프로그램 2. 동창회 지원	구성원-교육 프로그램(SO) 교사들의 참여도와 열정이 높고, 학교에 대한 애착이 있으므로 교사-학생 간의 좋은 관계 형성을 통해 다양한 인성교육 프로그램을 개발 · 적용한다.	학생-동창회(WO) 학생들이 방과 후까지 학교에 남아 공부하는 학습 분위기 형성이 잘 안 되는 편이나, 오랜 전통을 지닌 동창회의 재정 지원과 관심으로 도서실 등의 쾌적한 교육활동 시설을 확보하여 학습 분위기를 형성해 나간다.
위협(threat) 1. 고등학교 체제 변화 2. 지역사회 신설 학교	교사-고등학교 체제(ST) 교사들의 참여와 열의가 매우 높으나, 특목고나 특정 지역으로 우수 학생들이 진학하는 위협 요소가 있으므로, 교내 학습 프로그램을 강화 및 특성화하여 운영한다.	재정-지역사회(WT) 학교의 재정 자립도가 낮고, 주변의 신설 학교가 성장함에 따라 학교의 이미지가 위협받고 있다. 따라서 재정 지원을 확보하기 위해 학교장은 재단, 동창회, 구청, 지역 유관기관 등의 협조를 적극적으로 요청하는 리더십을 발휘하고, 재정의 소모성 지출을 줄여 나간다.

4. 팀 빌딩 기법

1) 팀 빌딩 기법이란

팀 빌딩(team building) 기법은 팀 구성원들이 협력적으로 팀워크를 다지고, 다져진 팀워크로 업무 수행의 효율화를 추구하는 기법으로서, 구성원 간의 팀워크와 과업을 달성하기 위한 효과적인 접근법이다(Cummings & Worley, 2007).

팀 빌딩 기법의 특징은 '결과'에 대한 자문이 아닌 '과정(process)'에 대한 자문으로서 자신의 문제를 팀이 스스로 해결하도록 돕는 활동이다. 즉, 전문가가 일방적으로 결과를 제시하는 방식이 아니라 조직에 대한 진단과 협의를 통해 조직의 문제점을 탐색하며 발전적인 해결책을 모색해 가는 과정이라고 할 수 있다.

팀 빌딩의 효과는 팀 구성원의 태도나 만족도에 긍정적인 변화를 가져오고(Neuman, Edwards, & Raju, 1989), 구성원의 참여와 합의를 증진시킨다는 것이다(Bragg & Andrews, 1973; 이재덕, 2011에서 재인용). 또한 공동의 목표와 절차를 가진 단일화된 팀의 형성을 촉진하기도 한다(Cummings & Worley, 2007).

2) 팀 빌딩 기법과 학교컨설팅

팀 빌딩 기법은 구성원이 주체가 되어 자신의 문제를 해결하려고 한다는 점에서 학교컨설팅이 중시하는 자발성과 맥을 함께한다. 컨설턴트는 조직의 과제를 해결하는 데 팀 빌딩 기법을 활용하지만, 직접 과제의 해결 방안을 도출하여 제시하지는 않는다. 팀별로 다양한 활동과 진지한 토의를 통해 현재의 문제점을 솔직하게 드러내고, 그 문제점에 대한 해결책을 모색하는 것이 중요하다.

팀 빌딩 활동은 중심이 되는 내용이 무엇인지에 따라 진단 지향적 활동과 개발 지향적 활동으로 구분할 수 있다(Cummings & Worley, 2007). 진단 지향적 활동은 설문, 인터뷰 등을 통해 조직의 맥락과 운영 과정 등을 파악하는 활동을 중시하는 팀 빌딩 활동이다. 한편, 개발 지향적 활동은 조직의 목표 개발과 변화 등 개입을 중시하는 팀 빌딩 활동이다. 학교컨설팅에서도 의뢰인의 요구에 따라 진단 중심, 해결 방안 중심 등으로 컨설팅 목표와 진행 과정을 나눌 수 있다. 팀 빌딩은 진단과 해결 방안

중 어느 한쪽을 중심으로 진행할 수도 있고, 적절히 조직의 과제에 맞춰 운영할 수도 있다. 정확한 진단과 그에 따른 처방을 중요시하는 학교컨설팅에서 팀 빌딩은 적합도가 높은 기법이다.

팀 빌딩은 성과의 양보다는 질에 영향을 미치는데, 복잡하고 비구조화되어 있으며, 상호 의존성이 높은 과업을 행하는 조직일수록 성과가 크다(Buller & Bell, 1986). 학교 조직은 구성원 간의 관계를 중시하지만 효과를 실증적으로 제시하기는 어렵다는 특성이 있다. 또한 학교조직 차원에서 해결하려는 많은 과제는 단순하지 않고 구성원들의 요구가 복잡하게 얽혀 있는 등 상호 의존성이 큰 경우가 많다. 따라서 팀 빌딩은 산적한 학교컨설팅 의뢰 과제를 해결해 줄 수 있는 유용한 기법이라고 할 수 있다.

3) 팀 빌딩 기법의 절차

팀 빌딩 기법은 정확히 정해진 절차는 없지만, 현재의 조직 상황을 공유하고 조직의 과제 해결에 함께 참여하는 과정으로 진행된다. 그리하여 팀 빌딩 참여 구성원들의 논의 과정을 거쳐 가장 중요한 문제를 선택하고, 이를 통해 핵심 가치와 핵심 목표를 도출함으로써 구체적인 실행 계획을 마련하는 과정으로 이어진다. 이 절차를 크게 준비 과정과 문제 해결 과정으로 구분하여 살펴보면 다음과 같다.

(1) 준비 과정

팀 빌딩은 구성원의 참여 의지가 높아야 하는 활동이므로 사전에 팀 빌딩이 우리 학교 또는 우리 팀에 왜 필요한지를 인식하는 것이 중요하다. 팀 빌딩에 대한 필요성과 팀 빌딩을 통해 얻고 싶은 것이 무엇인지가 분명할수록 그것의 시행에 따른 효과는 높다. 그리고 조직의 관리자가 팀 빌딩 활동과 결과에 대해 신뢰를 보여 주고 구성원의 의견 수용에 개방적인 태도를 보여 주는 것이 필요하다.

준비 과정에서는 사전 설문과 면담 등을 통해 진단 활동을 충실히 진행하여 학교 조직 상황을 분명하게 파악한다면 팀 빌딩이 원활하고 효과적으로 진행될 수 있을 것이다. 또한 조직 풍토와 리더십 등의 조직 진단 분석 결과를 공유하며, 현재 우리 학교가 처한 문제점과 강점 등에 동의하고 본격적으로 워크숍 활동을 시작한다면 분명한 문제 의식과 목표 지향점을 지닐 수 있을 것이다. 따라서 준비 과정은 본격적인 문제 해결 과정으로 진행되기 전에 구성원에 대한 동기부여 및 참여 의지 고양 과정으로서의 노력을 경주해야 한다.

(2) 문제 해결 과정

① 문제 탐색

어떤 조직이든 나름의 어려움과 해결해야 하는 과제들을 가지고 있다. 하나의 문제만 있는 것이 아니라 여러 문제가 있을 수 있고, 조직 차원에서 스스로 해결할 수 있는 문제 그리고 외부에서 해결해 줘야 하는 문제도 있다. 조직 구성원들은 그 문제들을 겪어 왔고, 어떻게 해결했으면 좋겠다는 생각도 나름대로 지니고 있다. 개방적인 분위기 속에서 다양한 문제점과 바라는 점을 브레인스토밍으로 함께 공유하는 것이 첫 번째 단계다.

② ABC 분류

브레인스토밍을 통해 다양한 문제를 탐색한 후 A, B, C 기준으로 문제들을 분류한다. 나와 우리 조직이 해결할 수 있는 문제는 'A', 나와 우리 조직뿐만 아니라 제3자의 협력까지 있어야만 해결할 수 있는 문제는 'B', 그리고 나와 우리 조직이 해결할 수 없기 때문에 외부의 제3자가 해결해 주어야 하는 문제는 'C'로 표기한다. 여기에서 '우리'는 학교 조직의 주요 구성원인 교사, 학생 및 학부모를 일컫는 것으로 규정한다.

③ 긴급도·중요도 분류

A, B, C로 분류한 문제들 중에서 'A'를 중심으로 문제 해결 과정을 진행한다. 'B'와 'C'도 해결을 해 나가야 하는 과제긴 하지만, 조직 내에서 해결할 수 있는 문제부터 출발한다는 취지로 'A'에 집중하여 논의한다. A로 분류된 문제들을 그것의 중요도와 긴급도에 따라 사사분면으로 구분하는데, 문제가 지니고 있는 중요성과 시급성이 그 판단 기준이 된다.

〈표 7-5〉 **긴급도·중요도 분류표**

구분		긴급도	
		긴급하다	덜 긴급하다
중요도	중요하다	가	나
	덜 중요하다	라	다

④ 최우선 과제 선정

중요하면서도 긴급한 '가'에 해당하는 문제는 가장 우선적으로 해결해야 하는 과제다. '가'에 해당하는 문제가 한 가지라면 괜찮지만, 여러 개가 있다면 그중 하나를 선택하여 구체적인 해결 방안을 탐색하는 과정으로 나아가야 한다. 팀 구성원들이 투표를 하여 최다표를 얻은 하나의 과제를 결정하는데, 그것이 바로 여러 문제 중 가장 우선적으로 해결해야 하는 과제가 된다.

⑤ 해결 방안 탐색

최우선 과제를 선정한 뒤 다양한 해결 방안을 탐색한다. 여기서는 목표점 설정, 동기부여, 세부 절차 수립, 시스템 구축 등 다각도로 해결 방법을 찾는다. 어떠한 문제가 해결되지 않고 지속되는 이유는 하나가 아닌 여러 개일 가능성이 높다. 간단해 보이는 것도 여러 복잡한 이유가 얽힌 경우가 많다. 따라서 다양한 차원에서 문제점을 고민해 보고 해결 방안을 탐색하는 것이 중요하다.

〈표 7-6〉 해결 방안 탐색

과제 해결 지점	최우선 과제:
목표점	
동기부여	
세부 절차	
시스템(환경)	

⑥ 실행 계획 작성

해결 방안을 찾았다면 구체적으로 어떻게 실행할 것인지 상세한 계획을 마련하는 것이 필요하다. 이때는 역할자, 실행 기간, 평가 방법 등을 포함하는 구체적인 실행 계획을 작성하여 실행력을 높이도록 한다.

〈표 7-7〉 실행 계획 작성

구분	내용(역할자)
최우선 과제	
해결 방안	1. _____ (홍길동) 2. _____ (○○○) 3. _____ (○○○) 4. _____ (○○○) 5. _____ (○○○)
실행 기간	2014년 ○월 ○일~○월 ○일 (강감찬)
평가 시스템	○월 ○일 확인 (이순신)

제8장

수업 분석 기법

　수업컨설팅을 위한 수업 분석에서는 컨설턴트의 지식, 경험과 느낌에 의존하기보다 체계적이고 종합적으로 수업을 관찰·분석하여 이를 근거로 합리적이며 객관적인 방법의 수업컨설팅을 할 필요가 있다. 이러한 수업 분석에는 질적 분석과 양적 분석이 있다. 질적 분석은 분석자의 주관성과 해석의 다양성을 살리려는 분석으로 수업과 관련된 요인을 심층적으로 이해하려는 분석을 말한다. 반면, 양적 분석은 수업 도중에 도출되는 정보를 수치나 도표를 사용하여 양적으로 나타내는 분석으로 수업 현상을 객관적으로 설명하려는 방법이다. 이 두 분석은 나름대로 장단점을 가지고 있으므로 상호 보완적으로 활용할 필요가 있다. 수업 분석은 단지 단위 수업을 관찰하고 분석하는 행위를 넘어서 교사나 컨설턴트가 큰 틀에서 수업을 어떻게 바라보는가, 그리고 좋은 수업이란 무엇인가에 대한 인식에서 출발해야 한다.

1. 수업을 보는 눈

수업컨설팅에서 교사가 수업을 어떻게 바라보는가는 매우 중요하다. 이는 물론 컨설턴트에게도 매우 중요하다. 왜냐하면 그것이 컨설팅의 방향을 좌우하는 일이기 때문이다. 수업을 보는 눈은 매우 다양하기 때문에 컨설턴트는 수업을 하는 교사의 교육과정과 수업 내용의 재구성, 수업 설계 및 방법, 평가에 이르기까지의 일련의 맥을 잡아야 한다. 그러므로 교육과정에서 출발하여 수업, 평가에 이르기까지 일련의 체계를 엮어 낼 수 있어야 한다.

1) 교육과정 기반 철학

교육과정은 '미래형 교육과정'을 구축하고자 전체 혹은 부분적으로 계속 개정되고 있지만, 이는 종합해 보면 미래형 인재를 길러 내기 위한 교육과정이다. 이 미래형 교육과정에서는 미래 사회에 적합한 인재를 육성하기 위해 창의성과 미래 핵심 역량 함양의 중요성이 부각되고 있다. 교육과정은 창의·인성 혹은 창의·지성 교육이 학교에 구현되도록 하기 위한 교육과정이고, 학력의 본질에 중점을 둔 교육과정이며, 학생의 역량 신장에 기반을 둔 역량 기반 교육과정이고, 학생의 진정한 배움을 지향하는 교육과정이다. 또한 교육과정은 교과의 수직적 통합과 교과 간 수평적 통합 그리고 교과와 창의적 체험활동의 유기적 통합 운영을 추구하는 과정으로 진화해 가고 있다.

즉, 교육과정이란 학교의 다양화를 유도하고, 학생의 핵심 역량을 강화하며, '하고 싶은 공부, 즐거운 학교'로의 변화를 추구하고, 학습의 효율성을 추구하면서 배려와 나눔을 실천하는 인성교육에 중점을 두고 있

는 교육과정이다. 학교 현장에서는 이러한 교육과정 편성의 기본 철학을
염두에 두고 교육과정을 재구성해야 한다.

2) 교육 내용의 재구성

우리는 교과서의 내용을 중심으로 수업을 설계하고 진행한다. 그러나
교과서의 내용만으로는 창의성과 미래의 핵심 역량을 신장시키는 등의
교육목적을 달성하기 어려운 측면이 있으므로 인류 사회가 쌓아 온 다양
한 지식을 활용하여 교육 내용을 재구성할 필요가 있다.

또한 우리가 학생들의 창의성과 미래 핵심 역량 등을 기르기 위해서는
교육의 방법도 이에 맞게 변화되어야 한다.

3) 참된 학력을 위한 수업 방법

교육과정이 추구하는 목표와 철학에 근거하여 교육과정과 수업 내용
을 재구성했다면, 구체적인 수업 설계도 이러한 철학을 바탕으로 그에
맞는 수업 방법을 통해 학생들이 학습할 수 있게 해야 할 것이다. 교육과
정에서 추구하는 창의성 신장, 미래 핵심 역량과 민주시민의 자질 함양
등을 위해서는 좀 더 학생 활동 중심의 협력적인 학습이 이루어지도록
수업을 설계해야 할 것이고, 그러한 목적에 부합하는 수업 방법으로 수
업을 전개해야 할 것이다.

4) 평가

변화 발전하는 미래 사회의 핵심 역량을 기르는 방법으로 수업을 하였
다면, 컨설턴트는 이에 적합한 평가가 이루어지는지를 생각하며 컨설팅

에 임해야 할 것이다. 인지적인 영역은 물론 정의적인 영역도 함께 평가하고 있는가, 그리고 학습 결과와 함께 과정도 평가되고 있는가 등의 교사의 평가에 대한 전문성 신장과 함께 평가권을 어떻게 확대시켜 나갈 것인가를 함께 고려하면서 수업을 관찰하고 분석해야 할 것이다. 왜냐하면 이러한 교사의 평가 전문성 향상과 평가권 확대는 학생들이 수업에 더 몰입하도록 그들을 이끌고, 교사가 계속해서 전문성을 신장해 나가도록 이끄는 동력이 되며, 아울러 사교육을 차단해 가면서 공교육의 신뢰를 높이고 교육의 질을 향상시켜 나갈 것이기 때문이다.

2. 좋은 수업

좋은 수업에서 '좋은'이 가지는 주관성 때문에 그 정의는 합의에 이르기 어렵다. 좋은 수업의 준거를 마련하는 것 역시 연구자들 간에 합의가 이루어져 있지 않다. 좋은 수업은 관점에 따라 다양한 구성 요소를 포함하고 있다. 조규진, 김도기와 김명수는 여러 연구에서 공통으로 나타난 좋은 수업의 특성을 고루 포함하는 다섯 가지 요소를 추출하여 '5G'라는 좋은 수업의 준거 모형을 제시했다. '5G'는 수업 목표 도달 및 이를 가능하게 해 주는 기술적 요소를 고려한 수업 설계로서의 'good design'과 효과적인 수업 과정으로서의 'good telling' 및 'good showing', 이를 바탕으로 학생들이 참여하는 'good involving', 그리고 모든 과정의 통합적 결과로서의 'good understanding'으로 구성되어 있다(조규진, 김도기, 김명수, 2011).

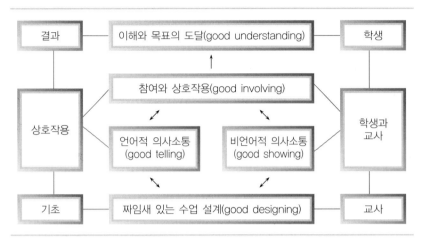

[그림 8-1] 좋은 수업의 준거 모형 '5G'

출처: 조규진, 김도기, 김명수(2011).

1) 짜임새 있는 수업 설계

　수업의 목표가 효과적으로 달성되고, 교사-학생, 학생-학생이 상호
작용하며 수업 내용의 본질을 이해하고 희열을 느끼기 위해서 교사는 다
양한 조건을 만족시켜야 한다. 학생들이 자연스럽게 수업의 분위기에 몰
입하게 하기 위해서는 구조적이면서 잘 짜인 수업 설계가 필요하다. 수
업 목표에 도달하기 위해 수업 내용, 방법, 매체, 평가 등이 일관성을 갖
고 연결되며, 학생의 적극적인 참여와 상호작용(good involving)이 지속
적으로 일어날 수 있는 구조적이면서도 잘 짜인 수업 설계가 필요하다.
짜임새 있는 수업설계(good designing)는 교사의 수업 준비도를 높이고,
언어적 의사소통(good telling) 및 비언어적 의사소통(good showing)이 이
루어질 수 있게끔 학습 환경을 갖추어 주며, 이는 다시 학생의 적극적인
참여와 상호작용(good involving)을 통해 수업 내용에 대한 이해와 수업
목표의 도달(good understanding)의 바탕이 된다(조규진, 김도기, 김명수,
2011).

2) 언어적 의사소통

좋은 수업의 준거 모형 '5G' 중 언어적 의사소통은 수업의 효과성과 관계되어 학습 내용을 전달하고 학생의 사고를 촉진시키기 위한 실제적인 기술이다. 이해하기 쉬운 수업은 기본적으로 교사의 효과적인 언어적 전달력 등의 교수 능력과 관련이 깊다. 교사의 어조와 억양, 효과적인 발문, 화술 등은 학생을 학습활동에 참여하여 몰입하게 하는 효과적인 수단이 된다(조규진, 김도기, 김명수, 2011).

3) 비언어적 의사소통

학습 내용을 학생들에게 효과적으로 전달하고 이를 통해 수업 목표에 도달하기 위해서는 수업 목표와 내용에 적절한 수업 방법, 알맞은 교수 매체의 활용, 교사의 비언어적 상징, 교사의 적절한 움직임 등이 필요하다. 좋은 수업의 준거 모형 '5G' 중 비언어적 의사소통(good showing)은 수업의 구성에 있어 자극과 반응 간의 접근성을 높이고, 반복의 효과를 제공한다. 비언어적 의사소통은 언어적 의사소통과 마찬가지로 수업의 실제적인 기술이다. 학습내용에 대한 관심과 흥미, 학생의 수업에 대한 참여와 상호작용, 내용의 이해와 목표 도달이 이루어지기 위해서 좋은 수업은 적절한 비언어적 의사소통이 필요하다(조규진, 김도기, 김명수, 2011).

4) 참여와 상호작용

좋은 수업의 준거 모형인 '5G' 중 학생의 적극적인 참여와 상호작용 (good involving)은 학생이 학습에 주도적으로 개입하느냐의 문제다. 효과적인 수업 기술로서 언어적 의사소통과 비언어적 의사소통을 중시하는 이유도 학생들이 학습 내용에 관심을 갖고 참여할 수 있도록 하기 위함이다. 학생이 자발적이고 능동적으로 학습에 개입되면 수업의 효과성은 더욱 높아진다. 학생이 학습에 참여하지 않는다면 좋은 수업은 이루어질 수 없다. 학생의 적극적인 참여와 상호작용은 학생의 주도성과 자발적 상호작용을 전제로 하기 때문에 좋은 수업의 필수 요소다(조규진, 김도기, 김명수, 2011).

5) 이해와 목표의 도달

배움에는 지식을 얻는 것과 깨달음을 얻는 것 두 가지가 있다. 지식과 깨달음은 때로 같은 의미로 쓰이기도 하지만, 대개 지식을 앞에 두고 이를 통해 깨달음이 오는 것으로 이해하고 있다. 수업은 언어적 의사소통, 비언어적 의사소통 그리고 학생의 적극적인 참여와 상호작용의 과정을 통해서 깨달음을 얻을 수 있어야 한다. 여기에서의 깨달음은 수업 내용에 대한 지식적 이해 및 교사-학생 간의 상호작용을 통해 그 의미를 분명하게 재구성할 수 있을 때 생기는 깨달음이다. 이러한 깨달음은 학생들이 그들 자신의 내적 성취감과 학습 희열을 경험하게 하고 그들에게 학습 내용에 대한 몰입의 즐거움을 제공한다. 좋은 수업은 학생이 학습 내용을 분명히 이해함으로써 깨달음을 얻게 하고 이를 통해 즐거움을 경험하게 하는 수업이다. 수업 내용에 대한 이해와 수업 목표의 도달(good understanding)은 수업을 통해 학습내용을 정확히 잘 이해하고, 수업 과정을 통해 스스로 지식을 재구성하는 과정에서 깨달음이 일어나게 하는 수업내용의 이해와 목표의 도달이다(조규진, 김도기, 김명수, 2011).

3. 수업 분석

1) 수업 분석의 관점

수업의 목적이 학생의 창의성과 미래 핵심 역량 등을 기르는 배움에 있다면 수업 분석 역시 학생의 이러한 배움에 기초하여 이루어져야 할 것이다. 지금까지의 수업 관찰과 분석은 어떤 측면에서 보면 교사의 수업 기술에 대한 의존도가 다소 높은 것으로 보여 학생의 배움까지 연결되는 측면이 부족했던 것도 사실이다.

교육 패러다임의 변화로 배움의 과정과 성취해야 할 목표가 변화하였다면, 수업 컨설턴트는 그에 따라서 교사가 가르치는 방법도 그 과정과 목표에 부합하게 변화했는지를 생각해야 할 것이다. 먼저, 미래 사회가 요구하는 인재는 학습이나 훈련을 통해서 습득하게 된 단순한 지적 능력을 넘어 교과 내용에 대한 깊이 있는 이해 및 이를 바탕으로 새로운 것을 창조해 가는 능력에 기초하여 관찰하고 분석해야 할 것이다.

다음으로, 참된 학력을 기르는 배움에 중심을 둔 수업으로서 학생이 어떤 지식을 배우는가보다는 어떻게 지식을 탐구해 나가는가를 배우는 것이 중심이 되는 수업인지 여부를 관찰하고 분석해야 한다.

이에 따라 학습자의 자기주도성과 자발성을 기초로 하는 학습자 중심 수업의 의미를 충분히 살리되, 교사-학생, 학생-학생이 끊임없이 교류하고 소통하면서 함께 지식을 창조하고 형성해 나가는 과정이 존재하는 수업이 되는지를 관찰하고 분석해야 할 것이다.

2) 수업 분석의 원리

우리가 무엇을 관찰하고 분석하기 위해서는 그에 맞는 일정한 기준이나 관점에 따라서 관찰 · 기록 · 분석하여 해석해 가는 과정이 필요하다. 수업컨설팅을 위해 수업을 관찰하고 분석하고 해석할 때는 일정한 관점을 갖고 행해야만 수업을 보다 종합적으로 이해할 수 있다. 이와 같은 이해를 바탕으로 수업 컨설턴트는 수업을 컨설팅하게 된다. 수업 분석 과정에서 준거로 삼아야 할 여섯 가지 원리는 다음과 같다(천호성, 2010).

(1) 자발성의 원리
새로운 교수–학습 방법을 개발하고 적용하는 등 교사 스스로 보다 적극적이고 자발적으로 참여해야 한다.

(2) 체계성의 원리
종합적이고 총체적인 이해를 목적으로 분석 기준이나 방법 등에서 일정한 체계성이 필요하다.

(3) 협동성의 원리
수업의 질적 개선을 목표로 수업과 관련하여 다양한 자료를 수집할 수 있으며, 시행된 수업 상황과 맥락 안에서 다양한 변인에 대해 검토 · 분석 · 해석하는 데 구성원 간의 협력이 필요하다.

(4) 다양성의 원리
수업의 질적 개선은 다면적이고 중층적인 의미를 갖고 있다. 그러므로 수업 분석의 목적, 분석 내용, 수업의 내용과 교실의 상황, 연구자의 관심 등 다양한 특성에 따라 이에 적합하도록 수업 분석이 이루어져야 한다.

(5) 공유성의 원리

수업 분석에서는 교사가 드러낸 문제의식을 공유하고, 수업 분석에 참여한 사람들끼리 수업과 관련하여 그들 자신이 갖고 있는 지식과 경험을 공유하고, 수업 관찰에 따른 객관적인 사실이나 현상을 공유하고, 수업 관찰로 만들어진 기록을 공유하며, 수업 분석자 상호 간의 토론 협의 과정을 통해 얻어 낸 성과물을 공유한다.

(6) 평등성의 원리

수업 분석에 참여하는 사람은 지위 고하를 막론하고 평등한 조건에서 자신이 갖고 있는 문제의식, 수업 관련 지식, 직간접 경험과 기술에 관한 의견을 자유롭게 제시하고 토론하는 것이 보장되어야 한다.

3) 수업 분석의 원칙

수업 분석은 수업의 목적, 방법, 내용 등에 따라 그 유형이 달라지는 등 분석 방법이 매우 다양하다. 따라서 수업 분석자는 수업 분석의 목적, 분석 방법, 분석 내용 등에 있어서 교사의 생각을 존중할 필요가 있다. 그러므로 컨설턴트는 교사의 생각을 존중하면서 수업 분석의 원리와 함께 분석 원칙을 적용해야 한다. 다음의 세 가지 수업 분석의 원칙에 근거하여 수업 분석이 이루어지게 해야 한다(천호성, 2010).

• 원칙 1: 사실에 근거하라

수업 분석은 사실에 근거하여 이루어져야 한다. 여기서 사실이라 함은 수업 전에 만들어진 계획, 수업 중에 일어나는 교사와 학생의 활동 그리고 수업을 통해서 생성된 결과물을 그 대상으로 한다.

• 원칙 2: 다면적으로 검토하라

수업 분석이 체계적인 관찰이나 해석을 바탕으로 판단되고, 상황과 맥락 안에서 이해되는 가운데 일정한 결론에 이른다는 사실을 감안한다면 수업 분석은 다면적인 관점에서 검토해야 할 필요가 있다.

• 원칙 3: 알 수 있게 표현하라

수업 분석에 참여한 사람은 자신의 의사표현을 다른 사람이 이해할 수 있도록 보다 쉽게 표현하기 위해 노력한다.

4) 수업 분석 방법

좋은 수업의 조건 5G와 관련된 수업 분석 기법은 그 종류가 너무도 많고 다양하다. 여기서는 수업을 종합적이고 전체적인 수준에서 미시적인 수준까지 분석할 수 있는 수업 전사 기록 분석에 대해 소개하고, 이를 바탕으로 5G의 '언어적 의사소통' 가운데 배움이 일어나는 말하기의 수업 분석 기법 중 두 가지를 소개하며, 마지막으로 이것을 수업 컨설팅에 활용하는 방법에 대해 살펴본다.

(1) 수업 전사 기록 분석

수업을 그대로 기록하는 수업 전사 기록은 수업을 한 교사에게 그 자신이 한 전체 수업을 되돌아볼 수 있게 해 줄 뿐만 아니라 수업 관찰을 위한 학습 분위기, 학급경영, 수업의 명료성, 일관성과 다양성, 학생 성취, 고등 사고과정, 수행 결과 등의 여러 가지 관점을 관찰하고 분석할 수 있도록 도와주는 자료를 제공한다. 뿐만 아니라 수업에서 이루어지는 교사–학생 그리고 학생–학생 상호작용의 효과 그리고 교사가 교수적 대화를 이끌어 가는 방법에 따른 학생 배움의 효과 등과 같은 미시적인 수업 분석 자료를 제공한다는 장점을 갖고 있지만, 수업을 전사 기록하는 데 많은 시간과 노력이 필요하다는 단점도 있다.

① 수업 전사 기록의 작성
- 실제 수업 상황을 사실적·객관적으로 기록한다.
- 전사 기록을 보고 그대로 수업을 재현할 수 있도록 기록한다.
- 수업의 흐름이나 전체 구조를 알아보기 쉽게 기록한다.
- 다양한 분석에 효과적으로 활용할 수 있도록 종합적이고 체계적으로 기록한다.

② 수업 전사 기록 작성에 필요한 요건
- 수업 일시, 장소, 대상, 내용 등을 기록한다. 수업을 관찰하면서 기록하는 것은 거의 불가능하다. 그러므로 수업의 오디오 및 비디오 기록을 듣거나 보면서 전사한다.
- 수업 진행 활동 시간을 기록한다.
- 발언자를 기록한다. 교사는 T, 학생은 이름, 특정한 이름을 붙이지 않는 학생은 S, 학급 내 대다수의 학생은 Sa, 학급 내 다수의 학생은 Sm, 학급 내 일부 학생은 Ss로 표시한다.

〈표 8-1〉 수업 전사 기록 틀

과목		단원명			관찰자	
주제						
교사		학교		수업 실시 연월일		
장소			대상 학년/반	/	학생수 (남/여/합)	/ /
발언 번호	발언 시간 ~ (분)	발언자	발언 내용			기타 참고사항
	~					

③ 수업 전사 기록 틀을 이용한 전사 기록

전사 기록을 시작하기 전에 〈표 8-1〉의 수업 관련 사항을 기록한다.

- 발언 번호, 발언 시간, 발언자, 발언 내용과 기타 참고사항을 기록한다. 발언 번호와 ( ) 안의 발언 소요 시간은 전사 기록을 완성한 후 기록할 수도 있다.
- 발언 시간은 시작 시간과 끝난 시간을 기록한 후 ( ) 안에 발언 소요 시간을 적거나 발언 시간만 적는 등 필요와 상황에 따라 적당한 방법을 선택하여 사용할 수 있다.
- 발언자의 이름을 기록하고, 필요하다면 기호를 사용한다.
- 발언 내용은 수업 상황에서 발언의 실제를 그대로 기록한다.
- 기타 참고사항은 전사 기록과 관련된 당시의 돌발 상황이나 대비, 학생 지명에 대한 교사의 의도, 학습 분위기, 학생들의 특이한 반응(예: 웃음, 특이한 소리, 침묵, 이상한 행동), 학생의 행동, 판서, 교사의 지도 형태, 교사의 행동이나 반응 등을 기록한다.

④ 전사 기록의 수업 마디 나누기

- 수업 전사 기록이 완성되면 분석자의 관점에 따라 수업의 장면이 전환되는 시점을 기준으로 발언 번호를 묶어 마디를 나누고 마디 번호를 기록한다.
- 나눈 마디에 이름을 붙이고 마디에 이름을 붙인 이유를 기록한다.
- 마디별 소요 시간을 기록한다.

⑤ 수업 마디 나누기를 이용한 분석의 장점

- 수업 마디 나누기는 수업 분석뿐만이 아니라 수업컨설팅 단계에서도 매우 유용하다. 이는 한눈에 수업의 전체적인 흐름을 파악할 수

〈표 8-2〉 수업 마디 나누기 틀

과목		단원명			관찰자	
주제						
교사		학교		수업 실시 연월일		
장소		대상 학년/반	/	학생수(남/여/합)		/ /
마디 번호	발언 번호	마디 이름	마디를 나누고 이름을 붙인 이유			마디 소요 시간
	~					
	~					

있기 때문이다.

- 수업이 전체적으로 어떤 단위로 구성되었는지를 분석할 수 있고, 시간의 배분이 어떤 의미를 갖는지에 대해서도 분석하기 용이하여 수업 단계별 시간 사용의 효율성까지 분석할 수 있다.
- 수업이나 활동의 전환이 있을 때마다 마디로 표시하고 시간을 기록하게 되므로 수업이나 활동의 전환이 분명하며, 얼마나 일관성, 명료성, 체계성을 가지고 효율적으로 이루어지는가를 분석할 수 있다.

⑥ 수업 컨설팅에 활용할 때의 장점

- 일회성이 아닌 일정 기간을 두고 심층적인 컨설팅을 할 때 효과적이다.
- 수업 컨설팅 의뢰자가 구체적으로 어느 영역에 대한 컨설팅이 필요한지 정확히 인지하지 못하고 있거나, 전체적으로 수업을 컨설팅 받고자 할 때 유용한 분석법이다.
- 수업 전체의 구조를 보여 주므로 이를 매개로 컨설턴트가 대화를 시작하기 때문에 교사도 컨설턴트와 마찬가지로 전체 수업 조직을 이해하면서 의사소통을 하게 된다.

- 한눈에 문제가 있는 곳을 보여 줄 수 있고, 이를 통해 더 미시적으로 접근할 수 있기 때문에 의사소통이 쉬울 뿐 아니라 수업자와 공감하며 컨설팅하는 속도까지 빨라진다.
- 수업 교사가 스스로 문제점을 인식하고 개선 대안을 찾아가도록 돕고, 컨설팅에서 교사와 컨설턴트의 수준 높은 전문적 컨설팅으로 발전함에 따라 컨설팅 효과를 높일 수 있다.

(2) '언어적 의사소통'의 배움이 일어나는 말하기 관찰 분석 예시

교실은 하나의 작은 사회다. 교실에서 이루어지는 배움의 상호 관계도 하나의 작은 사회 속에서 이루어지므로 수업에서는 교수적 대화가 필수적이다. 가르침과 배움이란 결국 연결짓는 일로서 학생의 삶의 지평을 넓혀 주는 것이다. 문학은 상상력의 세계와 연결짓는 것이고, 역사학은 과거 세계를 현재나 미래 세계와 연결짓는 과정이다(이종태 역, 2006). 학생의 이러한 연결짓기를 위해 교실에서 교사와 학생의 교수적 대화가 이루어질 때 그것에 선행되어야 할 것이 듣기다. 교사는 연결짓게 하는 말하기를 통해 학생의 사고 폭을 넓고 깊게 연결지어 나가도록 돕고, 학생은 연결지어 나아가면서 배움을 확장한다. 이 과정에서 학생이 어려움을 겪을 때는 학생의 수준에 맞는 근접발달영역에서 새로운 비계를 설정하는 단계로 되돌아가야 한다.

그러므로 교수적 대화는 비고츠키(Vygotsky)의 근접발달영역(zone of proximal development: ZPD)에서 비계를 설정하여 학생의 배움의 단계를 높이는 대화라고 할 수 있기 때문에 '언어적 의사소통'은 좋은 수업의 매우 중요한 조건이다. 따라서 여기서는 좋은 수업의 준거 '5G'의 '언어적 의사소통'에서 배움이 일어나는 말하기 중 듣기 및 연결짓게 하는 말하기의 수업 분석 방법을 살펴본다.

① 듣기

• 개념

우리는 일상에서 듣고, 보고, 말하는 것 중 듣기를 가장 많이 한다. 듣는다는 것은 그 대상을 이해하는 것이고, 이해한다는 것은 그 대상을 사랑하는 것이다. 다양한 소리를 듣는 것은 세상과 소통하는 것이다. 즉, 세상과 소통하면서 사람, 사회, 문화 그리고 자연 등과 연결지으며 앎과 깨달음을 확장하여 삶의 지평을 넓히는 것이다. 그래서 남의 말을 잘 듣는 사람을 우리는 성인(聖人)이라고 한다.

교수적 대화의 기본도 듣는 것이다. 교수적 대화의 과정 중 학생은 들으면서 정체성을 형성하고, 지식의 습득과 더불어 깨달음에 이르며, 깨달음의 깊이와 폭을 확장한다.

교사는 수업 중에 화자의 역할을 수행하지만, 학생의 말을 들어주는 청자의 역할 역시 중요하다(이창덕 외, 2011). 교수적 대화에서도 듣기는 일방적인 것이 아니라 상호적인 것이고, 깊은 사랑과 애정 그리고 신뢰를 바탕으로 한다. 배움의 수준을 높이거나 확장하는 유의미 학습이 일어나기 위한 교수적 대화에서 교사는 학생의 머리와 가슴 속의 보이지 않는 소리까지도 읽을 수 있는 듣기를 함으로써 학생들의 지식, 즉 주제를 교재, 대상 그리고 사회적·시공간적 자연세계로 연결지어 배움을 심화·확장시켜 나가는 역할을 한다.

• 판단 기준
－교사는 학생들이 교사의 말이나 발언하는 학생의 말을 잘 듣지 않을 때, 혹은 중요한 내용이어서 학생들이 좀 더 집중해서 듣기에 몰입해야 한다고 판단될 때 그들이 교사의 말이나 발언하는 학생의 말을 잘 듣는지 구체적인 방법으로 확인하여 듣기 분위기를 조성하고 교수

적 대화를 이끄는가?

－교사는 학생의 말을 잘 듣고 학생이 그것을 이해했는지 확인함으로
써 다른 학생들이 듣기에 집중하도록 하고, 말한 학생의 자존감을 높
여 주면서 교수적 대화를 이끌어 가는가?

• 관찰, 분석 및 활용
－듣기 관찰 분석표의 내용을 충분히 숙지한다.
－수업을 참관하면서 직접 듣기 관찰 분석표에 관찰 내용을 기록한다.
또는 수업 전사 기록을 보면서 듣기 관찰 분석표에 관찰 기록을 하
거나 수업 전사 기록과 함께 비디오 기록을 재생하면서 관찰 기록을
한다.
－정서적 사회적 인지적으로 듣기가 이루어지는지를 관찰한다. 이때
수업의 내용과 진행 상황 그리고 수업 태도 등을 고려하여 듣기를
확인할 필요성이 있는지 또는 듣기 분위기를 조성하거나 조성할 필
요가 있는지 판단하여 관찰하고 분석한다.
－**관찰됨**: 해당 영역의 관찰 사실을 기록한다.

〈표 8-3〉 **듣기 관찰 분석표**

	번호	분석 지표	대상	관찰됨	관찰되지 않음	관찰할 기회가 없음
듣기	1	학생이 교사의 말을 잘 듣고 있는지 확인하는가?	학생			
			모둠			
			전체			
	2	학생이 다른 학생의 말을 잘 듣고 있는지 확인하는가?	학생			
			모둠			
			전체			
	3	교사가 학생의 말을 잘 듣고 그것을 이해했는지 확인하는가?	학생			
			모둠			
			전체			

관찰되지 않음: 듣기에 대한 발문이나 설명이 있어야 하나, 그렇지 못하거나 관찰된다 하더라도 부족한 측면을 관찰하여 기록한다.

관찰할 기회가 없음: 해당 영역을 관찰할 기회가 없는 경우다(설양환 외 공역, 2012).

• 컨설팅 활용 방법

– 어수선한 교실과 시끄러운 수업 상황 때문에 힘들어하는 교사를 대상으로 하는 컨설팅에 활용하면 효과적이다.

– 의뢰자나 학생들이 자신의 말만 하려고 하는 경향이 있는 경우의 컨설팅에 활용하면 효과적이다.

– 듣기는 모든 대화나 수업의 핵심으로, 학생의 발표나 표현은 물론이고 발표되거나 표현되지 않은 심층적인 것을 알도록 하고 생각의 힘을 키우는 데 필수적이므로 이는 모든 교사의 수업 컨설팅에 일반적으로 활용할 수 있다.

– 듣기 관찰 분석 결과를 근거로 하여 컨설턴트가 생각하는 교사의 듣기를 확인하는 말하기가 필요한 시점에 대하여 수업 교사의 생각을 확인하고 컨설팅을 진행한다.

– 앞의 확인 과정에서 그 시점에 서로 듣기 확인이 필요하다는 공감대가 형성되었다면, 그 시점에 사용할 교사의 대화를 오디오 기록 위에 수정해 보거나 비디오 기록을 정지하고 수정해 보는 방법을 사용할 수 있다.

– 분석 결과, 듣기가 부족한 교사나 학생의 듣기 능력을 향상시키기 위한 방법으로 컨설턴트가 듣기 능력 신장 방법을 추천해 줄 수 있다.

컨설팅 TIP: 듣기 능력 신장 방법

방법 1: 교사의 듣기

A 학생이 발표하거나 말하면 교사가 다시 한 번 그대로 이야기하거나 요약 정리하여 말한다. 이는 발표한 A 학생과 다른 학생에게 A 학생이 발표한 내용이 교사가 지금 말한 것과 같은지를 확인시키는 기능을 한다. 또한 이것은 주제의 중요성을 강조하고, 학생들의 수업 집중도를 높이는 효과와 더불어 A 학생의 자존감을 높여 주는 등의 여러 가지 효과를 지닌다.

방법 2: 학생의 듣기

가. 학생의 발표(설명, 의견 등)나 말이 끝난 후에 다른 학생을 지명하거나 신청을 받아 그대로 다시 한 번 발표하게 한다.

나. 학생의 발표(설명, 의견 등)나 말이 끝난 후에 다른 학생에게 발표 내용을 요약하거나 장단점 등을 발표하도록 한다.

다. 학생이 발표하면 계속 다른 학생, 또 다른 학생에게 발표한 내용을 복창하도록 하고, 이어서 모둠별로 복창하도록 하고, 전체 학생에게도 복창하도록 한다. 이는 주요 개념을 모두가 암기하고, 다른 학생의 발표를 잘 듣는 습관을 갖도록 하며, 수업에 대한 집중도도 높이는 등의 효과가 있다(복창법).

방법 3: 듣기 능력 향상 훈련의 실제

1. 5, 10, 15분 분량의 강연이나 연설 동영상을 준비한다. 그리고 연설문 원고를 준비한다. 이때 동영상의 길이는 듣기 능력 수준을 판단하여 짧은 것부터 시작해 점점 긴 것으로 연습하도록 한다.

2. 4인 1조로 모둠을 구성하고 모둠원 각자가 동영상을 시청하는 동안 메모하며 듣게 한다.

3. 동영상 시청이 끝나면 각자 메모를 보고 강연자의 원문을 원고지에 그대로 작성하게 한다.

4. 모둠원이 작성한 내용을 서로 비교하면서 모둠의 최종 원문을 작성하게 한다.

5. 강사의 원고를 주고 모둠이 작성한 최종 원문과 강연자의 원문과의 일치도를 비교하게 한다.
6. 개인의 작성문과 강연자의 원문의 일치 정도를 비교하고 수정하게 한다.
7. 모둠원이 함께 작성한 원문과 강연자의 원문의 일치 정도를 비교하고 수정하게 한다.
8. 동영상 시청 시간을 5, 10, 15분으로 늘려 가면서 듣기 능력 향상 훈련을 한다.
9. 각종 특강의 경우에 이를 적용하여 듣기 능력 향상을 도울 수 있다.

② 연결짓게 하는 말하기

• 개념

연결짓게 하는 말하기는 학생의 근접발달영역에서 비계를 설정하여, 학생이 주제와 사물 및 대상 등을 연결지어 나가는 앎을 통해 삶의 지평을 넓혀 갈 수 있게 하는 활동이다. 교수적 대화에서 학생의 배경지식, 상황, 실생활 그리고 미래사회와 연결지어 통합해 나간다. 전에 배운 것과 오늘 배운 것 그리고 다른 과목에서 배운 것과 연결짓고, 우리의 과거와 현재 그리고 미래도 연결짓는 지식 및 깨달음을 통해 사고와 인식이 확장된다.

• 판단 기준
- 학생의 말과 모둠 활동을 교재, 학생 및 모둠에 연결짓도록 하여 배움의 폭과 깊이를 확장하는가?
- 지식을 다른 지식이나 상황 및 실생활과 연결짓도록 하여 지식의 적용력을 확대 하는가?
- 오늘 배운 것을 전에 배운 것 혹은 앞으로 배울 것이나 다른 과목에

서 배운 것과 연결짓도록 하여 체계와 계통을 세워 가는가?

– 학생의 현재를 학생의 과거나 미래 혹은 직업과 연결짓도록 하는가?

• 관찰, 분석 및 활용

– 연결짓게 하는 말하기 관찰 분석표의 내용을 충분히 숙지한다.

– 수업을 참관하면서 직접 연결짓기 관찰 분석표에 관찰 내용을 기록
한다. 또는 수업 전사 기록을 보고 기록하거나 수업 전사 기록과 함
께 비디오를 재생하면서 관찰 · 기록할 수 있다.

– 수업의 내용과 상황 등을 고려해서 연결짓게 하는 말하기 교수 행위

〈표 8-4〉 연결짓게 하는 말하기 관찰 분석표

		분석 지표	관찰됨	관찰되지 않음	관찰할 기회가 없음
연결짓게 하는 말하기	학생의 말	교재의 어느 부분에 해당하는지를 확인하여 연결짓도록 하는가?			
		다른 학생의 어떤 발언과 관련되는지 확인하여 연결짓도록 하는가?			
		모둠의 어떤 발언이나 활동과 관련되는지 확인하여 연결짓도록 하는가?			
	모둠의 발표	교재의 어느 부분에 해당하는지를 확인하여 연결짓도록 하는가?			
		다른 학생의 어떤 발언과 관련되는지 확인하여 연결짓도록 하는가?			
		모둠의 어떤 발언이나 활동과 관련되는지 확인하여 연결짓도록 하는가?			
	개념 및 지식	다른 개념 및 지식과 연결짓도록 하는가?			
		상황이나 실생활에 연결짓도록 하는가?			
		자연세계에 연결짓도록 하는가?			

오늘 배운 것	전에 배운 것과 연결짓도록 하는가?			
	오늘 배운 것과 연결짓도록 하는가?			
	앞으로 배울 것과 연결짓도록 하는가?			
	다른 과목에서 배운 것과 연결 짓도록 하는가?			
학생의 현재	과거와 연결짓도록 하는가?			
	현재와 연결짓도록 하는가?			
	미래와 연결짓도록 하는가?			
	직업 세계와 연결짓도록 하는가?			

가 필요한지를 판단하여 관찰하고 분석한다.

– **관찰됨**: 해당 영역의 관찰 사실을 기록한다.

관찰되지 않음: 연결짓게 하는 말하기 교수 행위가 필요하나, 그렇지 못하거나 관찰된다 하더라도 부족한 측면을 관찰하여 기록한다.

관찰할 기회가 없음: 해당 영역을 관찰할 기회가 없는 경우다(설양환 외 공역, 2012).

– 연결짓게 하는 말하기는 지식을 획득하고 깨달음을 얻는 과정에서 학생의 생각을 깊고 폭넓게 할 수 있도록 사고를 연결지어 확장할 수 있게 돕는 활동이므로 교사의 수업에서 핵심적인 교수 활동이 된다. 그러므로 교사의 수업컨설팅에 일반적으로 활용할 수 있다.

• 컨설팅 활용 방법

– 연결짓게 하는 말하기 관찰 분석 결과를 근거로 하여 교사의 연결짓게 하는 말하기가 필요한 시점의 교수활동에 대한 교사의 생각을 먼저 확인한다.

– 앞의 확인 과정에서 그 시점에 연결짓게 하는 말하기의 필요성에 대한 공감대가 형성되면, 그 시점에 사용할 교사의 대화를 오디오 기록 위에 수정해 보거나 비디오 기록을 정지하고 수정해 보는 방법을

사용할 수 있다.

- 분석 결과 연결짓게 하는 말하기가 부족하다면, 이번 수업에서 어떤 연결짓게 하는 말하기를 추가하여 학생의 생각의 깊이와 폭을 넓혀 줄 수 있는지를 연습한다. 또한 수업 설계마다 미리 연결짓게 하는 말하기를 준비하고 연습하도록 한다.

- 근접발달영역에서 사고를 확장함으로써 학생의 배움이 한 단계 올라가도록 하는 방법으로 활용할 수 있다.

지금까지 수업 전사 기록 분석과 언어적 의사소통 가운데 배움이 일어나는 말하기의 듣기와 연결짓게 하는 말하기 수업 분석 기법을 대표적으로 소개하였다. 5G와 관련된 수업 분석 기법은 종류도 많고 그 방법도 매우 다양하다. 그러므로 수업 컨설턴트는 다양한 수업 분석 기법을 적재적소에 활용할 수 있는 전문성을 갖추어 의뢰자의 수업컨설팅에 알맞은 수업 분석 기법을 활용·적용할 수 있어야 할 것이다.

제9장

코칭의 이해와 적용

'코치(coach)'라는 말은 '마차'에서 유래했다. '한국브리태니커 백과
사전(http://www.britannica.co.kr)'에 따르면, 코치(마차)는 1555~1580년
에 영국에서 최초로 활용되었으며, 요즘은 노선을 따라 운행하는 자동차
를 버스라고 하고, 노선 없이 운행하는 여행용 자동차는 코치라고 한다.
또한 코치 투어(coach tour)는 관광버스를 타고 여행자가 원하는 코스로
여행하는 것을 의미한다.

학교가 성숙한 조직으로 변화하기 위해서는 교사의 자율성과 전문성
을 존중해 주면서 수업이나 업무 능력을 향상시키는 것이 필요하다. 이
러한 요청에 부합하는 기법이 코칭(coaching)이다. 코칭은 새로운 기법을
익히기 위해, 문제를 해결하기 위해, 경력을 개발하기 위해, 갈등을 극복
하기 위해, 그리고 동기를 유발하기 위해 사용할 수 있다. 이 장에서는
코칭을 개략적으로 설명하고, 학교컨설팅에서 코칭을 어떻게 활용할 것
인지 제시한다.

1. 코칭의 개관

1) 코칭의 개념

시중에 나와 있는 코칭에 관한 책들은 대부분 회사원이나 학생을 효율적으로 가르치기 위한 코칭 방법을 소개하고 있다. 그렇다 보니 코칭하는 사람과 코칭받는 사람의 관계가 상사와 부하, 교사와 학생 등과 같이 전문가와 비전문가의 관계로 해석되고 있다. 그러나 마부가 자신의 편의를 위해서 코치를 활용하는 것과 같이 코칭의 본래 의미는 코칭받는 사람이 자신의 성장을 위해서 코치를 활용한다는 개념으로 해석해야 한다. 이러한 개념으로 코칭을 해석한 것은 코칭을 학교 조직에 활용하려는 연구에서 분명하게 나타나고 있다.

Veenman과 Denessen(2001)에 따르면, 코칭은 "교수-학습 과정을 체계적으로 반영해 줌으로써 교사의 교수 역량을 강화해 주는 지원 방법"이다. 여기에서 코칭의 핵심은 '반영'이다. 코치는 코칭받는 사람에게 교수-학습 과정을 반영해 주는 역할을 하면 된다. 그 과정에서 코칭받는 사람은 자신의 교수 역량을 강화할 수 있게 된다. Robbins(1991)는 코칭의 개념을 "두 사람 또는 그 이상의 동료 교사가 모여서 수업의 실행 상황을 피드백해 주고, 새로운 교수법을 확장하며, 아이디어를 공유하고, 수업 연구를 실행하고, 문제를 해결하기 위해 함께 일하는 신뢰할 수 있는 과정"이라고 좀 더 구체적으로 설명하고 있다. 이 설명에서도 마찬가지로 코칭은 전문가가 가르쳐 주는 과정이 아닌 동료 교사들이 함께하는 과정이라는 것이 개념의 핵심이다.

2) 코칭의 철학

일본의 유명한 코치인 에노모토 히데타케는 다음과 같이 코칭의 철학을 세 가지로 제시하고 있다(황소연 역, 2004).

- 모든 사람에게는 무한한 가능성이 있다.
- 그 사람에게 필요한 해답은 모두 그 사람 내부에 있다.
- 해답을 찾기 위해서는 파트너가 필요하다.

'모든 사람에게는 무한한 가능성이 있다.'는 것은 McGregor(1960)가 말한 Y이론에 입각한 인간관을 취하는 것이다. X이론을 취하는 사람은 '사람들은 천성이 게을러서 어려운 일을 맡지 않으려고 한다.'는 관점을 갖고 있다. 반면, Y이론을 가진 사람은 '사람들은 본래 근면하여 조건이나 환경만 갖추어지면 외부의 특별한 통제 없이도 자발적으로 일을 한다.'는 관점을 지닌다. 지도자가 어떤 관점을 갖고 있느냐에 따라서 그의 행동은 판이하게 달라진다. 예를 들어, 학년말에 교사가 수업 대신에 비디오를 보여 주고, 자신은 컴퓨터 앞에서 일을 하는 상황이 발생했다고 하자. 이때 X이론을 취하는 지도자는 그 교사의 생각을 고쳐 주려고 훈계를 하거나 열심히 하지 않으면 시말서를 쓰게 하겠다고 위협을 가하고, 근접 감독을 한다. 반면, Y이론을 가진 지도자는 학교의 운영체제에 어떤 문제가 있어서 교사가 수업을 못하는지 생각하고, 교사에게 운영체제의 문제를 물어본다.

'그 사람에게 필요한 해답은 모두 그 사람 내부에 있다.'는 믿음은 교육관의 패러다임을 완전히 바꾸어 놓는다. 수업 시간에 학생들이 너무 떠들어서 힘들어하는 의뢰인이 컨설턴트에게 "수업 시간에 학생들을 조용히 시키는 방법을 찾게 도와주세요."라고 했을 때, 컨설턴트가 '그 해답은 의뢰인인 교사가 더 잘 알고 있는 것입니다.'라고 생각할 수 있을까? 지금까지는 경력이 더 많고 전문성이 더 높다고 생각한 컨설턴트가 답을 갖고 있을 것이라고 생각했다면, 이제 코칭을 하기 위해서는 교실 현장에 있는 의뢰인이 더 잘 알고 있을 것이라고 생각해야 한다. 의뢰인의 특성, 학생들의 특성, 학부모의 요구 등 다양한 요소의 역학 관계를 고려한 해결책은 의뢰인 말고는 누구도 만들어 낼 수 없을 것이다. 컨설턴트가 '해답은 내 안에 있다.'라고 생각하면 해답을 가르쳐 주게 되고, '해답은 그 사람에게 있다.'라고 생각하면 가르치려 들기보다는 질문을 통해 답을 발견할 수 있도록 지원하게 된다.

마지막으로, 파트너가 필요한 이유는 의뢰인이 해답을 갖고 있으면서 그것을 자각하지 못하는 경우나 해답이 있다는 사실을 믿지 않는 경우에 도와주어야 하기 때문이다. 파트너가 질문을 함으로써 의뢰인은 자신이 생각하지 못했던 대안이나 대안을 실행할 때 유의할 점들을 생각할 수 있게 된다.

2. 코칭의 기술

1) 경청 기술

경청 기술은 이야기를 듣는 태도에 따라 '귀로 듣기' '입으로 듣기' '마음으로 듣기'로 나눌 수 있다(황소연 역, 2004).

첫째, 귀로 듣기를 잘하려면 다른 생각을 하지 말아야 한다. 어떤 좋은 대답을 해 줄지 생각하는 것은 듣는 것을 방해한다. 그러므로 코치는 상대방이 생각하고 있는 사이에 다음 질문을 생각해야 한다. 그리고 말을 끊지 말아야 한다. 코칭 과정에서는 '8대2 법칙'을 지키는 것이 필요하다. 즉, 코치받는 사람이 8할을 말하고, 코치는 2할만 말하라는 것이다.

둘째, 입으로 듣기를 잘하려면 상대방의 말에 맞장구치는 것이 필요하다. "아 그렇군요." "맞아요."라고 맞장구를 친다. 즐거운 일에는 무릎을 치거나 가벼운 박수로 상대방을 고무시킬 수도 있다. 그리고 부연이 필요하다. 즉, "이렇단 말씀이죠?" "이것을 하고 싶다는 거죠?"라고 질문한다. 부연은 상대방이 이야기하는 것을 자신이 잘 이해했는지 확인할 수 있게 하며, 상대방에게 이야기를 잘 듣고 있다는 반응을 보여 줄 수 있는 아주 좋은 방법이다.

셋째, 마음으로 듣기를 잘하려면 옳고 그름을 판단하지 말아야 한다. 상대방이 자신의 생각과 다른 의사를 표현하더라도 "그건 옳지 않은 것 같은데요." 또는 "그렇게 하면 이런 문제가 발생해서 안 됩니다."와 같은 말을 하지 않는다. 코치가 옳고 그름을 판단하면 상대방은 더 이상 말을 할 수 없게 된다. 그리고 상대방이 말하고 싶어 하는 것을 들어줘야겠다는 생각으로 코칭을 시작한다. 상대방이 말하고 싶어 하는 것을 들어주면 그 말 속에서 문제의 원인도 발견할 수 있고, 스스로 해결책을 찾아낼 수도 있다. 교사는 주로 말하는 것에 익숙하기 때문에 듣는 기술이 약한 편이다. 그러므로 스스로 지속적으로 훈련해야 한다.

2) 질문 기술

질문 기술은 절차에 따라 '과제 탐색 질문' '대안 설정 질문' '실행 계획 질문'으로 나눌 수 있다.

첫째, 과제 탐색 질문은 의뢰 과제의 구체적인 내용을 확인하고, 목표를 명확히 하는 것이다. 먼저 "~은 무슨 의미인가요?" 하고 질문한다. 예를 들어, 의뢰인이 "수업에서 남녀 차별을 해결하고 싶다."고 했을 때, "남녀 차별이 무슨 의미인가요?" 하고 확인해야 한다. 또는 "어떤 상황

에서 남녀차별이 발생했습니까?"라고 물어볼 수도 있다. 그다음에는
"결과가 어떻게 되기를 원하세요?" "과제를 해결했다는 판단 기준은 뭐
죠?"와 같은 질문을 할 수 있다.

　둘째, 대안 선정 질문은 여러 가지 가능성을 타진할 수 있도록 돕는 것이
다. 즉, 의뢰인이 제시한 대안에 대해 옳고 그름을 판단하지 않는다.
먼저 "시도해 본 방법은 무엇이 있나요?" 하고 물을 수 있다. 이것은 이
미 시도해 본 방법을 다시 찾거나 제안할 필요가 없기 때문에 필요한 질
문이다. 또한 시도해 본 방법이 괜찮은 방법이었는데 다른 제반 여건이
좋지 않아서 실패했을 수도 있다. 그러므로 이러한 질문을 통해 다른 제
반 여건을 마련하는 것도 대안으로 설정할 수 있다. 이어서 "과제를 해결
하기 위해 무엇을 해 볼 수 있을까요?" 또는 "선생님은 어떻게 해결해 보
고 싶으세요?"와 같은 질문을 할 수 있다. 교사는 수업을 날마다 하고 있
으며, 잘해 보려고 날마다 고민한다. 그러므로 그 교실에 또는 그 교사에
게 가장 적합한 대안은 그 교실에서 수업을 하는 교사가 가장 잘 찾아낼
수 있다는 신념을 가질 필요가 있다.

　셋째, 실행 계획 질문은 의뢰인이 직접 실행 계획을 세우도록 하는 것이
다. "무엇부터 실행하면 좋을까요?" "언제 실행할 수 있을까요?" "실
행하는 데 어떤 장애가 있나요?" "그 장애는 어떻게 해결할 수 있을까
요?"와 같은 질문을 할 수 있다. 세련되지 않은 실행 계획을 세우더라도
스스로 세운 실행 계획은 다른 사람이 세워 준 계획보다 현실에 더 적합
하고, 당사자인 자기 자신이 실제로 실행할 확률도 매우 높여 줄 수 있다.

3) 피드백 기술

　피드백 기술은 방식에 따라 '중립적 피드백' '구체적 피드백' '해결
지향적 피드백'으로 나누어 생각할 수 있다.

첫째, 중립적 피드백이란 칭찬이나 비난을 하지 않는 것이다. 칭찬이나 비난은 평가와 관련된 말이기 때문에 의뢰인에게 부담을 줄 수 있다. "잘했어요. 훌륭합니다."라고 말하지 않고, 의뢰인이 하려는 일이 얼마나 중요한 일인지 인식하도록 한다. 또한 중립적 피드백은 상황을 판단하지 않고 묘사하는 것이다. 즉, "수업 시간에 학생들이 산만하네요."와 같이 판단하는 피드백을 하지 않고, "모둠 활동 시간에 학생 3명이 다른 모둠으로 가서 이야기를 나눴습니다."와 같이 객관적인 사실을 피드백해야 한다. 코치는 의뢰인의 수업을 평가할 위치에 있지 않다는 점을 늘 명심해야 한다.

둘째, 구체적 피드백이란 시간, 사람, 장소를 밝히고 양으로 제시하는 것이다. "10분 동안 남학생은 8회, 여학생은 3회 지명했습니다." "수업 시작 후 7분까지 수렴적 질문을 5회 하고, 그 뒤 3분 동안 발산적 질문을 1회 했습니다."라고 피드백할 수 있다.

셋째, 해결 지향적 피드백은 개선 방안을 생각하고 실행 계획을 세우도록 돕는 피드백이다. 지난 수업 시간에 왜 그런 행동을 했는지 지적하는 것이 아니라, 다음 시간에 어떻게 할 것인지를 생각하도록 하는 피드백을 말한다. 예를 들어, 남녀 차별에 관하여 의뢰한 것에 대해 "후반부에 남학생은 한 명도 발표를 안 했고, 여학생은 세 명이 발표했습니다. 그러나 이때 남학생들은 손을 한 명도 들지 않았고, 여학생들은 서너 명이 계속 손을 들었습니다. 이 상황이 남녀 차별을 해결하는 데 도움이 되겠습니까?" 하고 피드백할 수 있다. 이 경우에 의뢰인은 남학생들이 왜 손을 안 들었는지 생각해 보거나 왜 손을 든 여학생만 지명했는지 생각해 봄으로써 남학생들이 손을 많이 들 수 있도록 조치를 취하거나 손을 들지 않은 남학생에게 발표 기회를 줄 수 있는 대안을 생각해 낼 수 있게 될 것이다.

3. 코칭의 절차

코칭의 절차를 따라 약식으로 학교컨설팅을 수행하는 방안은 동료코칭이라는 말로도 표현할 수 있다. 동료코칭은 교수-학습 능력을 향상시키기 위해서 동료 교사 간에 서로 도움을 주고받는 것이다. '동료'라는 말은 같은 급에 있는 동료 전문가를 의미하며, '코칭'이라는 말은 교사의 전문적 영역에 대한 짧고 격식 없는 피드백을 의미한다. 여기서 소개하는 절차는 Gottesman(2000)이 연구한 절차를 기반으로 해서 컨설팅 상황에 맞게 재구성한 것이다.

1) 동료코칭을 위한 준비

동료코칭을 편안한 마음으로 시작할 수 있도록 준비하는 과정이 필요하다. 이 과정은 소위 교직문화의 특징으로 꼽히는 고립 풍토를 동료 교사 간 상호 협력하는 풍토로 변화시키기 위한 기초 과정이다. 교사의 전문성을 신장하기 위해서는 동료 교사 간에 믿음이 필요하다. 이러한 믿음을 키우고 동료 교사 간 상호 협력하는 풍토를 만들기 위한 과정은 다음과 같이 관찰과 피드백을 통해서 이루어질 수 있다.

(1) 참관

동료 교사의 수업을 참관하는 것은 보면서 배운다는 측면에서도 중요하고, 보여 주면서 도움을 받을 수 있다는 측면에서도 중요하다. 나아가 피드백을 전혀 하지 않으면서 수업을 보면 수업을 편안한 마음으로 공개할 수 있는 분위기가 조성된다. 참관 단계에서는 단지 보기만 해야 하며, 의견이나 정보 교환은 하지 않는다. 이때 참관자는 수업을 보고 간단하

게 메모하면서 수업 분석 기술을 연마한다. 그리고 수업을 하는 의뢰인
도 수업에 관해서 참관자에게 설명해 주거나 물어보지 않는다. 그러나
수업하는 과정에서 편안한 마음이 어느 정도 넓어졌는지에 대해서는 이
야기할 수 있다. 기간은 학교나 개인의 특성에 따라 다양하게 설정할 수
있을 것이다.

(2) 피드백

단순한 참관에서 진정한 코칭으로 이어지는 중간 단계로서 '참관 요
청' '참관' '자료 검토' '참관 후 대화' '과정 검토 및 반성'의 과정을 거
친다. 다만 개선 방안이나 대안은 제시하지 않는다.

의뢰인이 수업 전체를 봐 달라고 요청할 경우, 컨설턴트는 의뢰인이
관심을 가지고 있는 하나의 영역을 정하고 그 영역만 봐 달라고 요청하
도록 설명해야 한다. 예를 들어, '수업의 도입 과정에서 남학생과 여학생
을 어떻게 차별하고 있는지' 봐 달라고 요청할 수 있을 것이다. 요청을
받은 컨설턴트는 정해진 시간에 방문하여 10~30분 동안 참관한다. 그리
고 수집된 자료를 검토한 뒤, 방과 후에 수집된 자료를 제시하고 대화를
나누면 된다. 이런 과정을 통해서 의뢰인과 컨설턴트 사이에는 신뢰가
쌓이고, 상호 도움을 주고 받을 수 있다는 믿음이 생기게 된다. 그렇게
되면 본격적으로 동료코칭의 단계로 들어갈 수 있다.

2) 동료코칭의 절차 및 방법

앞서 제시한 준비 단계에서 수업 개선 방안을 제안하는 것까지로 범위
를 확대하면 본격적인 동료코칭이 된다. 의뢰인에게 처음부터 개선 방안
을 제안한다면 거부감을 일으킬 수 있으므로 준비 단계를 거치는 것이
다. 그러나 의뢰인이 자신의 수업을 다른 사람이 보는 것에 대해 거부감

이 없고, 수업을 개선하려는 적극적인 마음을 갖고 있다면 준비 단계 없이 바로 코칭 절차로 들어갈 수도 있다.

　코칭은 '짧게 자주' 하는 것이 '길게 가끔' 하는 것보다 더 효과적이다. 그래서 전체 소요 시간을 정해 놓는 것이 좋다. 그래야 더 많은 교사가 자주 참여할 수 있다. 전체적인 소요 시간은 보통 요청하는 데 5분, 참관하는 데 10~30분, 수집된 자료를 검토하는 데 5분, 참관 후 대화하는 데 5~10분으로 해서 총 30분 이내로 하는 것이 좋다.

(1) 참관 요청

- 자발성에 기초하기
- 코칭받고 싶은 영역이 무엇인지 하루 전에 확인하기
- 참관 시 필요한 자료 확보하기
- 참관 시간과 장소 약속하기

　동료코칭의 첫 단계는 의뢰인이 방문을 요청하는 것으로, 이것은 학교 컨설팅의 자발성 원리에 기초한다. 의뢰인은 새로운 수업 기법을 시도하거나, 새롭게 시도했던 방법을 지속하기 위해서 참관을 요청할 수 있다. 이때 참관 요청은 적어도 수업 하루 전날 요청하는 것이 좋다. 그래야 컨설턴트도 준비할 수 있기 때문이다. 참관 요청을 받으면 어떤 주제인지 구체적으로 확인하고, 수업 분석을 어떻게 해서 피드백하면 되는지 확인한다.

　참관 시간과 장소를 협의하고, 자료 수집에 필요하다고 생각하는 좌석표 같은 자료를 요구할 수 있다. 또한 컨설턴트가 교실에 들어갔을 때 어디에 앉아야 하는지도 미리 약속해야 한다. 보통 교실 뒤쪽이 좋으며, 수업을 방해하지 않도록 컨설턴트 자리를 미리 준비해 달라고 요구한다. 참관 시간은 컨설턴트의 수업이 없는 시간으로 정하는 것이 좋다.

'참관 후 대화'를 위해서는 시간 약속을 해야 한다. 가능하다면 수업이 끝난 뒤 바로 시작하는 것이 좋으나, 학생들이 돌아간 뒤로 시간을 잡는 것도 괜찮다. 장소는 편안함을 느낄 수 있고 간섭받지 않는 곳이어야 한다. 더불어 교사는 익숙한 환경에서 가장 안정감을 느끼기 때문에 컨설턴트의 교실보다는 의뢰인의 교실이 더 좋다.

참관을 요청할 때는 상호 간에 자료 수집 방법을 결정해야 한다. 그 방법은 피드백 할 만큼만 자료를 수집할 수 있도록 하기 위해 단순한 것으로 결정하는 것이 좋다. 자신이 제작한 양식이나 표, 부호를 사용하는 것이 가장 편안하고 효율적일 것이다.

(2) 참관
- 수업에 방해되지 않게 조심하기
- 의뢰인이 요구한 영역만 자료 수집하기
- 자료 수집 도구가 맞지 않아도 계속 수행하기
- 정해진 시간에 목적을 달성하지 못해도 끝내기

참관은 의뢰인이나 컨설턴트 모두에게 즐겁고 유익한 것이 되어야 한다. 성공적인 참관을 하기 위해서는 몇 가지 규칙을 엄격히 지켜야 한다. 컨설턴트는 교실에 들어가서 좌석을 찾아 앉아야 하는데, 들어가고 나올 때는 가능한 한 눈에 거슬리지 않게 해야 한다. 학생들에게 말을 걸지 말고, 등을 두드리거나 머리를 쓰다듬는 행동도 하지 말아야 한다.

컨설턴트는 자료를 모으는 양식과 펜을 준비해야 한다. 그리고 준비한 양식의 맨 위에 시작 시간을 기록한 후 의뢰인이 요구한 사항에만 집중해서 정보를 모아야 한다. 요청받지 않은 것은 기록하지 않는 것이 전문가끼리 서로 존중하는 것이기 때문이다. 수업 중 훈육 문제가 발생하거나 의뢰인이 계획된 방향과 다르게 진행할 때는 정해진 시간에 그냥 교실을 나오면 된다. 이 경우는 참관의 목적을 이루지 못했어도 괜찮다. 다음 기회에 같은 주제로 다시 참관하면 된다.

　동료코칭은 짧은 시간에 이루어지기 때문에 자주 할 수 있는 이점이 있다. 그리고 장학보다 융통성 있고 유연하다. 평가를 위한 참관은 1시간 내내 이루어지지만 동료코칭에서 참관은 보통 10~15분 안에 끝난다.

(3) 자료 검토
- 평가하는 듯한 자료는 삭제하기
- 양적으로 표시해 둔 것은 미리 계산하기
- 참관 후 대화를 처음 시작하는 말 준비하기
- 수업을 반성해 볼 수 있는 유도 질문 준비하기
- 개선을 위한 제안 3~4개 준비하기

　자료 검토는 10분 정도 혼자서 조용히 한다. 의뢰인이 참관을 요구했다고 해서 피드백을 공개적으로 받을 수 있을 것이라고 생각해서는 안 된다. 컨설턴트는 한 번의 참관을 성공하는 것보다 의뢰인과의 동료적 관계를 계속 유지하는 것이 무엇보다도 중요하다는 것을 마음속 깊이 새겨 두어야 한다.

　수집된 자료를 검토하는 동안 평가하는 듯한 기록을 삭제한다. "아주 잘했어요." "참 좋았어요."와 같은 말은 좋지 않다. 양적으로 표시해 둔 것이 있으면 미리 계산해 놓아야 한다. 모든 것이 보기 쉬운 형태로 정리되어 있어야 수업 중에 무슨 일이 벌어졌는지 한눈에 알아볼 수 있다. 수집된 자료를 검토할 때는 다음의 세 가지를 준비해야 한다.

① 참관 후 대화를 처음 시작하는 말
② 교사가 수업을 반성해 볼 수 있는 질문

③ 개선을 위한 3개 이내의 제안

'참관 후 대화'를 처음 시작하는 말은, 예컨대 "선생님은 ……에 관한 자료를 모아 달라고 요청을 했죠?" 정도가 좋을 것이다. 컨설턴트는 사실 이외에 '느낌'을 나누는 말로 대화를 시작하면 안 된다. 자연스럽게 수업에 대한 반성으로 이끄는 질문은 "여기 모아 놓은 자료가 있어요. 어떻습니까?" 또는 "이 정도 자료면 문제의 원인을 찾는 데 유용하겠습니까?" 정도가 적당할 것이다. 그리고 "예." "아니요."라고 대답하게 하는 질문을 하지 말아야 한다. 의뢰인이 말을 많이 하도록 배려하는 것이 중요하다. 이때 "아까 선생님이 ……한 것은 왜 그렇게 했나요?" "수업하신 느낌이 어떤가요?" "걱정하지 마세요. 우리 반도 똑같아요."와 같은 말은 하지 않는 것이 좋다.

개선 방안을 제안할 때도 그것을 강요해서는 안 된다. "나라면 ……할 겁니다." "이 문제는 ……게 해결하세요."라고 말하는 것은 안 좋다. 개선 방안을 제안할 때는 여러 가지 정보 가운데 한두 가지 방안을 건네는 것이고, 제안된 개선 방안도 의뢰인이 선택하도록 해야 한다. 컨설턴트가 장학사나 교장의 입장에서 제안을 하지 않는 것은 어렵고도 중요하다. 그리고 의뢰인이 개선을 위한 제안을 요구하지 않는다면 준비한 자료는 폐기한다.

(4) 참관 후 대화
- 의뢰인의 교실에서 방과 후에 만나기
- 의뢰인과 나란히 앉기
- 요청한 자료 제시하기
- 적극적 경청하기
- 평가하지 않기

- 의뢰인이 원할 경우에만 개선 방안 논의하기
- 소요 시간은 10분 이내로 하기
- 확장된 코칭 계획하기

'참관 후 대화'는 동료코칭에서 핵심이라고 할 수 있다. 이 단계에서 잘 하면 전체가 살아날 뿐만 아니라 다음 기회에도 동료코칭이 계속 이어질 수 있을 것이다. 이것은 앞서 언급한 대로 의뢰인의 교실에서 아무도 간섭하지 않을 때 하는 것이 좋다. 자리는 함께 노트를 볼 수 있게 책상 하나에 의자 두 개를 같은 방향으로 놓는 것이 이상적이다. 두 사람 이상이면 모두가 평등하다는 의미에서 의자를 둥글게 배치한다.

컨설턴트가 의뢰인의 교실로 가고 간단한 인사를 한 다음 자리에 앉는다. 농담이나 주제에서 빗나간 말은 하지 않고, 준비한 대로 "선생님께서 요청하신 것이……"라는 말로 시작한다. 다음은 자료를 갖고 이야기를 나눈다. 컨설턴트는 "이 자료를 보세요. 유용한 정보가 있나요?" 하고 물을 수 있다. 그리고 그것이 의뢰인이 원하는 정보라면 어떻게 개선하고 변화시킬 수 있을 것인지 분석을 시작할 수 있다.

의뢰인이 더 분석해 나가도록 자극시키는 유도 질문을 계속 한다. "뭔가 개선해야겠다고 생각되는 것이 있나요?"라고 물을 수 있다. 이때 의뢰인은 개선해야 할 것을 스스로 깊이 생각하게 될 것이다. 컨설턴트가 많이 말하기보다는 의뢰인이 중심이 되어 말하도록 배려해야 한다. 진정한 학습은 의뢰인이 자료를 본 뒤 스스로 대안을 찾을 때 이루어진다.

적극적 경청도 중요하다. 컨설턴트는 유도 질문을 한 뒤 의뢰인이 생각할 동안 10까지 세면서 기다리는 기술을 사용하면 좋다. 잠시 침묵을 유지하는 적극적 경청기술은 의뢰인에게 생각할 시간을 주기도 하고, 컨설턴트에게는 의뢰인의 반응을 보거나 추가 질문을 생각할 수 있는 기회를 준다.

　　컨설턴트가 자주 하는 실수는 의뢰인을 집중시키려고 연필을 들고 감독관처럼 행동하는 것이다. 팔짱을 끼거나 얼굴을 피하는 듯한 행동도 좋지 않다. 정해진 시간을 잘 지키는 것도 중요하지만 자꾸 시계를 보는 것은 좋지 않다. 머리를 끄덕이는 것도 안 좋다. 머리를 끄덕이는 것은 승인을 암시하기 때문이다. 머리를 끄덕이다가 멈추면 의뢰인은 그것을 부정적인 신호로 인식할 수 있다.

　　의뢰인이 "내 수업 어땠어요?" 하고 묻는 경우가 있다. 이것은 의뢰인이 평가자나 장학사에게 늘 해 오던 대로 승인을 이끌어 내려는 것이다. 이때 컨설턴트는 "나는 평가하려고 여기 온 것이 아닙니다. 단지 참관 요청에 의해서 피드백을 하러 왔습니다."라고 대답하면 실수를 줄일 수 있다.

　　소요 시간은 5~10분 정도에서 상호 협의하여 정한다. 요청받은 관심거리 외에 다른 것을 제안하고 싶은 유혹이 있게 마련이지만 참아야 한다. 그렇게 되면 초점을 잃고 시간만 무의미하게 지나가 버리기 때문이다. 의뢰인의 관심 영역이 짧은 시간 안에 다루어졌으면 그냥 끝내는 것이 좋다.

　　피드백이 끝나면 큰 고개는 일단 넘은 것이다. 개선을 위한 제안은 의뢰인이 자료를 모두 분석한 뒤 받아들일 준비가 되어 있을 때 시작한다. 이 단계에서는 최대의 기지와 수완이 필요하다. 의뢰인은 제안을 요청하는 것이 자신의 약점을 인정하는 것이라는 생각을 떨쳐 버리기 어려울 것이기 때문이다.

　　개선을 위한 제안이 3개가 넘으면 의뢰인은 방어적이게 된다. 그렇게 되면 대화의 억양이 바뀌고 부정적인 분위기가 형성된다. 컨설턴트는 3개 이상의 제안 사항이 있을 때 가장 중요한 것을 선택하거나 실천할 만한 것을 선택해야 한다. 개선 방안이 떠오르지 않을 경우에는 "나에게도 이게 문제였습니다. 선생님이 내 수업을 참관해 줄 수 있나요? 아마도 함께 해결책을 찾을 수 있을 것입니다." 또는 "나는 이 문제의 해결책을 모릅니다. 아마도 주위에서 우리의 기술을 개발시켜 줄 전문가를 찾을 수 있을 것입니다."라고 말하는 것이 좋다.

컨설턴트는 노트나 제안 사항을 교장 혹은 다른 사람에게 보여 줘서는 안 된다. 그리고 개선을 위해 제안을 하는 본격적인 코칭 단계에 이르지 못했다면 준비된 제안을 폐기해야 한다. 따로 폐기할 것을 대비하여 제안사항은 별도의 용지에 기록한다.

(5) 과정 검토 및 반성
- 참관 후 대화가 끝난 자리에서 2~3분 동안 간단하게 수행하기
- 코칭의 규칙과 유의점을 잘 지켰는지 대화하기

과정 검토는 참관 후 대화가 끝나자마자 그 자리에서 이루어진다. 과정을 검토하고 반성하는 단계는 동료코칭의 과정을 개선하기 위해 하는 것이다. 보통 2~3분 정도면 적당하다. 코칭의 규칙을 얼마나 잘 준수했는지 검토한다.

4. 코칭 기법의 활용 방법

수업컨설팅을 성공적으로 수행하기 위해서는 컨설팅의 상황에 따라 다양한 기법들을 적절히 선택하여 사용할 수 있어야 한다. 코칭 기법을 활용할 때는 ① 의뢰받은 과제가 무엇인지, ② 의뢰인이 어떤 사람인지를 고려해야 한다.

1) 과제에 따른 코칭 기법의 활용

의뢰받은 과제가 무엇인지에 따라 코칭 기법을 활용할지 말지를 결정해야 한다. 코칭 기법을 활용할 수 있는 주제는 간단하고 쉽게 해결이 가능한 주제가 적합하다. 코칭 기법, 멘토링 기법, 트레이닝 기법, 카운슬링 기법에 따라 의뢰 가능한 주제들을 분류해 보면 다음과 같다.

- 코칭: 트레이닝 이후 현장 적용 과정에서의 피드백, 교수 기법에서 개인이 발견한 구체적인 문제 해결 등
- 멘토링: 초임 교사의 교직 적응, 관리자로의 승진 준비 등
- 트레이닝: 협동 학습 방법, ICT 활용법, 업무 처리 방법, 수행 평가 방법, 독서 지도 방법 등
- 카운슬링: 동료 교사와의 갈등과 같은 개인적인 문제 등

의뢰 과제를 해결할 때 어느 한 가지 기법만을 사용하지는 않는다. 상황에 따라 여러 가지 기법을 동시에 사용할 수도 있다. 예를 들어, 수학과 수준별 학습을 위해 협동 학습 방법을 사용해 보려는 의뢰인이 있다면 컨설턴트는 협동 학습 방법을 트레이닝을 통해서 가르쳐 주고, 그것을 실제 수업에서 적용할 때는 코칭 기법을 활용할 수도 있다.

수업컨설팅에서 코칭 기법을 활용하기에 적당한 과제들을 정리하면 〈표 9-1〉과 같다.

〈표 9-1〉 코칭 기법을 활용하기에 적당한 과제

영 역	과 제
교수 기법	– 학습 목표의 진술 – 동기 유발 – 수업 자료 제시 방법과 흐름 – 수업을 정리하거나 긴 내용을 요약하는 기술 – 확산적 발문과 수렴적 발문의 사용 – 발문과 호명의 순서 – 적절한 반응이나 부적절한 반응에 대한 강화 – 숙제 지도 – 질문 뒤 기다리는 시간 – 칭찬 방법 – 학생과의 상호작용, 모둠과의 상호작용 – 교사가 말하는 시간과 학생이 학습하는 시간의 비율 – 그 외 간단한 교수 기법들
훈육 지도	– 훈육을 하기 위해 사용하는 말 – 훈육에 할애하는 시간이나 횟수 – 수업을 방해하는 학생의 행동에 대한 교사의 반응 – 수업을 방해하는 학생의 행동에 대한 학생의 반응 – 그 외 간단한 훈육 지도 기법들
기타	– 교사의 손놀림, 시선 – 교사의 목소리 – 수업 내용과 관계없이 이야기하는 시간 – 남학생에 대한 반응 태도와 여학생에 대한 반응 태도 – 학생의 움직임 – 학생 간에 일어나는 상호작용 – 그 외 간단한 과제들

2) 대상에 따른 코칭 기법의 활용

Hersey와 Blanchard(1988)의 상황적 지도성 모델에 따르면, 의뢰인의 성숙도에 따라 다양한 접근을 할 필요가 있다. 의뢰인의 성숙도는 능력과 동기로 판단할 수 있다. 이 모델에 따르면, 구성원의 동기가 높고 능

력이 높으면 문제 해결을 위해 위임적 지도성을 발휘하고, 구성원의 동
기가 낮고 능력이 낮다면 문제 해결을 위해 지시적 지도성을 발휘해야
효과적이다. 또한 동기는 높은데 능력이 낮은 경우는 지도를 해 줘야 하
고, 능력이 높은데 동기가 낮은 경우는 격려를 해 줘야 한다.

 수업컨설팅에서 의뢰인의 과제를 효과적으로 도와주기 위해서는 의뢰
인이 성숙도가 높은 경우라면 코칭(지지) 기법을 사용하고, 성숙도가 낮
은 경우라면 훈련(인도) 기법을 사용하는 것이 좋다. 의뢰인의 능력과 동
기가 높으면 컨설턴트는 주로 의뢰인의 장점을 찾는다. 또한 개선 방안이
의뢰인으로부터 나오게 해야 하기 때문에 주로 듣고, 기다려야 한다. 코
칭 관계에서는 컨설턴트와 의뢰인 간의 상호 교류가 일어난다. 반면, 의
뢰인의 능력과 동기가 낮으면 컨설턴트는 주로 가르친다. 이때는 컨설턴
트가 주로 말을 하고 해결책을 제시해 주기 때문에 빠르게 진행된다.

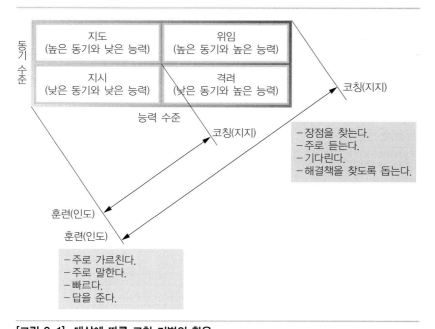

[그림 9-1] 대상에 따른 코칭 기법의 활용

의뢰인이 능력 있는 고경력 교사이거나 새로운 교수 방법을 실천하려는 교사라면 컨설턴트는 해결책을 찾도록 돕는 역할을 해야 한다. 반면, 초임 교사이거나 동기가 부족한 교사라면 컨설턴트는 답을 주거나 가르치는 역할을 주로 해야 한다. 그러나 [그림 9-1]에서 보듯이 의뢰인의 성숙도에 따라서 100% 지지하는 역할을 하는 것과 100% 인도하는 역할을 하는 것 사이에는 다양한 스펙트럼이 존재한다. 전적으로 코칭 기법만을 사용하더라도 스스로 해결책을 찾지 못하거나 대안을 요구할 때는 힌트를 주거나 가능한 몇 가지 대안을 제시해 줄 수 있다. 또한 전적으로 훈련 기법을 사용하더라도 훈련 과정 중에 어느 정도 의뢰인에게 생각해 보게 하거나 의뢰인의 반응을 확인하고 대처하는 것이 필요하다.

5. 학교컨설팅에 적용하기 위한 세 가지 원칙

앞서 설명한 코칭 기법의 특징을 보면 코칭 기법이 학교컨설팅과 밀접한 관련이 있으며, 학교컨설팅의 원리를 제대로 구현하기 위한 유용한 기법임을 알 수 있다. 첫째, 교사가 자발적으로 의뢰할 때만 시작할 수 있다는 코칭의 특징은 수업컨설팅에서 가장 중요시하는 자발성의 원리와 부합한다. 관리자의 지시에 따라 코칭을 시작한다면 효과가 없거나 오히려 역효과가 날 수 있다. 둘째, 의뢰인이 필요로 하는 도움을 줄 수 있다면 누구든 코치가 될 수 있다는 코칭의 특징은 전문성의 원리와 부합한다. 코칭을 수행할 수 있는지 여부는 자격증, 직위 등에 따른 형식적 전문성이 아닌, 의뢰 과제를 해결할 수 있는지 여부에 따른 실제적 전문성에 달려 있다. 셋째, 동료 교사라도 교사 평가 담당자라면 코치가 될 수 없다는 코칭의 특징은 독립성의 원리와 부합한다. 의뢰인을 평가하는 평가자가 컨설턴트가 되면 자신의 문제를 쉽게 드러내 놓을 수 없다. 넷째, 질문을 통해 의뢰인으로부터 대안을 도출해 내는 코칭의 특징은 자문성의 원리와 부합한다. 수업컨설팅을 현장에 적용하는 과정에서 컨설턴트들은 대안을 만들어서 제공하는 기존의 방식을 벗어나지 못하는 문제를 나타낸다. 하지만 코칭 기법을 통해서 이러한 문제를 쉽게 해결할 수 있을 것이다. 다섯째, 짧은 시간을 정해 놓고 진행하는 코칭의 특징은 한시성의 원리와 부합한다. 한정된 시간 안에 과제를 해결하기 위해서 참여자는 노력을 극대화할 수 있다. 여섯째, 코칭을 하는 사람과 코칭을 받는 사람의 역할을 쉽게 바꿀 수 있다는 코칭의 특징은 교육성의 원리와 부합한다. 코칭 기법을 활용할 때는 의뢰인도 컨설턴트 역할을 수행해야 하기 때문에 컨설팅 과정에 대한 학습이 더욱 강조된다.

이와 같이 코칭이 학교컨설팅의 원리에 부합하고 있다는 것을 알 수 있다. 다음으로, 코칭을 학교컨설팅에 적용할 때 주의해야 할 세 가지 원칙을 제시한다.

1) 요청한 사항만 보기

보통 수업 장학을 할 때는 교사의 수업을 한 시간 내내 관찰하며 종합적으로 보고 피드백을 해 준다. 피드백 내용에는 수업 외적인 측면도 많이 포함되어 있다. 하지만 교사는 너무 많은 내용을 피드백받을 경우 자신에게 도움이 된다는 생각을 하지 않게 되고 거부감을 갖게 된다 (Gottesman, 2000). 장학에 대한 교원의 부정적인 인식이 여전하고, 학교 현장에 정착하지 못하고 있다는 주장은 많이 나와 있다(이윤식, 1999; 진동섭, 2000; 주삼환, 2003). 이제 수업 개선을 제대로 하기 위해서는 의뢰인이 관심을 갖고 개선하고자 하는 내용에 초점을 맞춰서 피드백해 주는 형식으로 전환해야 한다. 개선 사항을 많이 제안해 주고 싶은 욕심을 버려야 한다. 한 번 성공하는 것보다는 개선 사항을 제안하지 않더라도 신뢰를 형성하는 것이 더 중요하다. 그래야 지속적으로 수업 개선을 위한 노력을 부담 없이 할 수 있기 때문이다.

2) 칭찬 금지, 비난 금지

교사가 수업을 공개하기 꺼리는 이유는 평가받는다는 느낌을 받기 때문이다. 경우에 따라서 칭찬은 좋은 것이 될 수도 있다. 그러나 그 칭찬이 평가와 관련될 때, 그것은 부담으로 작용한다. "학습 목표를 아주 잘 제시했습니다." "선생님의 태도와 억양이 훌륭합니다."와 같은 칭찬은 보통 평가받는다는 부담을 느끼게 하며, 앞으로도 그 기대에 계속 부응해야 한다는 압박감을 갖게 한다. 의뢰인이 하는 일이 얼마나 중요한 일인지, 그 일을 했을 때 얼마나 큰 보람을 느낄 수 있는지를 피드백해 주어야 한다. 또한 비난하지 말고 객관적인 자료를 제시해야 한다. 즉, "수업 분위기가 어수선했다."고 판단을 하지 말고, "학생들이 교실을 돌아다녔다."고 객관적인 사실을 피드백해 줘야 한다.

3) 비밀 유지

누가 어떤 과제를 의뢰했고, 어떤 절차로 해결했는지 절대로 다른 사람에게 전달하면 안 된다. 수업 개선을 위한 제안 사항을 준비했을 경우라도 의뢰인이 요청하지 않는다면 그것도 바로 없애야 한다. 코칭을 의뢰한 과제는 개인이 밝히기 꺼려하는 과제인 경우가 많다. 개인이 밝히길 꺼려하는 내용을 다른 사람들에게 전달했을 경우에 그 교사는 더 이상 컨설턴트를 믿지 않을 것이며, 더 이상 자신의 수업을 공개하지 않을 것이다. 행정적 지원을 받기 위해 결과 보고서를 제출해야 하는 경우라면 의뢰인의 동의를 받고, 관리자 또는 담당자에게만 전달할 수 있다.

제10장
액션러닝의 이해와 적용

최근 액션러닝이 학교컨설팅에서 주목을 받고 있다. 2010년에 한국교육개발원에서 개발한 학교경영컨설턴트 양성 프로그램에 액션러닝이 중요한 기법으로 도입되었고(박효정, 김민조, 김병찬, 홍창남, 2010), 2012년에 충남대학교에서 위탁 운영한 이 프로그램의 연수생들은 집합연수에서 학습한 액션러닝 기법이 학교컨설팅 실습 연수에 많은 도움이 되었다고 보고했다(박수정, 우현정, 2013). 또한 교육부에서 한국지방교육연구소에 위탁 운영한 2012년 컨설턴트 선도요원 양성 연수에서도 액션러닝을 중심으로 하는 연수 과정을 운영했다(한국지방교육연구소, 2012).

그러나 액션러닝은 모든 컨설팅 환경에 적용할 수 있는 만능의 도구가 아닐 뿐만 아니라, 액션러닝의 적용이 컨설팅의 효과성과 만족도를 보장하는 것도 아니다. 무엇보다 액션러닝에 대한 충분한 이해가 우선되어야 하고, 컨설턴트가 맞닥뜨린 컨설팅 장면에서 이를 활용할 수 있는지 판단할 수 있는 능력이 있어야 하며, 그것을 적절하게 운영하거나 참여할 수 있는 역량도 갖추어야 한다.

컨설팅은 구체적으로 해결해야 하는 실존의 과제가 있고, 이를 해결해야 할 팀이 구성되며, 문제 해결 프로세스로 진행된다는 점에서 액션러닝을 적용하기에 좋은 환경을 갖추고 있다. 따라서 컨설턴트라면 액션러닝에 대한 기본적인 이해와 실행 역량을 갖추는 것이 필수적이다.

이 장에서는 액션러닝을 개괄적으로 설명하고, 액션러닝의 구성요소와 절차, 핵심 기술을 소개한 후, 액션러닝을 학교컨설팅에 어떻게 적용할 수 있을지 논의한다.

1. 액션러닝의 개념과 구성 요소

최근 많은 기업에서 조직 개발과 교육 훈련의 방법론으로 '액션러닝(action learning)'이 부상하고 있다. 액션러닝은 '액션(action)'과 '러닝(learning)'의 합성어로서, '실천 학습' 또는 '실행 학습'으로 번역되기도 하지만 최근에는 원어를 그대로 사용하는 추세다. 액션러닝은 문자 그대로 액션과 러닝을 동시에 추구하는 것으로, 문제 해결(액션)이 이루어지는 과정에서 동시에 능력 계발(러닝)이 이루어진다는 것이 핵심이다. 즉, 해결해야 하는 중요한 문제나 과제가 있는 조직의 측면에서는 문제 해결이 이루어진다는 점, 그리고 이 과정에 참여한 조직구성원의 역량이 길러진다는 점이 중요한 효과라고 볼 수 있다.

앞서 언급했듯이 액션러닝은 주로 기업의 조직 개발과 교육 훈련에서 많이 이루어져 왔으나, 이후 공공조직에도 적용되기 시작했고, 최근에는 대학에서 강의 방법으로 적용된 사례가 보고되었으며(노혜란, 2007; 박수정, 2012b; 박인옥, 2012), 교사 대상의 현직 교육 방법으로 적용되거나 제안된 연구도 있다(박수정, 정일화, 김수아, 2012; Peter, Robyn, & Garry, 2009).

여러 연구자가 제시한 액션러닝의 정의를 살펴보면 다음과 같다.

- Inglis(1994): 문제의 해결책을 마련하기 위해 구성원들이 모여 개인과 조직의 개발을 함께 도모하는 과정
- Marquardt(1999): 소규모로 구성된 한 집단이 기업이 직면하고 있는 실질적인 문제를 해결하는 과정에서 학습이 이루어지며, 그 학습을 통해 각 집단 구성원은 물론이고 조직 전체에 혜택이 돌아가도록 하는 일련의 과정이자 효과적인 프로그램(봉현철, 김종근 역, 2000)
- 한국액션러닝협회(2013): 학습자들이 팀을 구성하여 각자 자신의 과제, 또는 팀 전체가 공동의 과제를 러닝 코치와 함께 정해진 시점까지 해결하는 동시에 지식 습득, 질문, 성찰을 통하여 과제의 내용과 과제 해결 과정을 학습하는 과정

이러한 정의들을 바탕으로 액션러닝의 정의를 제시하면 다음과 같다.

> 학습자들이 팀을 구성하여 조직과 개인의 중요한 실제 과제를 협력적으로 해결하고, 그 과정에서 실질적으로 역량을 구축하는 활동

액션러닝이 이루어지기 위해서는 ① 과제, ② 팀, ③ 러닝 코치, ④ 과제와 해결 과정에 대한 지식 습득, ⑤ 실행 의지, ⑥ 질문, 성찰, 피드백의 구성 요소들이 충족되어야 한다(봉현철, 김종근 역, 2000).

각 요소의 주요 특징은 다음과 같다(봉현철, 김종근 역, 2000).

첫째, 액션러닝에서 '과제'는 가상이 아닌 실제의 과제로, 기업에서 다루는 액션러닝의 과제는 부서 또는 전사 차원에서 해결해야 하는 중대하고 난해한 실제 문제다. 이러한 과제로는 팀원이 공동의 과제를 해결하는 방식(single-project program)과 팀원 각자의 과제를 해결하는 방식

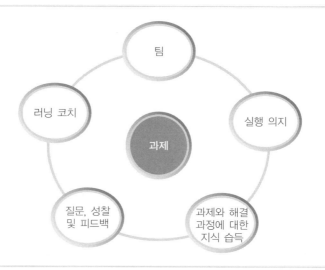

[그림 10-1] 액션러닝의 구성 요소
출처: 봉현철, 김종근 역(2000).

(open-group program)이 있다.

둘째, 액션러닝의 '팀'은 4~6명으로 구성하고, 문제와 문제 해결에 대한 창의적 접근이 가능하도록 하기 위해 다양한 시각과 경험을 가진 참여자들이 다양하게 혼합되도록 하며, 한두 사람이 팀의 활동을 주도하는 것을 방지하고 토론과 비판이 자유롭게 이루어질 수 있게 구성원의 능력수준이 비슷하도록 구성한다.

셋째, '러닝 코치(learning coach)'란 학습 팀의 효과성을 증진할 목적으로 팀의 모든 구성원을 돕는 역할을 하는 사람으로, 코치(coach) 또는 촉진자(facilitator)라고도 하며, 액션러닝 활동을 촉진하고 지원하는 역할을 수행하는 사람을 의미한다. 이들은 학습 팀이 올바르게 문제를 인식·해결할 수 있도록 문제 인식 방법, 문제 해결 방법, 의사결정 방법을 제시하거나 개선할 수 있도록 돕는다. 러닝 코치는 학습 팀이 다루는 토의 내용에 대해 중립을 취하며, 의사결정을 할 수 있는 공식적인 권한은 지니지 않는다.

넷째, 액션러닝을 통해 '과제와 해결 과정에 대한 지식 습득'이 이루어진다. 액션러닝은 문제 해결뿐만 아니라 문제 해결 과정에서 학습과 이를 통한 역량 강화가 가능하다.

다섯째, 액션러닝은 현장 문제의 궁극적·실질적 해결을 목적으로 한다. 이때 문제를 해결하기 위해서는 필요한 행동을 실천할 수 있어야 하므로 이를 가능하게 하는 '실행 의지'를 지녀야 한다.

여섯째, 액션러닝에서는 학습 팀이 문제를 해결하는 과정에서 문제의 본질과 효과적인 문제 해결 방법에 대해 스스로 탐구하고 '질문, 성찰, 피드백'하는 가운데 학습이 일어난다. 효과적인 질문과 학습에 대한 성찰은 액션러닝의 필수 도구로 손꼽히고 있다.

액션러닝의 시작

영국의 케임브리지 대학교에 한 젊은 학자가 있었다. 그는 노벨상을 수상한 8명의 교수와 함께 연구를 하고 있었다. 교수들은 연구하는 분야가 각각 달랐지만 각자 자신이 연구하는 과정에서 어떤 문제가 생기면 다 함께 모여 서로 많은 질문을 던지곤 했다. 문제에 대해 비록 전문적인 지식은 없었지만 그들은 서로의 의견을 존중했다. 자신이 자신의 분야에서는 최고라는 생각을 하지 않고 겸손하게 다른 사람들이 하는 질문을 경청했으며, 이런 방법으로 서로의 문제를 푸는 데 많은 도움을 주고받았다. 이 모습에 큰 감명을 받은 젊은 학자는 '이런 방법을 다른 분야에 적용할 수 없을까?' 하는 고민을 하기 시작했다.

어느 날 그에게 광산 위원회에서 일할 기회가 생겼고, 거기에서 이 방법을 적용하기로 했다. 광산의 관리자들에게 그들 자신이 직면한 문제들을 가지고 와서 소집단으로 만나 서로 질문을 하도록 했다. 관리자들이 가지고 있는 문제를 그들 스스로 풀도록 한 것이다. 결과는 대성공이었다. 이 학자가 바로 액션러닝의 아버지라고 불리는 Reg Revans 박사다.

2. 액션러닝의 절차

액션러닝은 [그림 10-2]와 같이 실제적인 과제를 해결하기 위해 현장의 자료를 수집, 분석 및 적용하는 과정으로 이루어진다(O'neil & Marsick, 2007). 그러나 모든 단계의 활동을 반드시 수행해야 하는 것은 아니고, 해결해야 하는 과제의 특성, 과제를 해결하는 상황 등의 특성에 따라 단계가 확대 또는 축소되어 이루어질 수 있다.

한국액션러닝협회(2013)에서는 액션러닝의 절차를 다음과 같이 제시하였다([그림 10-3] 참조). 즉, ① 학습 팀 구성, ② 과제 부여, ③ 과제 해결을 위한 팀 미팅, ④ 해결 대안 개발, ⑤ 소속 부서장/최고 경영층 보고, ⑥ 해결 대안 실행, ⑦ 평가다. 4~8명으로 구성된 학습 팀을 구성하고 그 팀에게 부서 또는 전사 차원에서 꼭 해결해야 할 중대하고 난해한 과제를 부여한다. 정해진 기간에 여러 번의 팀 미팅을 통해 해결 대안을 모색하며, 이때 팀의 효과성을 증진시키기 위해 러닝코치가 팀 미팅에 참석한

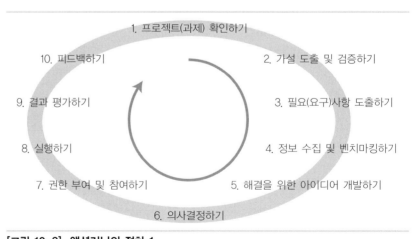

[그림 10-2] 액션러닝의 절차 1

출처: O'neil & Marsick (2007).

다. 이때 러닝코치와 함께 문제 해결 기법, 커뮤니케이션 기법, 프로젝트
관리, 회의 운영 기술 등 다양하고 강력한 기술을 이용하여 과제에 대해
토론하고 성찰함으로써 해결 대안 개발과 동시에 학습이 일어난다. 해결
대안을 개발한 후에는 그 해결 대안을 소속 부서장 또는 최고 경영층에
게 보고한 후 직접 실행하며, 그에 대한 평가는 참신성, 실현 가능성, 비
용 절감 효과, 생산성 증대 효과(경영성과 향상 기여도) 등을 기준으로 평
가한다.

[그림 10-3] 액션러닝의 절차 2

출처: 한국액션러닝협회(http://www.kala.or.kr).

액션러닝을 적용한 한 대학 강의에서는 액션러닝이 다음과 같은 절차
로 운영되었다(박수정, 2012; [그림 10-4] 참조). 즉, ① 준비, ② 과제 분석,
③ 과제 해결안 개발, ④ 과제 해결안 평가이며, 앞의 절차와는 달리 '실
행'이 생략된 것이 특징이다.

[그림 10-4] 액션러닝 강의 운영의 절차

출처: 박수정(2012).

이러한 액션러닝의 절차를 보면, 결국 '준비-진단-해결 방안 구안 및 선택-실행-종료'로 이루어지는 학교컨설팅의 일반적인 절차와 동일함을 알 수 있다. 따라서 액션러닝은 문제 해결을 추구하는 학교컨설팅과 동일한 논리와 절차를 따른다고 이해할 수 있으며, 협력적·과학적 방법으로 문제 해결이 이루어지는 과정이라고 보아야 할 것이다.

여기에서 중요한 점은 문제 해결을 위해 수차례의 팀 미팅이 이루어진다는 점이다. 따라서 액션러닝은 [그림 10-5]와 같은 순서로 이루어질 수 있다.

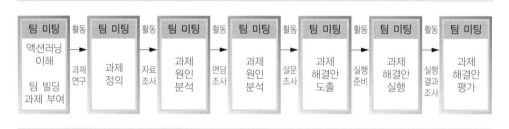

[그림 10-5] 액션러닝 활동의 운영 예시

3. 액션러닝의 핵심 기술

액션러닝에서는 팀의 과제를 해결하기 위해 다양한 방법을 사용할 수 있다. 필요한 경우 앞 장에서 소개한 과제 분석 기법을 적절하게 적용하고, 일반적인 컨설팅이나 연구의 경우와 마찬가지로 설문조사, 면담조사, 문헌조사 등을 수행하여 팀 미팅에서 이를 함께 분석하며, 다음 단계로 나아갈 수 있도록 지원하면 된다.

그러나 액션러닝에서는 학습을 지원·촉진하는 러닝 코치의 역할이 매우 중요한데, 컨설턴트가 이러한 러닝 코치의 역할을 수행할 수 있다.

그러므로 여기서는 러닝코치의 역할을 살펴보고, 러닝 코치가 이끌어 내야 하는 질문과 성찰에 대해 간단하게 소개하고자 한다.

1) 러닝 코치의 역할

러닝 코치가 수행하는 역할을 단계별로 제시하면 다음과 같다(김봉광, 2008). 첫째, 액션러닝의 도입 단계에서는 액션러닝에 대한 설명 및 이해, 팀 빌딩 촉진, 과제 관련 아웃풋 이미지 가시화 지원, 과제에 대한 중요성 인식, 러닝 코치에 대한 신뢰와 래포 형성, 지속적인 동기 부여, 러닝 코치의 역할에 대한 명확한 정립 등이 필요하다. 둘째, 진행 단계에서는 성찰과 피드백 실시, 지속적인 동기 부여, 문제 해결 프로세스 툴(tool) 제공, 학습 지원, 팀 학습 기술 지원 및 실행 유도, 현장 지향적 조사 활동 유도, 학습 촉진, 생산적인 의사소통 지원 등이 필요하다. 셋째, 종료 단계에서는 최종적인 성찰 정리와 활용 계획 수립, 해결 대안의 실행과 후속 조치(follow-up) 유도, 스폰서 보고와 발표 방향 확정, 연구보고서 작성 지원 등이 필요하다.

러닝 코치에게 가장 중요한 역할 중 하나는 질문을 던져서 액션러닝 참여자가 성찰을 하도록 돕는 것이다. 내용에 직접 개입하거나 해결안을 제시해서는 안 된다. 그러나 액션러닝을 운영하다 보면 적절한 개입에 대해 고민하게 된다. 즉, 러닝코치 스스로 눈에 보이는 역할을 해야 한다는 심리적 압박감과 참여자들의 요구에 의해 어느 정도까지 개입을 하는 것이 맞는지 갈등하게 된다.

러닝 코치는 액션러닝의 기획자와 참여자가 어떠한 요구를 하든 따라야 할 개입의 원칙이 있다. 그러므로 러닝 코치는 액션러닝 참여자들을 가르쳐야 한다는 유혹에서 벗어나, 그들이 스스로 답을 찾도록 이끄는 방법을 사용할 수 있어야 한다.

2) 질문하기

액션러닝의 선구자인 Reg Revans 박사는 'L(learning) = P(programmed knowledge) + Q(questioning insight)'로 액션러닝의 학습 방정식을 표현했다. 여기서 P는 이미 알려져 있는 지식이고, Q는 기존의 지식과 경험에 신선한 질문을 던져서 이전과는 다른 통찰을 얻는 것이다. 단순히 강의나 이미 지난 사례들을 분석하는 것, 동영상 시청 등의 방법으로 P만을 얻게 하는 것은 액션러닝이 아니다. P에 국한되지 않고 Q를 통해 학습을 증폭시킬 때, 즉 기존의 지식과 경험에 신선한 질문을 던져서 이전과는 다른 통찰을 얻을 기회가 풍부할 때 액션러닝이라고 할 수 있다.

현명한 질문은 학습 팀원들이 갖고 있는 기본 가정을 흔들어 놓음으로써, 사물 또는 현상 간의 새로운 연결 관계를 형성해 줌으로써, 그리고 학습자가 사물의 존재와 바람직한 존재 양식에 대한 새로운 사고 모형을 개발하도록 도와줌으로써 창의적 사고를 촉진할 수 있다(봉현철, 김종근 역, 2000).

중요한 것은 질문 그 자체가 아니라 '좋은 질문'을 하는 것이다. 질문은 가능하면 다음과 같은 유형을 사용하는 것이 좋다. 첫째, "예."와 "아니요."로 제한되는 답변을 유발하는 폐쇄형 질문보다는 다양한 답변이 도출될 수 있는 개방형 질문을 하는 것이 바람직하다. 가령, "회의는 좋았나요?"보다는 "회의는 어땠나요?"라는 질문이 다양한 정보를 얻을 수 있다. 둘째, 답을 유도하는 질문보다는 중립적인 질문이 좋다. 예를 들면, "전문가를 초빙하면 어떨까요?"라고 묻는 것보다, "이 점을 해결하기 위해서는 어떤 방법이 있을까요?"라고 묻는 것이다. 셋째, 비난을 포함하는 질문보다는 대안을 탐색하기 위한 질문이 생산적이다. 이미 상황이 나쁜 것이 분명하다면 "왜 상황이 이 지경이 되도록 그냥 두었나요?"보다는 "어떻게 하면 상황을 개선할 수 있을까요?"라고 질문하는 것이다.

3. 액션러닝의 핵심 기술

또한 질문에 대한 피드백을 할 때는 '……게 하는 게 좋겠다.' '……한 점들을 검토해 봐야 한다.'라고 서술식으로 주는 것보다는 '……한 점들을 고려해 보았습니까?' '……한 방법에 대해서는 어떻게 생각하십니까?'와 같이 질문 형식으로 주는 것이 효과적이다. 사람은 질문의 형식으로 피드백을 받을 때 저항감을 덜 느끼고 스스로 해답을 찾아보게 된다.

이태복과 최수연(2013)은 질문을 잘하기 위해서 '질문 스토밍'의 방법을 제안하였다. 질문 스토밍은 해답에 집중하지 않고 문제에 대해 계속 질문하는 것이다. 질문 스토밍을 통해 창의적이고 혁신적인 아이디어를 얻고자 한다면 다음 원칙들을 따라야 한다. 첫째, 질문을 하는 것에 집중한다. 질문에 대한 답은 받지 않는다. 이렇게 하면 처음에는 질문하는 것을 어려워하고 질문을 만드는 데도 시간이 걸리지만 조금 지나면 과제의 본질에 대해 깊이 있는 질문을 할 수 있게 된다. 둘째, 다양한 관점에서 질문을 한다. '무엇입니까?' '왜 ……합니까?' '왜 ……가 아닙니까?' '어떻게 ……합니까?' 등의 질문을 골고루 사용하도록 한다. 셋째, 질문의 양을 늘린다. 과제에 대해 최소 50개의 질문이 나오게 한다. 이렇게 많은 질문이 나오면 지금까지는 생각하지 못했던 관점에서 과제를 바라볼 수 있게 된다.

3) 성찰하기

액션러닝의 권위자인 Marquardt는 Reg Revans의 학습 방정식을 다음과 같이 확장하여 '성찰'의 중요성을 확인한 적이 있다. 즉, L(learning) = P(programmed knowledge) + Q(questioning) + R(reflection)로, 'R'을 추가한 것이다.

학습 팀의 문제와 문제 해결을 위한 일련의 행동, 그리고 팀 미팅 자체에 대한 주의 깊은 성찰을 통해서 참여자는 통찰력을 얻을 수 있으며, 다음에 해야 할 일을 아무도 모르는 상황에서, 즉 무지와 위험과 혼란의 상태에서 신선한 질문을 던질 수 있는 능력을 개발할 수 있다. 또한 참여자는 성찰을 통해 한 걸음 뒤로 물러나 일상의 문제와 생각의 굴레를 벗어던지고 사물에 대한 공통된 시각에 도달할 수 있으며, 서로의 경험으로부터 학습하는 방법을 배우고 긴밀한 유대관계를 구축할 수 있다(봉현철, 김종근 역, 2000).

성찰은 액션러닝의 모든 활동에서 권장되며, 또한 팀 미팅을 마무리하는 단계에서 필수적으로 요청된다. 따라서 팀 미팅을 통해 배운 점과 느낀 점, 앞으로 실행할 점 등을 되새겨 보는 것이 필요하다. 개인적 성찰 외에도 집단성찰, 즉 팀 차원에서 효과적인 액션러닝을 위해 강점과 보완할 점을 논의할 수 있다. 성찰은 과제의 분석 그 자체이며, 개인과 팀의 성과 향상을 위해서도 필수적인 요소다.

4. 액션러닝의 학교컨설팅 적용 사례

액션러닝은 기본적으로 문제 해결(액션)과 그 과정에서의 학습(러닝)을 목표로 하고 있으므로 학교컨설팅과 유사한 측면이 있고, 학교컨설팅에 적용할 부분도 많다. 그러나 아직까지 액션러닝을 적용한 학교컨설팅은 어떻게 해야 하는지 참고가 될 만한 모델이나 액션러닝을 적용하여 학교컨설팅을 수행한 구체적인 사례는 찾아보기 힘들다.

대학 강의에서 액션러닝 활동을 통해 학교가 의뢰한 과제의 해결안을 제시한 사례가 참고가 될 수 있다. 해당 사례를 개괄적으로 제시하면 다음과 같다(박수정, 2012).

교육행정학 강의를 수강하는 교육학과 학생들은 6명씩 팀을 구성하였고, 액션러닝에 대한 이해와 팀 빌딩을 거쳐 과제를 부여받았다. 이들이

〈표 10-1〉 액션러닝 과제(요약)

의뢰인	과제 내용	학교 특성
고등학교 교장	사교육 없는 학교로 지정되어 1년간 운영하였으나 학생들의 사교육 의존도가 높아 사교육비가 현격히 줄어들지 않고 있다. 어떻게 하면 사교육비를 줄이고 학교교육을 정상화시킬 수 있을까?	경제력 높은 편, 재학생 81% 사교육 참여, 평균 31만 원
고등학교 교감	전체 학생의 약 30%에 해당하는 학습부진 학생들을 구제하기 위한 학교와 교사의 역할은 무엇일까?	공단 지역 위치, 여건 다소 열악
초등학교 교장	소규모 학교에서의 효율적인 업무 처리 방안 및 교사가 수업에만 전념할 수 있는 방안은 무엇일까?	광역시 내 소규모 학교(전체 6학급)
초등학교 교장	학생 수 감소로 여유 교실이 많아서 유지·관리에 어려움이 많은데 효율적인 시설 활용을 위해 학교장이 할 수 있는 의사결정에는 어떤 것이 있을까?	5년 전 62학급, 현재 27학급, 앞으로 24학급 예정

초등학교와 고등학교의 학교장 및 교감으로부터 의뢰받은 액션러닝 과제는 〈표 10-1〉과 같다.

학생들은 과제 명확화를 위해 의뢰서 분석과 예비 조사를 통한 예비 진단을 통해 과제기술서를 작성하였다. 〈표 10-2〉는 과제기술서의 예시다.

학생들은 과제 분석을 통해 과제의 원인과 문제점 등을 조사하고 면담조사, 설문조사, 문헌조사 등을 통해 과제 해결안을 개발하였다. 〈표 10-3〉은 과제 해결안의 예시다.

액션러닝을 통해 학생들은 일종의 학교 컨설팅을 하는 컨설턴트의 경험을 하게 되었고, 과제를 의뢰한 의뢰인들은 참신하고 유용한 과제 해결안을 얻는 효과를 갖게 되었다. 이 과정에서 대학의 학습자와 현장의 실행가 간에 서로 도움을 주고받을 수 있었고, 팀 학습을 통해 학교경영의 문제를 해결하는 경험을 할 수 있었다.

이 사례에서 수업을 진행한 러닝 코치(촉진자)의 역할을 학교컨설턴트(대표 컨설턴트), 액션러닝 학습 팀에 참여한 학생들을 학교컨설턴트 팀으

〈표 10-2〉 과제기술서(예시)

과제명	소규모 학교에서의 효율적인 업무 처리와 수업의 질 향상 방안	도출해야 할 구체적 결과		
의뢰 학교	○○초등학교(학교장)	• 효율적인 업무 처리 방안 - 효율적인 업무 처리를 위한 학교 내적인 노력 - 업무 처리 및 수업 보조 등의 인력 배치를 위한 학교 외적인 노력 - 타 소규모 학교의 성공적인 문제 해결 사례 • 수업의 질을 높일 수 있는 방안 - 학교 측면 - 교사 측면		
	과제 선정 배경			
과제 관련 교내 현상 및 문제점	• 6학급의 소규모 학교 • 연구위원 및 교육청 산하기관의 지원요청으로 인한 교사들의 출장으로 수업 결손 발생 • 인력 부족으로 인한 공문 및 업무 처리의 비효율성 • 녹색성장 환경교육시범학교로 지정된 후 업무 증가	실행 시 기대 효과		
		구분	직접적 효과	간접적 효과
과제 관련 의뢰인의 요구	• 과중한 업무를 신속하고 효율적으로 처리하는 방안 • 교사들이 수업에 집중하여 교육의 질이 향상될 수 있는 방안 • 타 소규모 학교에서 이루어지고 있는 바람직한 업무 처리 사례에 관한 정보 공유 • 교육 정책 제도 개선, 인적 자원의 추가 배치(제도적 측면)	정량적 측면	• 업무 처리 시간 감소 • 수업 결손 감소 • 수업 준비 시간 증가	• 학생들의 성적 향상 • 수업 자료의 양적 · 질적 보충
		정성적 측면	• 교사 업무 부담, 스트레스 감소 • 수업의 질 향상 • 교사 직무 만족	• 교사, 학생, 학부모의 수업 만족도 향상 및 불화 감소

로 볼 수 있다. 과제를 명확화하고 과제 관련 현상과 원인을 분석하는 과정은 학교컨설팅의 진단 단계, 과제 해결안을 도출하는 과정은 과제 해결안 구안 및 선택 단계에 해당한다. 이를 위해 필요한 여러 가지 방법으로 연구를 수행하는 것이다. 단, 러닝 코치는 액션러닝의 진행에는 관여하지만 내용에는 관여하지 않아야 한다는 사실을 유념해야 한다. 즉, 액션러닝 학습 팀이 주도적으로 이끌어 가는 것이다. 이러한 액션러닝 학습 팀이 학교 밖의 컨설턴트일 수도 있고, 학교 내의 내부 협력 팀이 될 수도 있다. 후자의 경우에는 러닝 코치가 학교컨설턴트, 학습 팀이 협력 팀이 된다.

〈표 10-3〉 과제 해결안(요약) 예시

구분	내용
과제	학생 수 감소로 여유 교실이 많아서 유지·관리에 어려움이 많은데 효율적인 시설 활용을 위하여 학교장이 할 수 있는 의사결정에는 어떤 것이 있을까?
현상	• 신도시의 인구 집중으로 2000년대 초반까지 62학급이 편성된 과대 학교였으나 2005년에 인근 학교의 개교로 33학급으로 줄어들었고, 현재 27학급이지만 2~3년 안으로 24학급 편성이 불가피할 것으로 보임 • 현재 62개 중 27개만이 학급교실로 사용되고, 많은 유휴 교실이 발생함
문제점	• 활용이 적은 특별실이 다수 운영되면서 공간 활용이 효율적으로 이루어지지 못함 • 활용이 적은 특별실에 비치된 각종 기자재의 유지·보수 비용이 낭비되고 있음
해결안*	• 전용 세면 공간 조성: 유휴 교실을 충치 예방을 위하여 양치질을 할 수 있는 세면 시설로 활용 • 미니 갤러리 운영: 유휴 교실을 학생들이 수업 시간에 만든 작품을 전시하는 공간으로 활용 • 헬스장 설치: 유휴교실을 지역주민을 위한 헬스장으로 활용 • 독서실 운영: 유휴교실을 지역주민을 위한 독서실로 활용
결론	• 학교가 지역사회 공동체의 중심 및 평생교육의 장으로서의 역할을 해야 하며, 이는 유휴 교실의 활용에 있어 시사점을 줌 • 유휴교실을 학생, 지역주민, 지역사회 모두에 도움이 되도록 하여 학교의 존재 가치를 높이고 지역사회의 발전에도 기여할 수 있을 것임

* 각 방안마다 추진 배경, 실행 주체와 참여자, 추진 방법, 추진 시 고려 사항 및 전제 조건, 예상 장애 요인 및 극복 방안, 실행 시 기대 효과, 장단점을 제시함.

5. 액션러닝의 학교컨설팅 적용 가능성

액션러닝을 적용한 학교컨설팅 모델의 개발 및 컨설팅 사례의 축적이 필요하며, 현재로서는 다음과 같이 적용 가능성을 확인할 수 있다.

첫째, 액션러닝은 컨설턴트 팀이 의뢰된 과제를 해결하는 방법으로 활용할 수 있다. 여기에서 액션러닝 팀은 컨설턴트로 구성되며, 이들은 과제에 대한 해결안을 구안하는 과정을 수행한다. 액션러닝의 과제 해결 과정은 곧 학교컨설팅의 절차와 동일하다고 볼 수 있고, 조직의 중요한 실제 과제를 해결한다는 점에서 대단히 유사성을 갖는다. 따라서 액션러닝을 잘하는 것 자체가 학교컨설팅이 될 수 있다. 이 경우, 컨설턴트들은 모두 액션러닝을 정확히 이해해야 하고, 총괄적인 역할을 맡은 컨설턴트가 러닝 코치의 역할을 수행하면서 컨설팅 팀이 실행 가능한 해결안을 도출하도록 이끌어야 할 것이다.

둘째, 액션러닝은 컨설턴트가 의뢰인에게 스스로 과제를 해결하게 하는 방법으로 활용할 수 있다. 즉, 액션러닝 팀을 의뢰인으로 구성하고, 컨설턴트는 러닝 코치로서 의뢰인들이 과제에 대한 해결과 실행을 할 수 있도록 지원하는 것이다. 학교컨설팅은 외부 전문가가 해결안을 제시하는 것보다 학교구성원이 해결안을 스스로 만드는 것이 바람직하다. 해결안을 실행해야 할 주체가 학교구성원이기 때문이다. 따라서 내부 협력 팀을 구성하여 컨설턴트와 함께 주체적으로 문제의 진단 및 해결 과정에서 협력하는 팀 활동을 하도록 할 수 있는데, 바로 이러한 지점에서 액션러닝을 적용할 수 있는 가능성이 높다고 하겠다.

셋째, 액션러닝에서 중시되는 요소들을 컨설팅에 활용할 수 있다. 특히 질문과 성찰은 대단히 중요하게 강조되는 요소이며, 팀 활동과 팀 학습 또한 대단히 중요하다. 따라서 액션러닝에 대해 학습하는 과정은 곧 컨설턴트의 역량을 강화하는 데 도움이 될 수 있으며, 컨설턴트가 의뢰인을 만나는 과정에서, 또 컨설턴트 팀 간의 상호작용에서 다양하게 활용할 수 있을 것이다.

학교컨설팅 기법으로 각광받고 있는 액션러닝이 학교 현장에 적합한 실질적인 컨설팅 방법으로 적극 활용되고, 이를 바탕으로 액션러닝을 활용한 효과적인 컨설팅 모형이 개발될 수 있기를 기대한다.

제4부

학교컨설팅의 미래

우리가 실천하고 있는 학교컨설팅의 미래는 어떻게 될 것인가? 새로운 이론이 태어나서 지난 10여 년간 연구가 꾸준히 이루어지고 있고 전국에서 다양한 형태로 시행되고 있다면, 이는 곧 학교컨설팅이 교직사회에 필요한 것이고 또한 가치가 있음을 증명하고 있는 것이라고 볼 수 있다. 4부에서는 이러한 학교컨설팅의 의의와 전망을 다루고, 우리나라의 학교컨설팅 연구와 실행의 중추적인 역할을 수행해 온 한국학교컨설팅연구회의 활동을 살펴보고자 한다.

제11장

학교컨설팅의 의의와 전망

누구든지 자신이 하고 있는 일이 무엇인지 정확하게 이해하는 것은 매우 중요하다. 교사가 교사로서 자신이 하고 있는 일이 무엇인지 이해하고 교장이 교장으로서 자신이 하고 있는 일이 무엇인지 이해하는 것은 각자의 역할과 직무를 잘 수행하는 데 꼭 필요하다. 학교컨설턴트가 되려고 하는 사람과 학교컨설턴트로 일하고 있는 사람도 학교컨설팅이 무엇인지 올바르게 이해해야 학교컨설턴트로서의 역할과 직무를 잘 수행할 수 있다.

학교컨설팅이 무엇인지 이해한다는 것은 무엇을 의미하는가? 그것은 학교컨설팅의 이론과 방법 그리고 구체적인 기법을 이해한다는 의미다. 또한 학교컨설턴트가 수행하는 역할과 직무가 무엇이고 어떤 자질과 능력이 필요한지 이해한다는 의미도 있다. 앞의 장들에서 다룬 내용은 주로 이와 같은 내용에 관한 이해를 돕기 위한 것이다. 이러한 내용에 관한 이해 못지않게 중요한 것은 학교컨설팅의 특성이 무엇이고 이것이 교직

사회 구성원(교사, 수석교사, 교감, 교장, 교육전문직, 교육행정가 등)과 교직
사회 자체에 어떤 의미가 있는지를 이해하는 것이다. 이들에 대한 이해
는 학교컨설팅에 대한 인식과 태도에 영향을 주고, 궁극적으로는 학교컨
설팅을 하는 자세에 영향을 준다. 이 장에서는 주로 학교컨설팅의 특성
과 의의를 중심으로 살펴보고 학교컨설팅의 미래가 어떠할지에 대해서
도 생각해 본다.

1. 학교컨설팅에 관한 지식 체계와 특성 이해의 중요성

학교컨설팅에 관한 이해는 ① 학교컨설팅 관련 '지식 체계'에 관한 이
해와 ② 학교컨설팅의 '특성'(혹은 성격)에 관한 이해가 있을 수 있다. 전
자는 학교컨설팅의 개념, 모형, 원리, 영역, 절차, 유형, 기법 등을 이해
하고 학교컨설턴트의 직무와 역할, 전문성, 능력 등을 이해하는 것이다.
그리고 후자는 그러한 지식으로 구성된 학교컨설팅 이론과 실행이 다른
활동 혹은 서비스보다 두드러지게 지니는 특징, 그리고 학교컨설팅이
관련 당사자, 학교조직, 교육, 교직사회 등에서 차지하는 의미를 이해하
는 것이다. 학교컨설팅 지식체계에 관한 이해는 의뢰인, 학교컨설턴트,
학교컨설팅관리자가 학교컨설팅을 제대로 의뢰하고 그것을 실천 및 관
리하기 위해서 필요하다. 학교컨설팅의 특성과 성격을 이해하는 것은
학교컨설팅의 필요성, 중요성 그리고 의미를 이해하는 것이고, 이것은
의뢰인, 학교컨설턴트, 학교컨설팅관리자가 학교컨설팅에 대해 갖는 인
식과 태도는 물론이고 학교컨설팅의 모든 과정에 영향을 주기 때문에
대단히 중요한다.

축구를 예로 들면, 축구에 관한 지식과 기술을 잘 이해하는 것은 축구
선수, 감독, 심판 각자가 축구를 잘하고, 전략을 잘 세우고, 정확하게 판

정을 내리기 위해 필요하다. 한편, 축구의 특성에 관한 이해는 축구가 다른 구기 종목들과 비교할 때 어떤 특징이 있고, 그것이 선수, 감독 혹은 심판에게 어떤 의미가 있으며 왜 중요한지에 관한 이해를 말한다. 이것은 선수, 감독, 심판이 축구라는 운동과 경기에 대해서 갖는 인식, 태도 및 행동에 영향을 준다. 축구의 특성을 이해하지 못한 채 축구를 하는 선수는 상대 팀을 이기기 위해 기계적으로 훈련받고 감독의 지시에 따라 움직일 뿐이다. 따라서 이런 선수에게 적극적이고 능동적인 태도와 행동을 기대하기는 어려울 것이다. 하지만 축구가 야구나 배구와 어떤 점에서 다르고, 축구가 자신에게 어떤 의미를 지니는지에 대해 이해한 상태에서 축구를 하는 선수는 축구를 대하는 태도나 경기에 임하는 자세와 행동이 사뭇 다를 수 있다.

학교컨설턴트가 학교컨설팅에 관해 이해하지 못하고 실천을 하는 경우는 드물다. 학교컨설팅의 역사가 짧기는 하지만, 그래도 지금까지 전국 단위 혹은 지역 단위로 학교컨설팅과 관련한 연수가 많이 이루어져왔다. 특히 학교컨설턴트로 위촉받은 교원들은 위촉 전후에 일정 시간 직무연수를 받는 것이 상례다. 그러나 이러한 연수는 시간과 재정상의 제약으로 충분하지 못하다는 것이 일반적인 평가다. 학교컨설팅에 관한 기초 지식과 기술을 이해하기에도 부족하다. 이러한 상황에서 학교컨설턴트에게 학교컨설팅의 특성과 의미까지 충분하게 이해하기를 기대하는 것은 무리다.

그런데 학교컨설팅 지식에 관한 이해 그리고 특성에 관한 이해를 공식적인 연수와 지원에만 의존하고 기다릴 수는 없다. 최소한의 지식과 기술을 자산으로 해서 개인적인 노력 및 실행을 통한 학습으로 나아가 학교컨설팅의 특성에 관한 이해의 폭과 깊이를 확대하고 심화시켜야 할 것이다.

학교컨설팅 지식과 특성에 대한 이해는 학교컨설팅이 이루어지고 있는 상황으로 볼 때, 절박하다고까지 표현할 수 있다. 학교컨설팅을 제대로 이해하는 것은 잘못 기획해서 실천하고 있는 학교컨설팅을 바로잡기위해 필요하다. 현재는 학교컨설팅에 관한 이론적 연구와 실천의 역사가 짧은 가운데, 그 취지와 목표에 대한 공감대가 빠른 시간 안에 형성되어 여러 곳에서 다양하게 실행되고 있다. 이들 중에는 제대로 실행되고있는 것도 많지만, 실행 과정과 절차가 잘못된 것도 많은 실정이다. 준비를 철저히 하지 못하고 시간적·재정적 한계 속에서 무리하게 추진함에따라 오히려 역효과를 나타내는 경우도 적지 않다. 이렇게 잘못된 학교컨설팅을 바로잡기 위해서 학교컨설팅에 대한 지식을 충분하게 습득하고 학교컨설팅의 의미와 특징이 무엇인지 올바르게 이해해야 한다.

학교컨설팅에 관한 올바른 이해는 그것에 관한 오해에서 비롯되는 교원의 심리적 부담감과 거부감을 해소하는 데 도움을 준다. 학교컨설팅을장학의 새로운 유형으로 잘못 알고 있는 사람이 많은데, 이들은 교육행정가와 교육학자가 이름만 그럴듯하게 바꾼 장학으로 자신들을 또 괴롭힌다고 생각한다. 기업이 경영을 효율화하고 이윤을 극대화하기 위해 활용하는 경영컨설팅을 학교 조직에 도입한 것이 학교컨설팅이라고 잘못알고 있는 사람도 많다. 또한 학교컨설팅을 교사 간·학교 간 경쟁을 조장하기 위한 것으로 생각하고 거부감을 표시하는 사람도 있다. 학교컨설팅은 장학의 대안으로 창안되었고, 경영컨설팅과는 다른 것임을 이해한다면 교원이 학교컨설팅에 대해 이와 같은 불필요한 부담감과 거부감은나타내지 않을 것이다.

학교컨설팅의 모형, 원리, 과정 및 절차 등은 이상적인 조건과 상황에서만 제시된 대로 실행할 수 있다. 즉, 이것은 이상적 형태(ideal type)다.그런데 어떤 과업이나 활동이든 그것의 실행을 위해 필요한 조건을 완벽하게 갖출 수는 없다. 한편으로는 실행을 위한 조건을 마련하면서 다른한편으로는 실행의 효과성을 높이기 위해 노력하는 것이 일반적인 현상이다. 학교컨설팅을 의뢰하는 교사나 학교의 여건과 환경은 제각기 다르다. 이런 상황에서 이상적인 학교컨설팅 모형을 모든 원리와 절차를 철저하게 지켜 가면서 실행할 수는 없다. 따라서 학교컨설턴트에게 필요한 것은 컨설팅 대상 교사와 학교에 맞도록 모형, 원리 및 절차를 조정해서 실행하는 것이다. 따라서 학교컨설팅 현장 모형을 만들어야 하는데, 이것은 학교컨설팅 지식과 특성에 대한 정확한 이해 없이는 불가능하다.

2. 학교컨설팅의 특성

새로운 사람을 소개받았을 때 우리는 그 사람을 눈에 보이는 신체적 특징을 중심으로 파악한다. 그러나 시간이 지날수록 성격, 태도, 흥미나 사고방식 등을 알게 되고 그것을 다른 사람들과 비교함으로써 그 사람만의 특징을 제대로 파악할 수 있게 된다. 사람을 다른 사람과 비교하고, 그 사람이 속한 조직이나 환경 속에서 본다면 그 사람에 대해 보다 폭넓게 그리고 깊게 이해할 수 있다. 학문적 이론도 마찬가지다. 특정 이론을 처음 접하면 그것의 내용을 파악하는 데 관심을 집중한다. 그리고 시간이 갈수록 그 이론이 다른 이론과 공통되는 점은 무엇이고 다른 점은 무엇인지, 그 이론이 자신에게 혹은 사회적으로 어떤 의미가 있는 것인지 등으로 관심의 초점이 변한다. 이처럼 특정 이론을 비교적 관점 및 맥락적 관점에서 보면 그 특성을 보다 온전하게 파악할 수 있다. 한편, 특정 이론의 특성을 제대로 알지 못하면 그것을 기계적으로 수용하거나 무조건 거부하는 일이 나타날 수 있다.

학교컨설팅도 마찬가지다. 학교컨설턴트는 학교컨설팅의 내용적 지식에 대한 이해와 함께 그것의 특성까지도 제대로 이해해야 더 헌신적으로 실천을 위해 노력할 수 있다. 아직도 학교컨설팅이 무엇인지 모르는 교원들이 많다. 학교컨설팅에 대해 오해하고 있는 교원들도 있다. 학교컨설턴트는 이들에게 학교컨설팅이 무엇이고 왜 필요한지에 대한 이해를 도와주어야 그들이 학교컨설팅을 요청해서 도움을 받게 할 수 있다. 또한 학교컨설팅에 필요한 사람, 시간 및 돈이 충분하지 않은 상황 속에서 컨설팅을 수행하고 있는 것이 현실인데, 학교컨설팅이 제대로 이루어질 수 있는 조건과 환경을 만드는 것도 학교컨설턴트의 중요한 역할 중 하나다. 학교컨설턴트가 학교컨설팅의 특성을 잘 파악하고 있어야 교원의 이해를 도울 수 있고, 학교컨설팅의 실천을 위한 여건을 조성하도록 교육행정가를 설득할 수 있다.

학교컨설팅의 특성으로 강조하고자 하는 것은 다음의 세 가지다.[1] 첫째, 학교컨설팅은 외국에서 수입한 이론이 아니라 우리나라에서 만들어진 이론이다. 많은 사람이 학교컨설팅을 외국 이론이라고 생각하지만 그렇지 않다. 심지어는 누구보다 앞장서서 열심히 실천하고 있는 컨설턴트조차 학교컨설팅을 우리나라의 교육학자가 외국에서 수입한 것이라고 잘못 알고 있다. 학교컨설팅을 이론으로 정립한 세계 최초의 단행본은 2003년에 서울대학교 진동섭 교수가 저술한 『학교컨설팅: 교육개혁의 새로운 접근 방법』이다. 이 책은 학교컨설팅의 개념, 모형, 원리, 절차, 영역 등을 망라해서 정리·제시하고 있다. 이와 같이 학교컨설팅은 외국에서 수입한 이론이 아닌 우리나라에서 탄생한 이론이다. 하지만 『학교컨설팅: 교육개혁의 새로운 접근 방법』이 출판된 2003년을 기점으로 삼는다면, 학교컨설팅에 관한 연구와 실천의 역사는 10여 년에 불과하다. 따라서 학교컨설팅은 10여 년이라는 아주 짧은 역사를 가지고 있는 우리나라의 자생 이론이라고 할 수 있다.

---

[1] 학교컨설팅의 탄생 배경, 특성 및 의미에 관한 보다 자세한 내용은 진동섭, 홍창남, 김도기(2008), pp. 17-26; 진동섭(2012. 10.), pp. 21-25를 참고할 것.

둘째, 학교컨설팅은 장학을 보완하기 위한 활동이 아닌 대체하기 위한 활동으로 구안된 것이다. 학교컨설팅과 가장 가까이 있는 활동(혹은 과업)은 장학이다. 하지만 정작 역사가 오래된 장학은 현재 제대로 이루어지지 않고 그 효과에 대해서도 교사들이 만족하지 못하고 있다. 많은 사람이 이러한 장학을 '보완'하기 위해 나온 것이 학교컨설팅이라고 생각한다. 이것 역시 잘못된 생각이다. 학교컨설팅은 장학의 비효과성, 부족함, 한계성 등을 보완하기 위한 활동으로 구안된 것이 아니라 그러한 장학을 '대체'할 수 있는 활동으로 만들어진 것이다. 따라서 학교컨설팅이 제대로 교직사회에 자리잡는다면 굳이 장학이라는 활동이 남아 있을 필요가 없게 된다. 즉, 학교컨설팅은 장학을 보완하는 활동이 아니라 대체하는 활동이다.[2]

셋째, 학교컨설팅은 단순히 교원의 전문성 개발을 위한 또 하나의 새로운 과업으로서만 구상된 것이 아니라 교육개혁의 접근 방식으로서 구상된 것이다. 앞서도 언급했듯이 학교컨설팅에 관한 최초의 책 이름은 『학교컨설팅: 교육개혁의 새로운 접근 방법』이다. 다시 말해, 학교컨설팅은 우리의 교육을 어떻게 개혁할 것인가를 고민하는 과정에서 산출된 결과물이다. 물론 장학이나 현직연수도 교사의 전문성을 향상시키기 위해 제공되는 활동이긴 하다. 하지만 그렇다고 해서 학교컨설팅을 이들과 같은 수준의 활동으로 생각하는 것은 잘못이다. 학교컨설팅은 교육과 경영의 활력이 강한 학교를 많이 만듦으로써 교육개혁을 성취하는 것을 목표로 한다. 따라서 학교컨설팅의 목표와 활동은 장학이나 현직연수보다 훨씬 포괄적이고 크고 높다.

교육개혁의 새로운 접근 방법 방식으로서의 학교컨설팅은 '청사진 접

---

[2] '컨설팅장학'은 장학에 학교컨설팅의 취지, 원리, 방법 등의 일부를 적용한 '장학'의 새로운 유형이지 '학교컨설팅'은 아님.

근 방식'이 아니라 '현장 지식 기반 접근 방식'을 강조한다.[3] 전자가 교육부를 위시한 상급 교육 행정기관이 일선 학교의 청사진을 만들어서 전국에 그 시행을 강제하는 접근법이라면, 후자는 일선 학교들이 자신들의 청사진을 만들어서 실행하는 과정을 교육부와 상급 교육 행정기관이 지원하고 협력하는 접근법이다. 즉, 현장 지식 기반 접근 방식은 일선 학교 교원들이 중심이 되어서 자신들의 전문적 지식, 기술 및 지혜를 서로 나누고, 공유하고, 축적하고, 활용해서 좋은 학교를 만듦으로써 교육을 개혁하는 방법이다. 여기에서 강조하는 것은 교원의 자발적·협동적 전문성 향상 노력이다. 다만 교원 개개인의 전문성보다는 단위학교 교원 전체의 집단적 전문성을 강조한다. 그러므로 학교컨설팅은 교원들이 서로 도와서 교직 전체가 강해지는 자조자강(自助自强)의 교직 문화 창조 운동이 되는 것이다.

3. 학교컨설팅의 의의

2000년을 전후해서 학교컨설팅 관련 연구와 실천을 위한 노력이 시작되었다. 이후 10여 년간 학교컨설팅 관련 사업은 전국적으로 아주 빠르게 확산되었다. 이에 관한 연구 역시 비교적 활발하게 이루어졌다.[4] 학교컨설팅 이론은 그 자체로서, 연구와 실천의 과정을 통해 교사직, 학교조직 구성원 간의 관계, 교직사회를 변화시키는 데 영향을 주고 있다. 학교컨설팅에 의해 어떤 변화들이 일어나고 있고, 그런 변화들이 함의하거나 시사하는 의미와 의의가 무엇인지 살펴보자면 다음과 같다.[5]

---

3) 청사진 접근 방식과 현장 지식 기반 접근 방식은 각각 'blueprint approach'와 'local-knowledge approach' 아이디어를 발전시킨 것임. 이 개념은 Rodrik(2000)과 이주호(2001)를 참고할 것.

4) 자세한 내용은 진동섭(2012), pp. 5-6; 진동섭(2012. 10.), pp. 14-16의 내용을 참고할 것.

5) 이 절의 내용은 진동섭(2012), pp. 8-10; 진동섭(2012. 10.), pp. 26-27의 내용을 정리한 것임.

1) 학교컨설팅에 의한 교사직의 변화와 의의

(1) 유능한 교원의 발굴과 활용

학교컨설팅에서 생각하는 가장 소중한 학교컨설턴트 자원은 40만 교원이다. 따라서 학교컨설턴트를 확보한다는 것은 일선 학교의 교실에 숨겨져 있는 유능한 교사를 발굴해 낸다는 것을 의미한다. 실제로 전국 17개 시·도 교육청은 학교컨설팅 관련 사업을 수행하기 위해 교원들 중에서 특정 교과·영역·분야의 전문적 지식과 기술이 출중한 사람들을 발굴하여 수업컨설턴트나 학교경영컨설턴트로 위촉한 후 활동하게 하고 있다. 따라서 학교컨설턴트로 활동하고 있다는 것은 곧 자신의 전문적 지식과 기술을 교육청이나 동료 교원들로부터 인정받았다는 것을 의미한다. 교육이나 학교경영에 관한 전문적 지식과 기술을 가진 교원에게 학교컨설팅에 관한 전문성을 구비하게 한 후 활용한다면 교원 간에는 전문성의 교류와 순환이 이루어질 수 있다.

(2) 교원의 직무 분화 및 확대

학교컨설턴트, 수업컨설턴트 및 학교경영컨설턴트는 주로 교원 중에서 발탁된다. 수업컨설턴트의 경우는 평교사가 가장 많다. 물론 교장, 교감 혹은 교육전문직원이 수업컨설턴트가 되는 경우도 있다. 평교사가 수업컨설턴트가 되어 수업컨설팅을 한다는 것은 곧 평교사의 역할과 직무가 새롭게 분화됨을 의미한다. 평교사는 주로 특정 교과나 학년의 수업 담당자 그리고 특정 학급의 경영자 역할을 수행해 왔다. 수업컨설턴트로서의 교사는 학생을 상대로 하는 것이 아니라 동료 교사를 상대로 한다. 즉, 교사가 학생들을 대상으로 직무를 수행하는 것에서 나아가 동료 교사를 대상으로 새로운 직무를 수행하게 되는 것이다. 이것을 직무 분화(job differentiation)라고 한다. 어떤 평교사가 학교경영 진단에 관한 지식

과 기술이 뛰어나서 학교경영컨설턴트로 일한다면, 그 교사의 역할 대상
자는 학생이나 교사뿐만 아니라 교장으로까지 확대된다. 이렇듯이 학교
컨설팅은 교사, 교감, 교장 및 교육전문직원의 역할과 직무를 분화하고
확대함으로써 새로운 직무와 역할을 수행하는 기회를 제공했다는 점에
서 의미가 크다.

2) 학교컨설팅에 의한 학교 조직 구성원 간의 관계 변화와 의의

(1) 새로운 역할 관계 및 정체성 출현

학교컨설팅단원으로 일하는 교사, 수석교사, 교감 및 교장은 학교컨설
팅이라는 동일한 역할을 수행한다. 같은 학교에서 근무하는 교장과 교사
가 교육지원청의 학교컨설팅단 일원으로 활동할 경우, 이들의 관계는 학
교 안에서는 교장과 교사라는 각기 다른 역할과 직무를 수행하는 상급자
와 하급자의 관계지만 교육지원청의 학교컨설팅단에서는 교장도 컨설
턴트이고 교사도 컨설턴트이기 때문에 상하 관계가 아닌 동료 관계가 된
다. 학교컨설팅의 출현으로 교장, 교감, 교사, 교육전문직원 간에 새로운
역할 관계와 정체성이 생겨나게 되었다고 볼 수 있다. 다시 말해, 학교
컨설팅에 의해서 이들 간의 상하적 위계관계에 더해 수평적 동료관계가
새롭게 출현하게 된 것이다.

(2) 교원의 새로운 네트워크 형성

학교컨설턴트는 지구(地區), 교육지원청, 교육청 혹은 교육부 단위로
구성된다. 가령, ○○지구 학교컨설팅단, ××교육지원청 학교컨설팅단,
□□교육청 학교컨설팅단 혹은 방과후학교 중앙컨설팅단 등으로 조직
된다. 이제까지 교원들이 담당 교과목, 학교급, 근무 지역, 교원 단체 등
의 구성원으로서 연결되어 있었다면, 학교컨설팅이 나타남으로써 새로

운 조직의 구성원으로 네트워크를 이룰 수 있게 되었다. 즉, 학교컨설팅이 시행됨으로써 교원들은 좀 더 복잡하고 다양한 조직의 구성원으로서 좌우, 상하로 연결될 수 있게 되었다. 이렇게 형성된 학교컨설팅 조직은 교원 연구 모임, 교원 단체, 대학, 연구소 등과도 연결되어 새로운 형태의 거대한 교원 네트워크로 발전할 수 있고, 이러한 네트워크는 학교 교육 및 조직의 운영에 커다란 영향을 줄 수도 있다는 점에서 의미가 큰 변화로 인식해야 한다.

3) 학교컨설팅에 의한 교직사회의 변화와 의미

(1) 교원의 자발적인 전문성 향상 의지와 노력 확인

교육개혁이 제대로 이루어지려면 권력과 권한을 갖고 있는 교육행정기관의 교육개혁에 대한 인식과 접근 방식이 변해야 한다. 마찬가지로 학교컨설팅이 교직사회에 제대로 뿌리내리려면 교육행정기관의 교직사회에 대한 인식과 태도가 변해야 한다. 학교컨설팅은 이론 개발 단계에서부터 교원 출신 공동 연구자들에게 교원의 자발적 전문성 개발 의지와 노력을 전제로 하는 컨설팅은 성공할 수 없다는 비판을 받았다. 그들은 할 일이 많고 바쁜데 어떤 교사가 자신의 문제와 과제 해결을 위해 다른 사람에게 자발적으로 컨설팅을 요청하겠느냐는 논리였다. 이 장의 저자는 40만 교원 중에 1%만이라도 그런 교사가 없겠느냐고 반문하고, 그 정도 수의 교사만 있다면 성공할 수 있다고 설득했다.

학교컨설팅 시행 초기에 가장 힘들었던 것은 의뢰인을 구하는 것이었다. 시행 계획은 세워 놓았는데 의뢰하는 교사와 학교가 없으니, 반(半)강제적으로라도 실시할 수밖에 없었다. 그러나 점차 시간이 갈수록 소수지만 자발적으로 요청하는 교사가 늘어 갔고, 컨설팅의 효과를 보기도 했다. 이렇게 학교컨설팅이 실시됨으로써 교원 스스로가 교원에 대해서 갖고 있었던 인식과 교육청이 일선 학교 교원들에게 갖고 있었던 선입견에 변화가 나타나기 시작했다.

(2) 개방적 · 확산적 교직 문화 형성의 가능성 확인

학교컨설팅 사업을 통해 자발적으로 도움을 요청하는 교사가 나타났고, 많지는 않지만 자신의 전문성을 동료 교사를 위해 사용하겠다는 교사도 나타났다. 교사들은 함께 만나 부담이 적은 분위기 속에서 도움을 주고받는 과정을 통해 '서로 도와서 스스로 강해지는 것'이 가능하다는 것을 깨닫는다. 그리고 그렇게 하는 일이 매우 의미 있고 즐거운 일이 될 수도 있다는 것을 알게 된다. 물론 이것이 모든 학교컨설팅에서 나타나는 현상은 아니다. 그러나 어려운 여건 속에서도 컨설팅 성공 체험을 한 교원들이 존재하고 그 수가 점차 늘어나는 것도 사실이다.

컨설팅을 의뢰하는 교사와 컨설팅을 수행하는 교사는 각자 자신이 속한 학교의 범위를 넘어서서 도움을 주고받는다. 이러한 활동이 확산 · 정착되면, 교원들의 조직 정체성이 단위 학교에 머무는 것이 아니라 지역 교육청, 시 · 도 교육청 혹은 전국 단위로까지 확산될 수 있다. 이것은 학교조직 운영의 폐쇄성을 벗어나는 데 영향을 줄 것이다. 또한 보수적이고 폐쇄적이라고 인식되어 온 교직 문화의 변화를 가져올 수도 있다는 점에서 매우 의미 있는 일이다.

4) 학교컨설팅에 의한 그 밖의 변화와 의미

(1) 교육행정기관의 역할과 기능에 대한 새로운 각성의 기회

교육청은 학교컨설팅을 기획하고 관리하는 과정을 통해 교육행정기관의 새로운 기능과 역할에 대해 깨닫기 시작했다. 즉, 관내 교원 인적 자원 중에는 대단히 질 높은 다양한 자원이 존재하고, 이들을 잘 발굴해서 활용하면 지역 교육도 발전하고, 교원의 사기도 높일 수 있음을 알게 되었다. 교육청은 교원의 능력을 발굴 및 개발해서 그것을 발휘할 기회를 제공하면 어떤 일이 나타나는지 확인하게 된다. 그 효과를 짧은 기간 안에 실감하기는 어렵지만, 가능성만큼은 깨달을 수 있다. 특히 교육전문직 중에는 학교컨설팅과 같이 교사와 단위학교의 역량 개발을 지원하고 문제를 해결해 주는 일이 자신들이 해야 할 본연의 일이고 그러한 일을 하는 것이 가능함을 새롭게 인식하기 시작했다. 이러한 인식의 확대는 교육청의 기능과 조직의 변화로 연결될 수도 있다는 점에서 의미가 있다.

(2) 새로운 직업의 창출

학교컨설팅에 관한 연구가 시작되고 사업이 확산되면서 교직사회에는 작지만 의미 있는 변화가 나타나기 시작했다. 우선, 학교컨설팅을 실행하는 사람, 즉 학교컨설턴트가 나타난 것이다. 학교컨설턴트는 이제까지 없었던 역할이자 직책이었다. 그런데 학교컨설팅이 창안 실행되면서 새롭게 생겨난 것이다. 달리 표현하면, 학교컨설팅은 학교컨설턴트라는 새로운 직업을 창출한 것이다. 학교컨설팅은 크게 수업컨설팅과 학교경영컨설팅으로 구분할 수 있다. 따라서 좀 더 세부적으로 보면 학교컨설팅은 수업컨설턴트와 학교경영컨설턴트라는 직업을 만들어 낸 것이다. 이렇게 새로운 직업이 만들어지고 활동하는 사람이 많아지면 학교조직 구성원들 간의 전통적인 구조와 관계에 변화가 나타날 수도 있다.

4. 학교컨설팅의 전망과 과제

1) 학교컨설팅의 전망[6]

　학교컨설팅의 전망은 어떤가? 이론을 만들고 시행한 지 10여 년에 불과한 학교컨설팅의 전망은 "밝아야 한다!"고 말할 수밖에 없다. 새로운 이론이 태어나서 지난 10여 년간 연구가 꾸준히 이루어지고 있고 전국에서 다양한 형태로 시행되고 있다면, 그것이 곧 학교컨설팅은 교직사회에 필요한 것이고 또한 가치가 있다는 것을 증명하고 있다고 볼 수 있다. 이렇게 교직사회가 학교컨설팅에 대해서 긍정적이고 호의적이라면, 특별한 변수가 없는 한 그것의 앞날은 밝은 것이다. 그런데도 전망이 "밝다."가 아니라 "밝아야 한다."고 말하는 이유는 특별한 변수가 생기더라도 잘 극복해서 학교컨설팅을 이상형 그대로 학교 현장에 실천하기 위해 적극적으로 노력해야 함을 강조하기 위해서다. 사실, 모든 일의 앞날은 사람들이 의지를 갖고 성취하고자 한다면 밝을 것이고, 그렇지 않다면 어두울 것이다. 10여 년 역사의 학교컨설팅도 마찬가지다. 이제까지 잘 되어 왔고 앞으로 더 잘 되도록 노력해서 전망을 밝게 만들어야 할 의무가 학교컨설턴트에게 있는 것이다.

　교직사회의 분위기와 교육 정책·행정 환경은 학교컨설팅이 발전하는 데 호의적이다. 다시 말해, 학교컨설팅의 취지, 목표 그리고 원리에 대해서 교직사회 구성원들은 거의 모두가 동의한다고 볼 수 있다. 다만 그것의 실천 전략, 구체적인 방법과 절차, 결과 활용 측면에서는 문제가 있을 수 있다. 학교컨설팅 이론은 좋지만 학교·교원·교직사회의 현실

---

6) 진동섭(2012), pp. 28-33의 내용을 발췌하여 정리한 것임.

이 그것을 제대로 실천하기 어렵기 때문에 부정적인 태도를 가질 수 있다. 학교컨설팅 실행을 위한 조건을 만드는 것, 이것이야말로 관련 당사자들의 의지와 노력의 문제다. 즉, 교원, 교육전문직원, 교육행정가가 확신을 갖고 개선을 위해 노력하면 되는 일이다. 지난 10여 년간 교원들의 학교컨설팅에 대한 이해도와 참여도는 점점 높아져 왔다. 교육전문직들과 교육행정가들도 학교컨설팅을 도입해서 실행하고자 하는 의지 및 노력이 점점 강해지고 있다. 이런 점에서 보면, 학교컨설팅 실행을 위한 분위기는 잘 조성되고 있는 것 같다.

교육 정책·행정 환경은 학교컨설팅의 필요성과 가치에 대한 관련 당사자들의 인식에 변화를 주고 그들이 관심을 기울이게 한다. 교육 정책·행정은 교육부와 교육청에 집중되어 있던 권한을 교육지원청과 단위학교에 이양하는 방향으로 진행되고 있다. 동시에 하급 교육행정기관과 일선 학교의 책무성을 강조한다. 학교를 공동체 구성원이 자율적으로 운영하되, 결과에 대해서는 책임을 지도록 하는 방향으로 변하고 있는 것이다. 이런 환경에서는 단위학교와 교원이 학생의 교육적 요구를 잘 반영해서 학교를 경영하고 학생을 가르쳐야 한다. 즉, 교장은 학교경영의 역량을 키우고, 교사는 교육에 관한 전문성 향상에 노력해야 한다. 학교컨설팅은 바로 이것을 돕는 전문적인 서비스고, 따라서 그 수요는 점점 더 늘어날 것이다. 학교컨설팅의 전망을 밝게 만들려면 교직사회 구성원이 학교컨설턴트와 함께 이러한 분위기나 환경을 잘 살려서 의지를 갖고 노력하는 길밖에 없다.

2) 학교컨설팅 발전을 위한 과제[7]

학교컨설팅의 역사, 교직사회의 분위기와 교육 정책·행정 환경은 학

---

7) 이 절의 내용은 진동섭(2012), pp. 10-13의 내용을 정리한 것임.

교컨설팅의 발전에 좋은 조건을 제공하고 있다. 학교컨설팅이 이처럼 좋은 조건 속에 있기 때문에 그 전망은 '밝아야 한다.' 학교컨설팅이 좋은 학교를 많이 만드는 데 실질적으로 도움을 줌으로써 우리의 교육을 개혁하기 위해서는 학교컨설턴트를 위시한 교직사회 구성원 및 학교컨설팅 이론을 연구하고 개발하는 학자와 연구원이 수행해야 할 과제가 있다. 여기서는 학교컨설팅이 실천 차원에서 발전하는 데 필요한 과제에 초점을 맞추어 논의하려고 한다.

학교컨설팅은 일선 학교와 교원이 자발적으로 경영 역량 및 교육 전문성을 개발하려고 하는 의지가 없으면 성립하기 어려운 서비스다. 따라서 학교컨설팅이 성공하려면 교원이 자기 필요에 따라 자발적으로 전문적인 도움을 받으려는 의식을 지녀야 한다. 다음으로 중요한 것은 학교컨설팅의 효과를 체험하는 사람들이 많아져야 한다는 것이다. 이를 위해서는 교원들의 컨설팅에 대한 이해도를 높이고 학교컨설턴트의 전문성을 높여야 하다. 마지막으로 중요한 것은 의뢰인과 컨설턴트 사이에서 컨설팅이 원활하게 이루어지도록 제도를 만들고 지원하는 일이다.

(1) 교원의 학교컨설팅 이해도 제고

일선 학교 교원 중에는 학교컨설팅에 관심이 없거나 거부감을 갖는 사람들이 있다. 이들은 학교컨설팅이 무엇인지 몰라서 그런 사람, 학교컨설팅을 오해하거나 잘못 알고 있는 사람, 그리고 제대로 알고 있지만 컨설팅을 받을 수 있는 형편이 아니기 때문에 그런 사람들로 구분할 수 있다. 앞의 두 부류의 교원들에게는 연수의 기회를 제공해서 학교컨설팅에 관한 이해를 도와주어야 한다. 세 번째 부류의 교원들에게는 컨설팅받는 것이 또 다른 부담이 되지 않도록 기존의 직무 중에서 불필요한 것들을 덜어 주어야 한다. 학교컨설팅의 이해를 도와주는 연수는 강제적으로 실시하지 않아야 한다. 그리고 이러한 연수는 현직 교원에게만 필요한 것이 아니라 예비 교사에게도 필요하다.

(2) 학교컨설턴트 양성 및 전문성 함양

우수한 학교컨설턴트를 양성하는 것은 의뢰인을 확보하는 것보다 우선적으로 이루어져야 한다. 컨설팅을 받게 된 과정이야 어떻든 간에, 그것이 시작되면 의뢰인과 컨설턴트 모두의 귀중한 시간과 노력이 투입된다. 실력 있는 컨설턴트는 원치 않는 컨설팅을 받게 된 의뢰인에게서도 신뢰감을 얻어 낼 수 있지만, 실력 없는 컨설턴트는 스스로 요청한 의뢰인에게도 컨설팅에 대한 부정적 인상을 심어 줄 수 있다. 그러므로 컨설턴트의 역량은 해당 컨설팅의 성공을 위해서도 중요하지만, 컨설팅의 확산과 정착을 위해서도 아주 중요하다.

교원들 중 특정 교과와 영역에서 뛰어난 지식 및 식견을 가진 사람을 발굴하여 컨설턴트로 양성해야 한다. 이들에게는 학교컨설팅의 방법 전문성에 관한 연수를 잘 시켜야 한다. 즉, 학교컨설팅의 철학, 윤리, 모형, 방법과 기법 등에 관해 전문적인 연수를 제공해야 한다.

(3) 학교컨설팅에 대한 교육행정기관의 역할 강화

학교컨설팅의 이해를 도와주는 연수, 학교컨설턴트의 발굴 및 전문성 함양, 학교컨설팅의 원만한 실행을 위한 조건 마련 등의 과제는 교육부뿐만 아니라 교육청과 교육지원청의 몫이기도 하다. 따라서 이들은 학교컨설팅의 발전을 위해 대단히 중요한 위치에 있다. 따라서 우선적으로 강조되어야 할 것은 교육부를 위시한 교육행정기관의 학교컨설팅에 대한 올바른 의식, 태도 그리고 이해다. 학교컨설팅에 대한 이들의 의식, 태도 및 이해가 잘못되어서 정책과 제도를 제대로 만들지 못하면 그 악영향은 전국에 퍼진다.

학교컨설팅이 안정적으로 이루어지려면 제도적인 장치가 마련되어야 한다. 즉, 필요한 재정 확보, 의뢰인과 컨설턴트가 컨설팅을 주고받을 수 있는 시간 확보, 컨설턴트에 대한 보상 및 인센티브 마련 등과 같은 지원이 있어야 한다. 교육행정기관은 이것을 위한 제도적 장치를 기획하고 관리한다. 따라서 교육행정기관의 역할이 중요한 것이다.

학교컨설팅을 활성화하려면 단위학교 자율책임경영제가 정착되어야 한다. 단위학교에 학교 경영의 권한을 주고 책임을 지게 하면 교장, 교감 및 교사가 분발해서 자신들의 전문성 향상을 위해 노력한다. 이들이 스스로의 힘으로 해결할 수 없는 문제나 과제가 생기면 누가 시키지 않더라도 그 해결을 도와줄 수 있는 전문가에게 도움을 요청할 것이다. 그러므로 교육행정기관은 이러한 단위학교 자율책임경영제가 조기에 정착할 수 있도록 노력해야 한다.

5. 학교컨설턴트에 대한 기대

학교컨설팅은 외국에서 수입한 이론이 아닌 2000년경 우리나라에서 만든 이론이다. 대개 학교컨설팅을 장학의 부족한 점 혹은 한계점을 보완하기 위해 만들었다고 알고 있는데, 이는 잘못된 생각이다. 학교컨설팅은 장학을 대체하기 위해서 만든 것이다. 그렇다고 해서 학교컨설팅을 장학의 대안으로서만 이해해서도 안 된다. 학교컨설팅은 교육개혁의 새로운 접근 방법 방식이다. 학교컨설팅은 전국의 1만 2,000개 학교 하나하나를 특색 있고 우수한 학교로 만드는 것을 도와주는 활동이고, 그렇게 함으로써 교육 개혁을 완성할 수 있다고 생각한다.

학교컨설팅은 지난 10여 년 동안 연구와 사업 모두 꾸준히 발전해 왔다. 이것은 학교컨설턴트라는 새로운 역할과 직책을 만들었고, 교원의 직무와 역할을 분화시켰으며, 교원들의 새로운 정체성과 네트워크를 형성하게 했다. 이러한 영향으로 학교컨설팅은 교직문화를 집단적·개방적 문화로 변화시키는 단초를 제공하는 등 교직사회에 작지만 의미 있는 변화를 만들고 있다.

학교컨설팅이 10년간 살아남았다는 것으로 그것의 명분·목표·취지에 대한 검증은 성공적으로 이루어졌다. 중요한 것은 지금부터 시작하는 또 다른 10년이다. 미래는 주어지는 것이 아니라 관심을 갖고 있는 사람들이 만드는 것이다. 학교컨설팅의 전망 역시 주어지는 것이 아니라 만드는 것이다. 관련 당사자들이 의지를 갖고 창조하는 것이다. 누구보다 학교컨설팅을 현장에서 실천하는 학교컨설턴트들의 어깨가 무거운 이유는 학교컨설팅의 향후 10년이 이들에게 달려 있기 때문이다. 학교컨설팅의 밝은 미래를 창조하기 위해 학교컨설턴트는 끊임없이 전문성을 개발하고 실천해야 한다.

제12장

한국학교컨설팅연구회의
활동과 과제

한국학교컨설팅연구회는 1999년 서울대학교 진동섭 교수를 중심으로 학교컨설팅에 관심을 가진 사람들이 만든 모임에서 출발하였다. 당시에는 교사 전문성 개발과 지원에 뜻을 둔 교수, 교사 및 대학원생 20여 명이 매주 토요일마다 모여 학교컨설팅에 대한 아이디어를 공유하고 현실 가능성에 대해 모색하는, 일종의 작은 스터디 모임이었다. 그러던 모임이 2014년 현재 1,000여 명의 회원이 참여하는 공식 단체로 성장하였다는 것은 참으로 뜻깊은 일이 아닐 수 없다. 지금 연구회에서는 현장 교원, 전문직, 예비 교사, 교육 관련 연구원 등의 회원들이 활발하게 활동하고 있다. 연구회에서는 주로 학교컨설팅 수행 및 이와 관련된 이론적 연구를 하고 있으며, 보다 우수한 학교컨설팅이 이루어질 수 있도록 컨설턴트 교육 활동에도 참여하고 있다. 명실공히 2014년 현재, 한국학교컨설팅연구회는 우리나라 최대의 학교컨설팅 관련 조직이라고 할 수 있다.

현재 한국학교컨설팅연구회는 학교컨설팅의 이념을 기초로 하여, '학교컨설팅에 관한 학문적 논의와 이론적 탐색' '학교컨설팅 철학과 신념 공유의 장 마련' '학교컨설팅 수행 및 지원을 위한 기반 조성'을 목표로 활동하고 있다. 더불어 이를 바탕으로 해서 학교컨설팅이 보다 활성화될 수 있도록 하기 위해 다음과 같은 사업들을 수행하고 있다.

1. 한국학교컨설팅연구회의 활동

1) 공개 강좌, 월례회, 워크숍을 통한 철학과 신념 공유

한국학교컨설팅연구회가 추구하는 학교컨설팅에 대한 철학과 신념을 공유하기 위해 2006년부터 현재까지 관련 공개 강좌와 월례회, 워크숍을 운영하고 있다.

2006년부터 2007년까지 한시적으로 운영되었던 공개 강좌는 학교 현장에서 다양한 형태로 자리 잡아 가고 있던 학교컨설팅에 관한 정확한 이해를 돕기 위해 마련되었다. 이것은 왜 학교컨설팅이 필요한지, 학교컨설팅을 할 수 있는 사람은 누구인지, 학교컨설팅은 어떤 절차로 이루어지고, 학교컨설팅의 사례로는 어떤 것들이 있는지 등을 알기 쉽게 배울 수 있는 장(場)이었다. 회원 및 관심 있는 사람들의 학교컨설팅에 대한 이해도가 높아지면서, 현재는 공개 강좌와 월례회가 통합 운영되고 있다.

월례회는 2006년부터 시작하여 2014년 현재까지 약 50회가 진행되었다. 월례회의 목적은 회원들이 학교컨설팅 및 학교 현장에 관해 함께 연구할 수 있는 정기적인 모임의 장을 마련하는 것에 있으며, 학교컨설팅의 내용 및 기법 등을 다루는 특강, 학교컨설팅 사례의 공유 등으로 진행되고 있다.

워크숍은 매년 연구회의 발전 방향을 논의하기 위해 30~40여 명의 회원이 자발적으로 참여하고 만들어 가는 1박 2일 프로그램으로 운영되고 있다. 이 과정을 통해 회원들 간의 친목 도모와 더불어 연구회의 새로운 방향 모색이 이루어지고 있다.

2) 학교컨설팅 수행

오늘날 한국학교컨설팅연구회를 학교컨설팅에 관한 가장 전문적인 조직으로 만들어 준 원동력 중 하나가 학교컨설팅 수행이다.

연구회의 학교컨설팅은 단위학교나 교사 혹은 기타 교육 관련 조직에서 자발적으로 신청한 경우에 한해 이루어지고 있다. 최근 들어서는 교육청에서 주관하는 컨설팅 장학이 늘어나면서 연구회에서 수행하는 학교컨설팅이 다소 줄어들고 있지만 여전히 1년에 10여 건의 문의가 들어오고 그중 3~4건의 컨설팅을 꾸준히 수행하고 있다. 혹자는 컨설팅 수행 건수가 적다고 생각할 수도 있으나, 연구회의 컨설팅은 의뢰인 및 의뢰 학교의 요구와 상황을 고려하고, 이후 과제 해결 방안의 실천으로 이어질 수 있도록 하기 위해 최소 2~3개월이 소요되는 집중적·장기적 컨설팅으로 진행된다. 이에 따라 연간 수행할 수 있는 컨설팅을 3~4건으로 제한하여 수행함으로써 보다 질 높은 컨설팅을 하기 위해 노력하고 있는 것이다. 학교컨설팅의 영역은 학교경영, 수업, 생활지도, 학교평가 등이며, 이러한 영역은 더욱 다양하게 증가하고 있는 추세라 할 수 있다.

〈표 13-1〉 한국학교컨설팅연구회의 학교컨설팅 사례(2006~2014년 현재)

일시	학교 유형	영역	세부 내용
2014년 1월~2014년 4월	인문계고	교수-학습	• 특성화고등학교 체제 개편 컨설팅
2013년 8월~2013년 11월	인문계고	교수-학습	• 자율형 공립고등학교 컨설팅
2012년 2월~2013년 2월	인문계고	교수-학습	• 고등학교 설립을 위한 컨설팅
2012년 8월~9월	초등학교	교수-학습	• 수업, 생활지도, 학급경영, 학부모 참여 컨설팅
2012년 3월~7월	인문계고	교수-학습	• 2013 교육과정안 연구
2012년 3월~6월	인문계고	교수-학습	• 자율형공립고등학교 현황 진단 및 컨설팅
2012년 1월	중학교	교수-학습	• 수업컨설팅
2011년 4월~2012년 3월	인문계고	교수-학습	• 자율형사립고등학교 설립을 위한 종합계획 수립
2011년~2012년 2월	인문계고	교수-학습	• 10개 과목 수업컨설팅
2011년	초등학교	교수-학습	• 5개 과목 수업컨설팅
2011년	중학교	교수-학습	• 3개 과목 수업컨설팅
2011년	중학교	교수-학습	• 6개 과목 수업컨설팅
2010년	인문계고	학교경영	• 자율형공립고등학교 컨설팅
2010년	초등학교	교수-학습 학교경영	• 특성화된 방과 후 교육 프로그램 개발 및 학생 유치 전략
2010년	인문계고	학교경영	• 특성화 방향 설정 검토 및 학력 신장 방안
2010년	인문계고	교수-학습	• 수학과 수업컨설팅
2010년	인문계고	학교경영	• 학교선택제를 대비한 조직 진단
2009년 3월~2009년 6월	전문계고	교수-학습	• 교과협의회를 통한 교원 역량 강화 컨설팅
2008년 12월~2009년 2월	종합고	교수-학습 생활지도	• 재숙 학생의 학력신장을 도모하는 기숙사 운영
2008년 12월~2009년 2월	전문계고	진학 지도	• 전문계 고등학생 진학 지도 방안 마련
2008년 10월~2008년 11월	종합고	교수-학습	• 학과 개편에 따른 진학·진로 프로그램 방안 마련
2008년 9월~2008년 11월	전문계고	학교경영	• 교명 변경 컨설팅
2008년 7월~2009년 2월	인문계고	학교 설립	• 학교 설립 및 지원에 대한 종합 검토
2008년 3월~2008년 8월	전문계고	학교경영	• 교원능력개발평가 컨설팅
2007년 12월~2008년 2월	통합학교	학교경영	• 활력이 넘치는 학교 공동체 만들기

2007년 12월~2008년 2월	중학교	학교경영	• 중장기 학교 발전 계획 수립 • 단기 실천 전략 수행 지원
2007년 3월~2007년 12월	인문계고	교수-학습 생활지도	• 초임 교사 수업 전문성 향상 • 생활지도, 학급 경영 능력 향상
2006년 10월~2006년 11월	전문계고	학교평가	• 학교 외부 평가 • 실업계 통합형 고등학교 평가 지표 수정

출처: 한국학교컨설팅연구회 홈페이지(http://www.schoolconsulting.net).

3) 학교컨설턴트 연수를 통한 컨설턴트 전문성 개발

학교컨설턴트의 전문성을 개발하기 위한 연수는 '학교컨설턴트 양성 과정(I)'과 '학교경영컨설턴트 양성과정'으로 시행되고 있다. 두 과정 모두 직무연수 30시간으로 이루어지고 있으며, 그 대상은 교사, 수석교 사, 교감, 교장, 장학사 및 연구사, 장학관 및 연구관뿐만 아니라 학교컨 설팅에 관심이 있는 기업 컨설턴트, 교수, 연구원, 행정전문직 등도 포 함한다.

'학교컨설턴트 양성과정(I)'은 학교컨설팅의 기본 이론과 철학, 컨설 턴트의 역량과 자세, 대인관계 기법, 코칭 기법 등을 주제로 하는 기본 과정이라 할 수 있다. 2007년부터 2014년 현재까지 총 13기의 연수가 이 루어졌으며, 이 과정을 통해 배출된 컨설턴트는 600여 명이다.

'학교경영컨설턴트 양성과정'은 학교경영컨설턴트 전문가를 양성하 는 보다 심화된 과정이다. 따라서 '학교컨설턴트 양성과정(I)'이 기본과 정이라면, 이 과정은 '학교컨설턴트 양성과정(II)'에 해당하는 일종의 심 화과정이라 할 수 있다. 학교경영컨설팅으로 특화하여 학교경영컨설팅 의 실제 절차에 따른 활동을 실습하고 가상의 사례 또는 연수생이 갖고 있는 실제 사례를 대상으로 하는 모의실습으로 이루어진다. 2011년부터 2014년 현재까지 총 4기의 연수가 이루어졌으며, 이 과정을 통해 배출된 컨설턴트는 200여 명이다.

2. 한국학교컨설팅연구회의 과제

"어리석은 자의 우직함이 세상을 조금씩 바꾸어 간다."(신영복, 1996)
라는 말처럼, 한국학교컨설팅연구회는 학교의 변화에 관심을 가진 몇몇
사람이 '학교컨설팅'이라는 개념을 논의하고 그 철학과 신념을 공유하
면서 실천해 왔다. 초반에 외부의 지원도 없는 상태에서 컨설턴트들이
소규모 학교에까지 나가 학교컨설팅을 알리고, 학교나 교육기관이 학교
컨설팅을 신청하기를 기다렸던 시간을 생각하면 요즘의 학교컨설팅이
나 컨설팅장학에 대한 관심 및 인지도, 현장의 변화는 놀라울 정도다.

그러나 학교컨설팅의 인지도가 높아지면서 이에 대한 따끔한 현장의
목소리도 존재한다. 초기부터 지금까지 연구회가 가장 강조하고 있는
것이 자발성인데, 일부 교육기관이 무리한 컨설팅을 추진함에 따라 단
위 학교나 개별 교원 입장에서는 더 이상 컨설팅이 자발적인 것이 아니
라는 인식을 갖는 경우도 많다. 다시 말해, 연구회가 추구하는 학교컨설
팅과는 사뭇 다른 양상으로 컨설팅이 실천되고 또 확산되고 있다는 것
이다.

따라서 한국학교컨설팅연구회가 학교컨설팅을 위해 해야 할 과제는
학교컨설팅의 자리를 재검토하고 향후 나아가야 할 방향을 정립하는 일
이다. 초기에 연구회가 추구하는 학교컨설팅의 모습이 아니라고 현재의
학교컨설팅을 부인하거나 비판만 할 것이 아니라, 현재의 모습을 이해하
고 이를 바탕으로 개선 방향을 제안할 수 있어야 한다. 이를 위해서는 연
구회로 신청을 하는 학교컨설팅뿐만 아니라 다른 교육기관에서 이루어
지는 학교컨설팅도 지원함으로써, 학교컨설팅이 현장의 교사와 학교에

도움이 되는 활동이 될 수 있도록 노력해야 할 것이다. 또한 각종 학교컨설턴트 연수나 강의, 관련 연구 등에도 적극적으로 참여하여 미래 학교컨설팅의 모습을 만들어 나가야 할 것이다.

　요즘 인기를 끄는 드라마나 프로그램은 시즌 1에서 끝나지 않고, 시즌 2, 시즌 3 등으로 변화를 시도하며 꾸준히 방영된다. 학교컨설팅도 이제 시즌 2를 모색해 볼 시기가 아닐까 한다. 한국학교컨설팅연구회뿐만 아니라, 학교컨설팅에 관심을 갖고 이 책을 보고 있는 독자도 학교컨설팅의 새로운 도약과 우리 교육의 발전을 위해 함께 노력할 것이라 기대한다.

참 / 고 / 문 / 헌

강상원(2007). 컨설턴트의 논리를 담은 글쓰기 마법사. 서울: 더난.

강석봉(2012). 학교경영컨설팅의 과제 분석 기법. 학교컨설턴트 양성 과정 자료
　　집. 서울: 한국학교컨설팅연구회.

교육과학기술부 학교선진화과(2012). 초ㆍ중등교육법시행령 일부개정(안). 서울:
　　교육과학기술부.

구현정(2009). 대화의 기법-이론과 실제-. 광명: 경진.

김경섭 역(2007). 결정적 순간의 대화-중대하고 감정적인 대화에서 성공하기-.
　　K. Patterson, J. Grenny, R. McMillan, & A. Switzler의 *Crucial*
　　Conversations: Tools for talking when stakes are high. 서울: 시아출판사.
　　(원저는 2011년에 출판).

김도기(2005). 컨설팅 장학에 관한 질적 실행 연구. 서울대학교 박사학위 논문.

김도기(2007). 학교컨설팅의 절차. 학교컨설턴트 양성과정(I) 자료집. 서울: 서울대
　　학교 중등교원연수원.

김도기, 김효정(2008). 수업컨설팅의 절차와 사례. 서울대학교 중등교원연수원 학
　　교컨설턴트 양성과정(I) 자료집. 서울: 서울대학교 중등교원연수원.

김봉광(2008). Action Learning 운영단계별 러닝코치의 역할에 관한 연구. 전북대
　　학교 박사학위 논문.

김석원 역(2003). 대화와 설득의 기술. H. Mackey의 *The Good Listener.* 서울: 멘
　　토. (원저는 1998년에 출판).

김영신 역(2003). 대화의 심리학. D. Stone, B. Patton, & S. Heen의 *Difficult*
　　Conversation. 파주: 21세기북스. (원저는 2000년에 출판).

김영신, 신재철(2011). 컨설팅 장학의 현장 적용 실태 분석. 교육연구, 34.

김정원, 유균상, 정수현, 김미숙, 박은실, 박영훈, 이명실(2002). 학교 교육개혁 지원을 위한 학교컨설팅 사업(Ⅲ). 한국교육개발원 연구자료 RR 2002-6. 서울: 한국교육개발원.

김정원, 이인효, 정수현(2001). 학교 교육개혁 지원을 위한 학교컨설팅 사업(Ⅱ). 한국교육개발원 연구자료 RR 2001-7. 서울: 한국교육개발원.

김정현(2008). 대인관계 기법. 서울대학교교육행정연수원 학교컨설턴트 양성과정 자료집. 미간행 자료.

김정현(2009). 학교컨설팅의 원리. 한국교원연수원 학교컨설팅 원격교육프로그램 강의 원고. 미간행 자료.

김정현(2012). 학교컨설턴트와 의뢰인의 관계. 서울대학교교육행정연수원 학교경영컨설턴트 양성과정 자료집. 미간행 자료.

김준환(1998). 리더십 요인과 팀성숙 요인이 조직시스템에 미치는 영향. 경북과학대학 금구논총, 6.

김호권(2000). 학교가 무너지면 미래는 없다. 서울: 교육과학사.

노종희, 송광용, 신현석(2003). 단위학교 행정 실태 및 개선 방안에 관한 인식: 교육개혁 업무를 중심으로. 교육행정학연구, 21(1).

노혜란(2007). 대학교육에서 실천학습 설계 요인 탐색. 교육정보미디어 연구, 13(3).

민영진 역(2009). 설득의 기술: 공감을 이끌어내는 소통의 원칙과 단계. R. B. Cialdini의 *Harvard business review on the persuasive leader*. 서울: 21세기북스. (원저는 2008년에 출판).

박성희(2006). 대화의 심리와 대화기법. 초등상담연구, 5(1).

박수정(2012). 액션러닝을 적용한 교육행정학 강의에 대한 형성적 연구. 한국교원교육연구, 29(4).

박수정, 우현정(2013). 학교경영컨설턴트 양성과정 위탁 연수의 효과 분석. 아시아교육연구, 14(3).

박수정, 정일화, 김수아(2012). 신개념 맞춤형 교원연수 활성화 방안. 세종특별자치시교육청 정책 과제 보고서. 미간행 자료.

박용익(2003). 수업대화의 분석과 말하기 교육. 서울: 역락.

박인옥(2012). 사회과 예비교사의 리더쉽 향상을 위한 Action Learning 적용 연구. 교육문화연구, 17(2).

박효정, 김민조, 김병찬, 홍창남(2010). 학교컨설팅 체제 구축 연구(I). 한국교육
  개발원 연구자료 RR 2010-28. 서울: 한국교육개발원.

박효정, 신철균, 이재덕, 홍창남, 박선환(2013). 학교컨설팅 체제 구축 연구(III).
  한국교육개발원 연구자료. 서울: 한국교육개발원.

박효정, 정미경, 김민조(2009). 학교컨설팅 체제 구축을 위한 기초 연구. 한국교
  육개발원 연구자료. 서울: 한국교육개발원.

봉현철, 김종근 역(2000). 액션러닝-최고의 인재를 만드는 기업교육 프로그램-.
  M. J. Marquardt의 *Action Learning in Action*. 서울: 21세기북스. (원저는
  1999년에 출판).

서범종(2011). 컨설팅장학의 이해. 정영수(편). 선진형 지역교육청 기능 개편 사
  업 성과 보고서. 미간행 자료.

서울특별시교육청, 서울특별시교육연구정보원(2006). 내부 자료. 미간행 자료.

설양환, 김윤옥, 김지숙, 박태호, 우상도, 이범웅, 함희주 역(2012). 효과적인 수업
  관찰. G. D. Borich의 *Observation Skill for Effective Teaching* (6th ed.). 서
  울: 아카데미프레스. (원저는 2011년에 출판).

신경진(2010). 상담의 과정과 대화 기법. 서울: 학지사.

신영복(1996). 나무야 나무야. 서울: 돌베개.

신철균(2009). B중학교 수업컨설팅, 학교컨설팅 체제 구축을 위한 학교컨설팅 결
  과 보고서. 한국교육개발원 연구자료 RRM 2009-30. 서울: 한국교육개발원.

신철균, 허은정(2012). 학교컨설팅 확산 과정 연구. 한국교육행정학회 제165차 추
  계학술대회 주제발표 논문. 미간행 자료.

윤정일, 송기창, 조동섭, 김병주(2008). 교육행정학원론(5판). 서울: 학지사.

이명호(1999). 컨설팅 장학으로. 새교육, 제531호.

이영호 역(2001). 임상심리학 입문. L. A. Heiden과 M. Herson의 *Introduction to
  Clinical Psychology*. 서울: 학지사. (원저는 1995년에 출판).

이윤식(1999). 장학론: 유치원 · 초등 · 중등 자율장학론. 서울: 교육과학사.

이재덕(2011). 학교경영컨설팅의 해결 방안 구안 및 선택 단계. 학교경영컨설턴
  트 양성 과정 자료집. 서울: 한국학교컨설팅연구회.

이재덕, 허은정(2009). 학교경영컨설팅 사례 연구: M고등학교 기숙사 운영 컨설팅 사례를 중심으로. 교육행정학연구, 27(2).

이종태 역(2006). 가르침과 배움의 영성. P. J. Palmer의 *To Know as We are Known: Education as a spiritual journey*. 서울: 한국기독학생회출판부. (원저는 1993년에 출판).

이주호(2001). 학교정책의 개혁 의제. 교육행정학연구, 19(3).

이창덕, 민병곤, 박창균, 이정우, 김주영(2011). 수업을 살리는 교사화법. 서울: 즐거운학교.

이태복, 최수연(2013). 세상의 난제, 액션러닝으로 풀라. 서울: 패러다임컨설팅.

이호철(2009). 매킨지식 문제 해결 로직트리. 서울: 어드북스.

임천순, 반상진(2004). SWOT 분석을 활용한 지방교육행정조직 역량분석: 경기도 교육행정조직 사례. 교육행정학연구, 22(2).

장경순(2000). 컨설팅 장학이 자기 장학력 및 자기 주도적 학습력 향상에 미치는 효과. 전국현장교육연구대회 연구보고서. 미간행 자료.

정수현(2012). 학교컨설턴트의 역할과 역량. 2012 한국교육개발원 위탁 학교경영 컨설턴트 양성과정. 서울, 대전: 한국교육개발원, 충남대학교.

조규진, 김도기, 김명수(2011). 좋은 수업의 조건 탐색: 5G를 중심으로. *The Journal of Elementary Education, 24*(4), 325–350.

조동섭(2003). 참여정부의 학교교육 개혁의 방향과 과제. 교육행정학연구, 21(2).

조민호, 설증웅(2009). 컨설팅프로세스. 서울: 새로운제안.

조성한(2002). 조직진단의 주요 접근 모형 및 이론. 한국행정학회 조직학연구회(편). 정부조직진단. 서울: 대영문화사.

조용환(2000). 교실붕괴의 교육인류학적 분석. 교육인류학연구, 3(2).

주삼환(2003). 장학의 이론과 기법. 서울: 학지사.

진동섭(2000). 자율장학의 과제와 발전 방향. 경기교육, 통권 153호.

진동섭(2003). 학교컨설팅: 교육개혁의 새로운 접근 방법. 서울: 학지사.

진동섭(2007). 학교 컨설팅의 과제와 전망. 경인교육대학교 산학협력단/서울대학교 학교컨설팅연구회 공동 세미나 자료집. 미간행 자료.

진동섭(2012). 교직사회 변화를 위한 학교컨설팅의 현황과 과제. 한국교원교육학회 등 공동 주최 학술발표대회 기조발표 논문. 미간행 자료.

진동섭(2012. 10.). 학교컨설팅의 회고와 전망. 한국교육행정학회 제165차 추계 학술대회 기조 강연 논문. 미간행 자료.

진동섭, 김도기(2005). 컨설팅 장학의 개념 탐색. 교육행정학연구, 23(1).

진동섭, 김효정(2007). 학교컨설팅의 원리 분석. 교육행정학연구, 25(1).

진동섭, 김효정, 한은정, 김연성, 김윤희, 윤세정(2009). 학교컨설팅의 개념 및 주요 관련자에 관한 인식 연구. 교육행정학연구, 27(4).

진동섭, 홍창남(2006). 학교조직의 특성에 비추어본 학교컨설팅의 가능성 탐색. 한국교원교육연구, 23(1).

진동섭, 홍창남, 김도기(2008). 학교경영컨설팅과 수업컨설팅. 서울: 교육과학사.

천호성(2010). 수업 분석의 방법과 실제. 서울: 학지사.

최상근, 이희수, 백성준, 황인성(1998). 현장중심의 교육개혁 활성화 방안. 한국교육개발원 CR98-6. 서울: 한국교육개발원.

최상근, 임연기, 김정원, 류방난, 신상명, 이윤미, 최돈형(2000). 학교 교육개혁 지원을 위한 학교컨설팅 사업(I). 한국교육개발원 RR2000-15. 서울: 한국교육개발원.

한국지방교육연구소(2012). 컨설팅 장학 컨설턴트 실무연수 자료집. 미간행 자료.

한종극, 정태연 역(2000). 컨설턴트의 선정과 활용-컨설턴트 활용을 위한 길라잡이-. M. Kubr의 How to Select and Use Consultants: A Client's Guide. 서울: 새로운제안. (원저는 1993년에 출판).

허은정(2010a). 학교경영컨설팅의 절차에 대한 이해, 학교경영컨설턴트 양성프로그램. 한국교육개발원 연구자료 RRM 2010-23-1. 서울: 한국교육개발원.

허은정(2010b). 학교경영컨설팅의 절차와 사례. 제6기 학교컨설턴트 양성과정(I). 서울: 서울대학교 사범대학 교육연수원.

홍성완 역(2007). 완벽한 컨설팅. P. Block의 Flawless Consulting: A guide to getting your expertise used (2nd ed.). 서울: 인사이트. (원저는 1999년에 출판).

홍창남(2012). 학교컨설팅과 컨설팅장학의 관계. 교육행정학연구, 30(4).

홍창남, 강석봉, 김정현, 신철균, 심영보, 이상철, 이쌍철, 이용철, 이재덕, 정수현, 한은정, 허은정(2013). 학교경영컨설팅. 서울: 학지사.

홍창남, 정수현, 김도기, 송경오(2010). 2010년 자율형 공립고등학교 컨설팅 종합 보고서. 교육과학기술부 정책연구보고서. 서울: 교육과학기술부.

황소연 역(2004). 마법의 코칭. 榎本 英剛의 *The Art of Coaching*. 서울: 새로운제 안. (원저는 1998년에 출판).

Aubusson, P., Ewing, R., & Hoban, G. (2009). *Action Learning in Schools: Reframing teachers' professional learning and development*. London: Routledge.

Buller, R., & Bell, Jr. C. (1986). Effects of Team Building and Goal Setting: A field experiment. *Academy of Management Journal, 29*.

Cummings, T. G., & Worley, C. G. (2007). *Organization Development and Change* (8th ed.). Mason, OH: Thomson South-Western.

Eden, D. (1986). OD and self-fulfilling prophecy: Boosting productivity by raising expectations. *Journal of Applied Behavioral Science*.

Flick, D. L. (1998). *From Debate to Dialogue: Using the Understanding Process to Transform Our Conservations*. Boulder, CO: Orchid.

Gottesman, B. L. (2000). *Peer Coaching for Educators*. London: The Scarecrow.

Hersey, P., & Blanchard, K. H. (1988). *Management of Organizational Behavior: Utilizing human resources* (5th ed.). Englewood Cliffs, NJ: Prentice-Hall.

Inglis, S. (1994). *Making the most of Action Learning*. Aldershot: Gower.

Isaacs, W. N. (1993). Taking flight: Dialogue, Collective Thinking, and Organizational Learning. *Organizational dynamics, 22*(2).

Kolb, D. A., & Frohman, A. L. (1970). An organization development approach to consulting. *Sloan Management Review, Fall*.

Kotler, P., & Keller, K. L. (2007). *A Framework for Marketing Management* (3rd ed.). Upper Saddle River, NJ: Pearson Education.

Kubr, M. (2002). Nature and purpose of management consulting. In M. Kubr (Ed.), *Management Consulting: A Guide to the Profession* (4th ed.), Geneva: International Labour Office.

McCarthy, B. (2000). *About Teaching 4MAT in the Classroom*. Wauconda, IL: Learning.

McGregor, D. (1960). *The Human Side of Enterprise*. New York: McGraw-Hill.

Nadler, D. (1987). The effective management of change. In J. Lorsch (Ed.), *Handbook of organizational behavior*. Englewood Cliffs, NJ: Prentice Hall.

Neuman, G., Edwards, J., & Raju, N. (1989). Organizational development interventions: A meta-analysis of their effects on satisfaction and other attitudes. *Personnel Psychology, 42*.

O'neil, J. A., & Marsick, V. J. (2007). *Understanding Action Learning*. New York: AMA.

Robbins, P. (1991). *How to Plan and Implement a Peer Coaching Program*. Alexandria, VA: Association for Supervision and Curricular Development.

Rodrik, D. (2000). Institutions for high-quality growth: What they are and how to acquire them? *NBER Working Paper. No. 7540*.

Schein, E. H. (1999). *Process Consultation Revisited: Building the helping relationship*. Essex: Addison-Wesley.

Stone, D., Patton, B., & Heen, S. (2010). *Difficult Conversation: How to Discuss What Matters Most*. New York: Penguin Books.

Veenman, S., & Denessen, E. (2001). The coaching of teachers: Results of five training studies. *Educational Research and Evaluation, 7*(4).

Yankelovich, D. (1999). *The Magic of Dialogue: Transforming Conflict into Cooperation*. New York: Simon & Schuster.

한국브리태니커 백과사전: http://www.britannica.co.kr
한국액션러닝협회: http://www.kala.or.kr
한국학교컨설팅연구회: http://www.schoolconsulting.net

찾 / 아 / 보 / 기

내 용

저자소개

■ **홍창남**(Hong Chang-nam)
서울대학교 대학원 교육학과(교육학 박사)
전 한국교육개발원 연구위원
현 부산대학교 교육학과 교수
〈주요 저서〉
『학교경영컨설팅과 수업컨설팅』(공저, 교육과학사, 2009)
『학교경영컨설팅』(공저, 학지사, 2013) 외 다수

■ **김경희**(Kim Kyung-hee)
한국교원대학교 대학원 화학교육과(교육학 박사)
현 수원 잠원중학교 교감
〈주요 논문〉
「교원양성대학의 화학과교육학 교재 개발 연구」(공동연구, 1999)
「ARCS 전략을 적용한 사회적 상호작용 수업이 학습동기 유발 및 반응속도 개념 형성
    에 미치는 효과」(2002) 외 다수

■ **김정현**(Kim Jung-hyun)
서울대학교 대학원 교육학과(교육학 박사)
전 서울대학교 사범대학 교육연구소 연구원
    한국교육개발원 위촉연구원
현 한국방송통신대학교 원격교육연구소 연구원
〈주요 논문〉
「컨설팅장학 담당장학사의 컨설팅장학에 대한 동의-실행도 분석」(공동연구, 2011)
「컨설팅장학 운영체제 특성 분석 연구」(공동연구, 2012) 외 다수

■ **김효정**(Kim Hyo-jeong)
서울대학교 대학원 교육학과(교육학 박사)
현 서울 영신초등학교 교사
    서울대학교 강사
〈주요 논문〉
「수업컨설팅의 개념과 위상」(공동연구, 2013)
「학교 구성원별 학교 만족도에 영향을 미치는 학교 특성 비교 분석」(공동연구, 2013)
    외 다수

■박수정(Park Soo-jung)
서울대학교 대학원 교육학과(교육학 박사)
전 안양대학교 교육대학원 교수
현 충남대학교 교육학과 교수
〈주요 저서〉
『중등 교직실무』(2판)(공저, 학지사, 2014)
『한국 지방교육자치 연구』(학지사, 2014) 외 다수

■신철균(Shin Chol-kyun)
서울대학교 대학원 교육학과(교육학 박사)
전 경기도교육청 중등교사
현 한국교육개발원 연구위원
〈주요 논문〉
「연구학교 운영 과정 분석: 신제도주의 이론을 중심으로」(2011)
「학교컨설팅 변화 과정의 단계별 특징 분석」(공동연구, 2013) 외 다수

■이기성(Lee Kee-seong)
홍익대학교 대학원 교육학과(교육학 박사)
현 서울대학교사범대학부설고등학교 교장
　　경인교육대학교 교육학과 겸임교수
〈주요 논문〉
「서울시 고교선택제 시행에 따른 학교선택요인 분석」(2009)
「서울특별시 고교선택제에서 학교선택요인에 관한 연구」(2010) 외 다수

■이재덕(Lee Jae-duck)
서울대학교 대학원 교육학과(교육학 박사)
전 서울특별시교육청 초등교사
현 한국교육개발원 연구위원
〈주요 논문〉
「학교컨설팅에 기반한 수업컨설팅의 특성 분석」(2013)
「학교활력진단도구 개발」(2013) 외 다수

■정수현(Jeong Soo-hyeon)
서울대학교 대학원 교육학과(교육학 박사)
전 서울특별시교육청 중등교사
　　한국교육개발원 연구위원
현 서울교육대학교 초등교육과 교수
〈주요 저서〉
『한국 학교조직 탐구』(공저, 학지사, 2005)
『학교경영컨설팅』(공저, 학지사, 2013) 외 다수

■진동섭(Jin Dong-seop)
미국 시카고 대학교 교육학과(철학 박사)
전 한국교육개발원 원장
　　청와대 교육과학문화수석비서관
현 서울대학교 교육학과 교수
〈주요 저서〉
『학교컨설팅』(학지사, 2003)
『학교경영컨설팅과 수업컨설팅』(공저, 교육과학사, 2009) 외 다수

■한은정(Han Eun-jeong)
서울대학교 대학원 교육학과(교육학 박사)
전 서울대학교사범대학부설여자중학교 교사
현 한국학교컨설팅연구회 컨설턴트
〈주요 논문〉
「학교컨설팅의 개념 및 주요 관련자에 관한 인식 연구: P 고등학교 학교컨설팅 사례
　　를 중심으로」(공동연구, 2009)
「교사양성기관에서의 영화 제작 교육방법의 적용과 학습 경험 연구: 스마트폰 영화
　　제작 교육방법을 중심으로」(2014) 외 다수

■허은정(Hur Eun-jung)
서울대학교 대학원 교육학과(교육학 박사)
현 한국교육개발원 연구위원
〈주요 저서 및 논문〉
『학교경영컨설팅』(공저, 학지사, 2013)
「학교컨설팅 변화 과정의 단계별 특징 분석」(공동연구, 2013) 외 다수

학교컨설턴트 가이드북

School Consultant Guidebook

2015년 1월 5일 1판 1쇄 인쇄
2015년 1월 15일 1판 1쇄 발행

엮은이 • 한국학교컨설팅연구회
지은이 • 홍창남 · 김경희 · 김정현 · 김효정 · 박수정 · 신철균
　　　　 이기성 · 이재덕 · 정수현 · 진동섭 · 한은정 · 허은정
펴낸이 • 김진환
펴낸곳 • (주)**학지사**
　　　　 121-838 서울특별시 마포구 양화로 15길 20 마인드월드빌딩
대표전화 • 02-330-5114　　팩스 • 02-324-2345
등록번호 • 제313-2006-000265호

홈페이지 • http://www.hakjisa.co.kr
커뮤니티 • http://cafe.naver.com/hakjisa

ISBN 978-89-997-0582-3　93370

Copyright ' 2015 by Hakjisa Publisher, Inc.

정가 17,000원

인터넷 학술논문 원문 서비스 뉴논문 www.newnonmun.com

이 도서의 국립중앙도서관 출판시도서목록(CIP)은 서지정보유통지원
시스템 홈페이지(http://seoji.nl.go.kr)와 국가자료공동목록시스템
(http://www.nl.go.kr/kolisnet)에서 이용하실 수 있습니다.
(CIP 제어번호: CIP2014037374)